# 『香川歴史学会60周年記念誌』発刊にあたって

香川歴史学会会長　丹羽　佑一

昭和二八年（一九五三）に生まれた香川歴史学会は本年、六〇周年記念誌を出すことにした。

六一年目といえば、人間になぞらえると還暦にあたるから、再出発の門出の記念に香川歴史学会の活動の軌跡を記録し、将来の道筋を見据えようというのが、学会の目的でもある歴史研究に相応しく、本書刊行の意図ということにもなろう。

しかし本書の構成を一見しただけではそのような意図はうかがいにくい。本書は大きく二部に分かれる。考古、古代、中世、近世、近現代、民俗、宗教、美術工芸の八ジャンルに分けられた香川県下の歴史事象についての論考群と、「讃岐の船と海」をテーマとし
である。考古から近現代のジャンルは総合されて県史の特質
宗教、美術工芸は県文化の特質を、「讃岐の船と海」は、テ
示された県土の特質をさまざまなジャンルから考察したもので

いずれのジャンルの論考も、主として平成元年（一九八九）
完成した香川県史編さん事業以降の新出史料を会員が考察した
あり、本学会の香川県の歴史研究への貢献を自負するところで
そしてこの自負は、香川歴史学会の活動の軌跡に拠って導かれ、
に進むべき道筋を定めるものと確信している。

このように『香川歴史学会60周年周年記念誌』は会員が作り、
が読む学会誌であるが、会誌らしくない構成である。本書は一般
者も考えて作られたのである。会員以外の人々にも、「会員の歴史
究を共有して欲しい」とする思いからである。

私は、考古学を専攻し、大学の授業「観光資源論」で文化財、特に遺跡の活用を論じている。そこで問題にするのが、遺跡の発掘調査説明会の人気についてである。完全に復元された遺跡より、土中から出たそのままの「遺跡」に人々は惹きつけられるのである。何故か。人々は、そこにロマンを感じるからという。ロマンとは何か。「遺跡」から直接歴史を考えることであるという。遺跡に問いかけ、答えを求める。歴史を考えるとは「遺跡」と交流することである。過去とつながることである。自己の歴史上の位置が確認され、歴史的存在—実存の自覚が得られる。これが人々を「遺跡」に惹きつけるのである。

現在香川県埋蔵文化財センター主催で実施されている讃岐国府探索事業は、この「遺跡」と市民の関係をさらに進めたものである。市民は、現地説明会のように機会を限られて国府を考えるのではなく、生活の中で考える。国府を研究するのである。

あるいは、まったくの私からはじまった市民の研究も知られる。その一つが古代山城史跡屋嶋城の整備の発端となった高松の一市民の研究である。

のデータを生み出し、自己の歴史的存在性—実存を保障するもの
のものではない。遺跡の研究という行為である。同じ事が文
の研究、民俗資料の研究についても当てはまる。だが、この研
究者の中で完結するならば、この営為は個人への意義しか認め
いのである。遺跡、文献史料、民俗資料は文化財、社会の財で
個人への意義に留まる研究は、遺跡等歴史資料の本来的価値を
のであるといわねばならない。

史学会の会員は六〇年間、香川県の歴史を研究してきた。県
タを生み出してきた。と同時に、市民としての歴史的存在性
覚める恩恵に与った。しかし、本年で四〇号目になる会誌
』を世に問うてきたけれども、その範囲からして研究活動
義についての自覚は希薄であったと思わざるを得ない。

香川歴史学会は、六〇周年を機会として、あらためて本会の活動の社会的意義を自覚し、その達成方法を検討した。その結論が本書である。「歴史研究を市民と共有すること」、これが本書の目的である。本書ができるだけたくさんの人々に読まれ、できるだけたくさんの人々が県土の歴史研究を楽しみ、実存感のある人生を送られることを願っている。

## 目　次

# 香川地域史研究の発展をめざして

明治二一年（一八八八）一二月に愛媛県から分離して、最後の県として成立した香川県は、昭和六三年（一九八八）に百年を迎えるため、置県百年記念事業として『香川県史』の編さんを行うことになった。昭和五四年四月から本格的に編さん作業が開始された。

『香川県史』の編さんはすでに明治四二年から翌年にかけて行われており、これは全国的にも県史編さんの取り組みとしては、早い方であったといえる。その後昭和一二年に『香川県史』の編さんが計画され、同一四年から一八年にかけて史料編『香川叢書』三冊を刊行したが、太平洋戦争激化のため中断した。収集した多くの史料が高松空襲により焼失したという。そして昭和四八年に開館した瀬戸内海歴史民俗資料館による積極的な海事史資料の収集、昭和五四年から五八年にかけて『新編香川叢書』の刊行も、置県百年の『香川県史』編さんの前提として貴重な仕事であった。

この『香川県史』の編さんは、一〇年後の平成元年（一九八九）三月までに、原始・古代、中世、近世Ⅰ、同Ⅱ、近代Ⅰ、同Ⅱ、現代、古代・中世史料、近世史料Ⅰ、同Ⅱ、近代・現代史料Ⅰ、同Ⅱ、考古、民俗、芸文の全一五巻を刊行し、続いて別巻三冊が出された。

香川県における考古・民俗を含めた地域史の研究は、全国的にみると県史編さんがはじまるまでは、低調であるといわざるを得ない状況にあった。しかし一〇年間にわたる県史編さん事業は、新たな多くの資料の発掘による研究の進展により、香川における地域史の研究内容を全国的な水準にまで高め、また若手研究者の育成という大きな成果をもたらした。そして各部会での活動を通して、これまで香川ではほとんどみられなかった、共同調査や研究討議の重要性が認識されるに至ったのは、貴重な経験であったといえよう。

しかし県史編さんの終了時点で、時間的な制約のもと、収集した資料を県史の内容に十分反映することができなかったなど、問題も多く残された。横井金男香川県史編さん委員会会長は、県史編さん刊行の終わりに際し今後の重要な課題として、収集した多くの資料のうち資料編に収載できなかった資料が数多くあること、香川県の修史事業は香川県文化の基本事業として継続実施されるべきこと、公文書館等を設置して県史に関する資料を収蔵し公開利用をはかること、県史の研究発表の機関誌の発刊等が考慮されてしかるべきことなどを指摘されている（『香川の歴史』第一〇号）。

『香川県史』の刊行から五年後の平成六年三月に香川県立文書館が開館した。この文書館では県史編さん事業で収集した資料を保存し、また新たに収集した古文書の保存と目録の刊行、紀要の発刊が行われてきた。その他保存資料の企画展示、古文書解読講座などが実施されている。これらは県史の修史事業の一環として位置づけられてはいないが、県史編さんの成果等を普及させるものであった。今後は香川県立文書館が、香川県の修史事業の中核的存在としての役割を果たし、その体制を充実していくことが期待される。

その後平成一一年一一月には香川県歴史博物館が開館した。県史編さんによる成果を踏まえつつ、地域の歴史を一層豊富なものとする上で果たした役割は大きい。しかし同二〇年三月に香川県文化会館の美術部門と統合して、香川県立ミュージアムとなって、歴史部門の比重が軽くなったことは否めない。歴史博物館として、地域史研究の中心的な役割を果たすという面が弱くなったのは、惜しまれるところである。

『香川県史』の刊行が終わってのち、いくつかの自治体史が発刊されている。これらは『香川県史』の成果を十分に取り入れているのみならず、新たな資料の発掘・調査によって『香川県史』の不十分な点を補充し、一層豊かな研究成果が盛り込まれ、充実したその地域の歴史が明らかにされている。このことは地域史の研究が『香川県史』段階より進んできていることを物語っている。

香川地域史の研究会活動を地道に続けてきたのは、香川歴史学会

香川の歴史研究の中核的役割を担う県立文書館

である。機関誌『香川史学』は年一回の発行であるが、歴史・考古・民俗の研究論稿が掲載されており、平成二五年には第四〇号を迎える。香川の地域史研究の核として、その研究を着実に発展させる役割を果たしてきたといえよう。

平成一九年秋、地方史研究協議会大会が高松市で開催された。この高松大会は他の四国三県の協力を得て実施するということになり、香川歴史学会がその中心的役割を果たした。高松大会後に四国地域史研究連絡協議会（通称「四国地域史研究会」）が組織され、以後毎年四県の持ちまわりで研究会を実施している。香川歴史学会の四国地域史研究会での活動が期待される。

東かがわ市の歴史民俗資料館では平成一六年三月より年報を発行しているが、単なる年報ではなく、東かがわ市地域の歴史関係の論文・史料紹介などを掲載しており、地域の歴史研究の核となっている。各地域の資料館においても、地域に密着した地道な調査、研究活動を続け、その成果を発表することが重要であろう。

また三豊市では平成二一年六月に三豊史談会が発足した。例会活動を行うとともに、同二二年六月以来、研究発表の機関誌として『三豊史談』が発行されている。この三豊史談会の活動は、地域の歴史研究を推進するものとして高く評価されよう。こうした研究会は県内の他地域にもいくつかみられるが、その活動や情報の交換を行う横の連携が今後望まれるところである。

以上見てきたように、『香川県史』完成後の、この二〇年余りの間に、香川の地域史研究が着実に進展していることは間違いない。そして今後のさらなる発展をはかるためには、身近な地域に根ざした歴史に関心をもつ人たちとともに、地域の研究活動を積極的に行っていくという努力をすることが肝要であろう。

（木原　溥幸）

# 讃岐と吉備
## —近くて遠い国—

瀬戸大橋建設に伴う埋蔵文化財発掘調査で、香川県の北端にあたる坂出市櫃石島大浦浜遺跡の調査を行ったのは、今から三〇年ほど前になる。

大浦浜遺跡は、縄文時代から鎌倉時代までの複合遺跡で、古墳時代後期の製塩炉や廃棄された多量の製塩土器、奈良三彩や皇朝十二銭の出土など、瀬戸内海を利用した海上交通などに起因する島特有の遺構や遺物が検出されたが、この中に、地理的に非常に近い吉備の資料があまり出土していないと感じた事を覚えている。

ここでは、地域色が顕著になる弥生時代後期後半から古墳時代初頭の土器に焦点をあて、地理的には近いが、文化的には遠い対岸の吉備国について考えてみたい。

前提となる時代は弥生時代後期後半から古墳時代初頭とし、吉備の範囲は備前・備中を中心に考えていく。

こうした地元以外の土器については、所謂「外来系」として分類され、分類の規準として、土器の形や土を指標としている。形も土も生産地のものであれば持ち込まれたもの、形は生産された地域の形であるが土は出土した地域のもの、この場合は人がやってきて作ったという二つのタイプがある。ここでは、報告書の記載に基づいて概観するが、すべてが同一の観点で整理報告されているわけではないので、おおまかな傾向を掴むということになる。

大浦浜遺跡では、古墳時代前半に位置づけられる土器群中の一部に、吉備系の櫛描《くしがき》口縁部を持つ甕を含む程度で、地理的な位置から見て、全体の土器量に占める吉備の割合が低すぎるという状態であった。

旧練兵場遺跡出土の備中の土器
（香川県埋蔵文化財センター蔵）

次に坂出市下川津遺跡では、外来系の土器についての詳細なデータはないが、大久保哲也により「後期初頭まで瀬戸内海を媒介とした伊予・讃岐・吉備南部の親縁性が強かったのに対して中葉以降地域的な個性がそれぞれで顕在化する中に有って吉備南部の土器様相との相違を伊予・讃岐共に強めつつ」として弥生時代後期末から古墳時代初頭にかけての親縁性がなくなることが示唆されている。しかし「吉備系土器の流入が（量は多くないが）普遍的に認められるのはほぼ下川津Ｖ式並行の下田所式以降である」とも言われており、最も個性が発揮される時期が、まさに古墳が出現する前後に限定されている。

次に善通寺市旧練兵場遺跡では、信里芳紀によって「旧練兵場遺跡における外来系土器」としてまとめられている。このデータには、

| 地域 | 点数 |
|---|---|
| 北河内～摂津 | 1 |
| 河内 | 6 |
| 阿波 | 11 |
| 土佐 | 15 |
| 伊予 | 12 |
| 香東川下流域産 | 55 |
| 山陰 | 1 |
| 吉備 | 68 |
| 備中 | 45 |
| 備後 | 39 |
| 安芸 | 11 |
| 西部瀬戸内 | 14 |
| 筑前 | 1 |
| 豊前 | 12 |
| 豊後 | 4 |
| 不明 | 33 |
| 合計 | 328 |

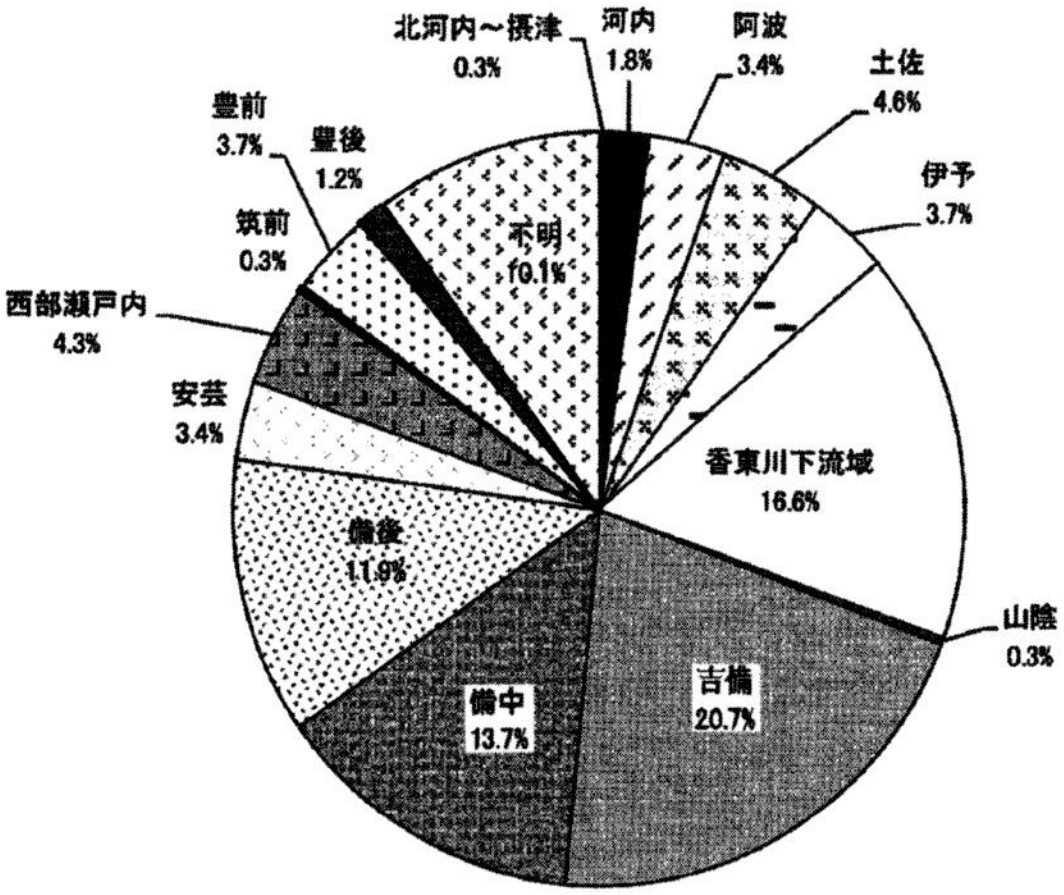


外来系土器の集計（旧練兵場遺跡）

弥生時代中期後半から古墳時代前期までを含むこと、全体で三二八点であることなど、若干の制約はあるものの、周辺地域との関係が把握できる。

分析結果は、高松平野北西部産と見られる資料が約一七パーセント、阿波、土佐、伊予の土器がそれぞれ約四、備後、安芸、西部瀬戸内が計で約二〇、備中が約一四、絞りきれない吉備と考えられる資料が約二一パーセントを占めている。信里は、「赤色顔料の彩色を多用する備中地域の小田川流域の資料は、多量に見られるとともにその全てが搬入品である可能性が高い」と指摘し、「高松平野の香東川下流域産土器が備前地域を中心に多く確認されている」ことと好対照を成していると結論付けている。なお、外来系土器の帰属年代は弥生時代後期前半期にピークがあると指摘している。

旧練兵場遺跡の傾向は、外来系土器の出土率の中で備中の占める割合が高く、吉備系の土器を含めれば非常に親縁性が高いという事になり、当初の設問に対してはノーという結論が導き出されている。話は遠く奈良県に移るが、奈良県纒向《まきむく》遺跡の古墳時代初頭の纒向Ⅰ式からⅢ式段階の外来系土器の比率は、土器総量に対して一五パーセントと非常に高く、内訳は関東五、東海四九、近江五、北陸・山陰一七、河内一〇、紀伊一、吉備七、播磨三、西部瀬戸内三パーセントと報告されている。土器総量の七・四パーセントを占める東海系土器は、まさに移住を前提にしなければ理解できない状況である。

これに対して、吉備と讃岐の話は、親縁性という言葉に表されるように、通常の行き来があったことの証明にはなるが、文化的な影響を考える程ではないという結論にたどりつかざるを得ない。しかし、信里は、「旧練兵場遺跡を中心とした丸亀平野西部における備中西部・備後系土器の流入は、箱形石棺の導入にみられる墓制の変化をともなっていることから、一定程度の集団の移動・移住を伴うものであった可能性が高い」と積極的に捉えている。

いずれにしても、根本的な問題として、一時期の土器総量に占める外来系土器の割合が、どの程度であれば文化的にも近い関係にあると言えるのか、今後の遺跡調査や資料整理に際して意識して取り組むなど課題は多い。

（真鍋　昌宏）

## 中世の港町・野原をめぐって

天正一五年（一五八七）、讃岐国に入った生駒親正は、引田城から聖通寺《しょうつうじ》山城へ移り、その後、「野原」とよばれた場所に高松城を築いた。こうして高松城と城下町は発展してゆくが、それにしても、なぜ親正は野原に城地を移したのか―この点を解明するためには、まず城が築かれる以前の、中世の野原について考えておかなければならないだろう。

野原の姿は、近年の発掘調査の進展によって明らかにされつつある。JR高松駅南側の発掘調査では、最下層から海岸線に沿った礫《れき》敷《じ》きや船着場を発見したほか、木碇《もくいかり》などが出土し、この付近が一二～一三世紀の荷揚げ場と判明した。野原は、早くから港町として整備されていたと考えてよい。

高松城跡の西側、現在の錦町（浜ノ町遺跡）付近では、一三～一五世紀の集落遺構が確認された。そこではトイレが整備されるとともに、夜になると明かりをともしていたと考えられる。讃岐の村々ではなお普及していない都市的な生活スタイルを、野原の人びとはいち早く取り入れていたといえるだろう。

文安二年（一四四五）から翌年にかけて、野原の船は、兵庫津（兵庫県神戸市）に出入りし、塩・米・鰯《いわし》などを運んでいる。中世の港町として、当時の商品流通の一端を担った野原の姿をうかがうことができる。

古くから野原の人びとや守護細川氏の信仰を集めていたと考えられるのが、石清尾《いわせお》八幡宮である。延喜一八年（九一八）に山城国の石清水《いわしみず》八幡宮の分霊《ぶんれい》を勧請《かんじょう》して成立したといわれ、石清尾山の東麓に位置していた。当時の海岸線から一キロメートル以上の距離があるが、沿岸を航行する船にとっては航路の標識の役割を果たすなど、海との関連も想定される。山城国の石清水八幡宮は淀川の交通路を掌握し、そこを起点に瀬戸内海に進出したことが知られているが、石清水八幡宮にとって野原も押さえておきたい重要な場所であったのだろう。

他方、野原の代表的な寺院の一つが無量寿院である。もとは野原郷に隣接した坂田郷の牟漏《むろ》山（室山）にあったと伝える真言宗の古刹で、後に野原の八輪島《やわしま》（高松城の城地）に移転した。近年の発掘調査においても、高松城の内堀と中堀の間から「野原濱村無量寿院」と刻まれた丸瓦が出土しており、戦国期のこの付近に無量寿院が建っていたことは間違いない。当寺は談義所《だんぎしょ》とよばれた僧侶の学問寺で、人や情報が行き交う開かれた場所であったといえよう。また、寺院があった場所に高松城が築かれていた事実は、聖なる場所を押さえることが領主の地域統合を支えるシンボルとして機能したことを思わせて興味深い。この他、室町期に確認される真言宗寺院としては極楽寺や福成寺、蓮華寺があり、さらに戦国期になると、興正寺別院の前身寺院である勝法寺など、浄土真宗の寺院も野原に進出した。

ところで戦国期の野原には「角之坊《かどのぼう》」とよばれる山伏がおり、熊野詣の道案内をつとめていた。このような道案内人は先達《せんだつ》とよばれ、讃岐国における活動場所には屋島・高松（現在の古高松地区）・野原などがあげられる。したがってこの地域には先達と親交があった人たちがおり、彼らは熊野詣を行うほどの裕福な住人だったといえる。

また、戦国期の野原を考えるうえで興味深い史料がある。永禄八年（一五六五）に、伊勢神宮の使者である伊勢御師《おんし》が讃岐東部の人たちのもとをまわり、初穂料を受け取ったときの記録『さぬきの道《どう》者《じゃ》一円日記』である。伊勢御師は神宮へ道案内をしたほか、参詣人の有力者と契約して定期的に初穂料をもらい歩くとともに、伊勢みやげを配った。

　この記録の中に野原に関する記述があり、当時の地域区分として、「野原なかくろ里」（野原中黒里）、「野原はまの分」（野原浜）、「にしはま」（野原西浜）、「野原てんまの里」（野原天満里）、「野原中ノ村」（野原中村）があったことが判明する。とりわけ野原中黒里《なかくろのさと》（高松市片原町ほか）には、寺々があったことが書かれている。また紺屋・鍛冶屋といった職人たちも、野原浜で活動していた。戦国期の野原には、都市生活に欠かせない職人をはじめ、多くの住人が暮らしていたことがうかがえる。

　このように中世の野原は海辺の町として発展をとげていた。高松城が野原に築かれた背景を考えるには、この点をふまえる必要がある。つまり野原には城下町がつくられる以前から港町が存在し、高松城下町はこのような港町をもとに建設されたといえるだろう。

　こうした事例はほかにもある。例えば安土の城下町は織田信長によって全く新しくつくられたと思われがちだが、実は安土には常楽寺という寺院の町場《まちば》が早くからあり、信長はこれに目を付け、町場・港に隣接するかたちで城下町を建設した。高松城と城下町を考えるうえでも、港町・野原の存在は無視できない。そのような視点から「高松城下図屏風」をあらためて見てみると、西浜付近には、自然のままの海浜に舟と人がたむろする中世港町の雰囲気が色濃く残されていることに気づかされるだろう。

（上野　進）

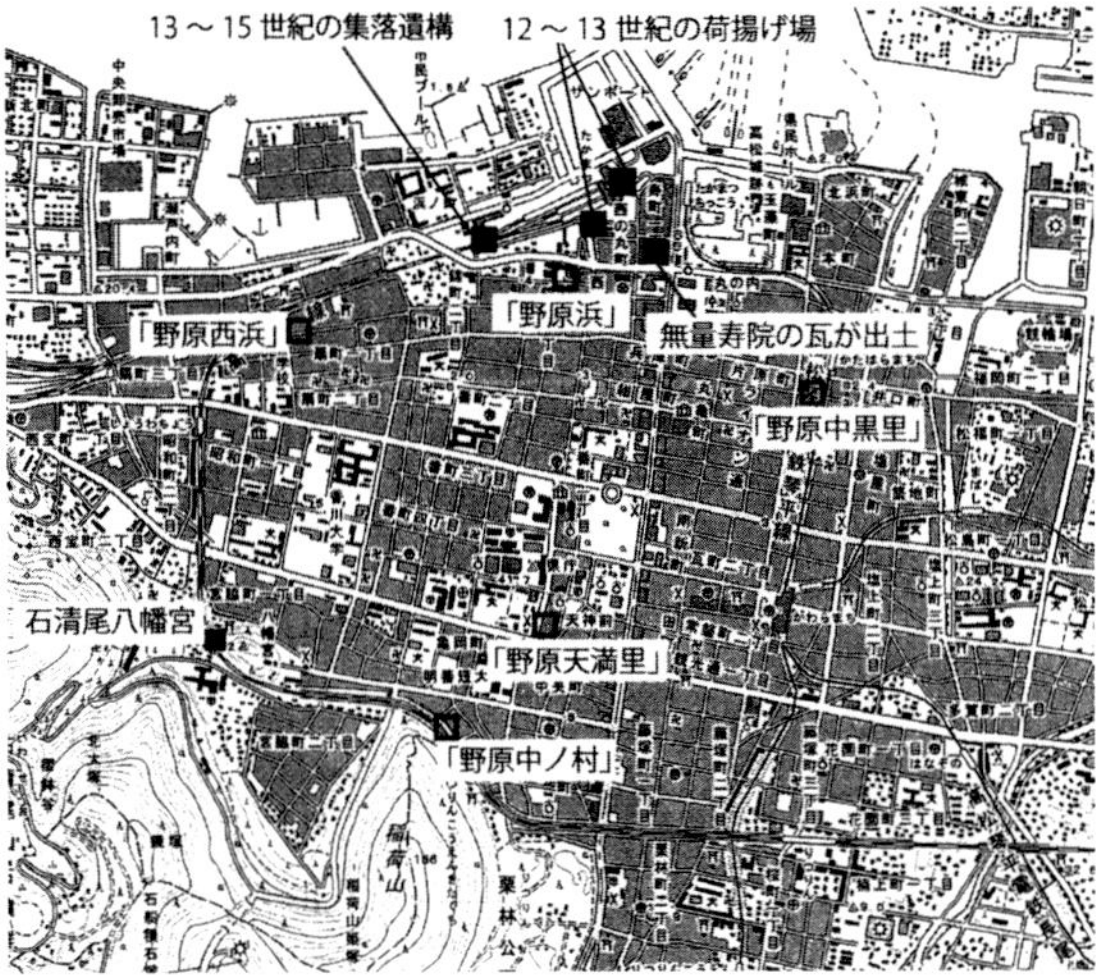

中世の野原関係地図
（国土地理院「高松北部」1/25,000）

「高松城下図屏風」に描かれた西浜付近（香川県立ミュージアム蔵）

# 島の港を探る

瀬戸内海に浮かぶ島々には、古くから航行する船の潮待ち、風待ちのため、随所に港が開かれてきた。だが、港が島のどこにあったかは判然としない。史料を検索しても、特定の港を示す地名はなかなか見あたらない。今一度、史料の読み込みと自然地形を検証しながら、その存在を探ってみたい。一つの手がかりは、現在残されている港の存在を示す地名である。津・泊がついた地名は港として存在していたことは知られている。だが、必ずしもそれが全てを網羅しているとはいえない。

当時の港は、現在我々が考えているような、桟橋を持ち、防波堤が築かれた港湾施設ではない。風避けができ、船溜があればそれは立派な港として機能する。港の規模の大小はあるが、必要とする船が係留できればそれでいい。文安年間（一四四四〜四九）に東大寺が設置した兵庫北関に入関した船から関税を徴収した『兵庫北関入船納帳』（以下『入船納帳』と略す）と称する課税台帳が残されている。そこには讃岐船籍地の多くの船が入関したことが記されている。讃岐本土では地名が銘記されているが、島々では島に所属する船として島名で記されているため、港の所在地は不明である。ここで、瀬戸内海の二つの島を巡りながら、中世に港がどこにあったかを探ってみよう。

まず、塩飽を見てみたい。古くから史料上には「塩飽」の名を見る。フロイスの『日本史』や宣教師の報告書には「日本の著名なる港」と記され、度々寄港している様子が記されている。だが、港がどこにあったかは明らかにされていない。現在、「塩飽」と称する島は存在しない。塩飽諸島として、本島を始めとする周辺の島々が呼ばれているだけである。ただ史料上に見える「塩飽」は本島を指しており、そこに港が存在していた。では、どこに港があったのだろうか。

丸亀港から乗船したフェリーは、本島港に着く。そこは泊《とまり》と呼ばれている。まさに港を彷彿させる地名である。この地は島の南部に位置し、北風を防ぐに都合のいい自然地形を形成している。泊港から塩飽勤番所へ歩いてみよう。すると右手に埋立地が見える。ここは、古くには入り江となっていた。戦後養殖場として活用し、その後埋立られたのである。地図を開くとその地形がよくわかる。南に海を臨み、三方は山に囲まれ、風避けに最適な地である。その埋立地に港が造られていたと推測することは可能だろう。その奥まったすぐ先に勤番所があるのは偶然の一致ではない。

塩飽勤番所（丸亀市本島）

ここで『入船納帳』を紐解くと「泊太郎左衛門」「かうの太郎左衛門」の記載がある。「かうの」は、泊の東に位置する甲生《こう》のことで、そこには今も小規模な港が存在する。また「太郎左衛門枝船浄空かうの」の記載がある。浄空は甲生の港にいる太郎左衛門に雇われた船頭であろう。これらのことから、泊だけでなく、甲生にも港が存在したことを知る。両港はわずかな距離だが、それぞれの機能に応じて利用していたのであろう。「塩飽」船籍地の船は塩飽島の各港に所属する船を総称して把握されていたのである。

島の東部の笠島の集落を見下ろす丘陵頂部にある笠島城跡は、瀬戸内を航行する船の監視する目的を持つ城であった。山裾の海岸部には、いざという時に塩飽衆が出船するための港が造られていたと考えられる。城と一体となった典型的な中世の港の姿である。

小海港と大坂城残石（小豆郡土庄町）

つぎに、塩飽と同様に『入船納帳』に度々現れている「島」について見てみよう。「島」とは小豆島を指している。小豆島は塩飽以上に大きく、現在島には港が六か所あり、大小の船が出入りしている。それらの港のどこかに中世の港があったのか、それともそれ以外に港が存在したのであろうか。ここで注目するのは、塩を積載した船である。島船と備前の牛窓船が島塩の大部分を輸送している。古くから塩は東南部の内海《うちのみ》湾一帯で生産されていた。ここで生産された塩は島船で輸送されたと考えられる。とするならば、その付近に港が存在したはずである。安田・苗羽《のうま》付近に港があったと推定できる。

一方牛窓船での輸送は、島の西部から北部付近の塩輸送を担ったと考える。だがすべて牛窓船での輸送ではなく、当然島船の輸送もあった筈である。そこで注目するのは、北部にある小海《おみ》という集落である。今は小さな漁港が存在する。『入船納帳』に記載された船頭に「おみ」とあるが、この地を指している考えられる。小海は沖合に小島があり、風避けの役割を果たしている。港に注ぐように川が流れているが、川に沿って低地が続いており、往時は山裾まで入り江が入り組んでいたと推定する。川の土砂に堆積されて現在の地形になったのであろう。ここから港の存在が明らかである。

後背地は江戸時代初期大坂城築城の際、細川氏が石を切り出した丁場跡が残る。小海の港から、石を輸送したであろう。中世以来の港の存在が、石丁場を開いた一つの理由であったろう。大坂へ運ばれなかった石は残念石と呼ばれ、港に接する石の公園に並べられているが、古き時代を超えて何かを語りかけているように感じる。

（橋詰　茂）

## 廻船式目と鉄砲伝来

織田信長の最期となった京都本能寺は度々火災に見舞われたため、本能寺の「能」の旁がカタカナのヒの字を二つ重ねるのを忌避して火が去るようにと「去」の字に似せた異体字を使用している。それでも同寺には、幾たびかの火災の難を逃れた多くの貴重な史料が伝存している。それらを故藤井学氏が病魔に冒されながら翻刻された『本能寺史料』中世編に次のような細川晴元書状が収載されている。

（包紙ウワ書）「本能寺　　晴元」

自種子嶋鐵放馳走候而、此方へ到来、誠令悦喜候、彼嶋へも以書状申候、可御届候、猶古津修理進可申候、恐々謹言

四月十八日　　（細川）晴元（花押）

本能寺

細川晴元は、天文一八年（一五四九）、摂津国江口の戦いで三好長慶に敗れる。そして、京都から近江へ逃げるのが同年六月のことであり、それ以降当分の間京都を留守にするためそれ以前の発給になる本能寺宛て晴元の鉄砲献上に対する礼状である。鉄砲が種子島に伝来するのは、『鉄炮記』によれば、天文一二年八月のことで、同島では翌年に銃筒をネジで塞ぐ技術を習得し、量産化が開始されるのは早くもその翌一四年のこととされる。そして、その種子島から本能寺の僧侶を介して足利将軍家に鉄砲が献上されたのが天文一五年であった。この鉄砲製造技術は短期間

のうちに複数のルートで本土に伝えられた、とされている。しかし、本文書によって、鉄砲は直接種子島から、疑いなく当時の同島領主であった種子島時堯《ときたか》より本能寺を経由して晴元の下へ送られている

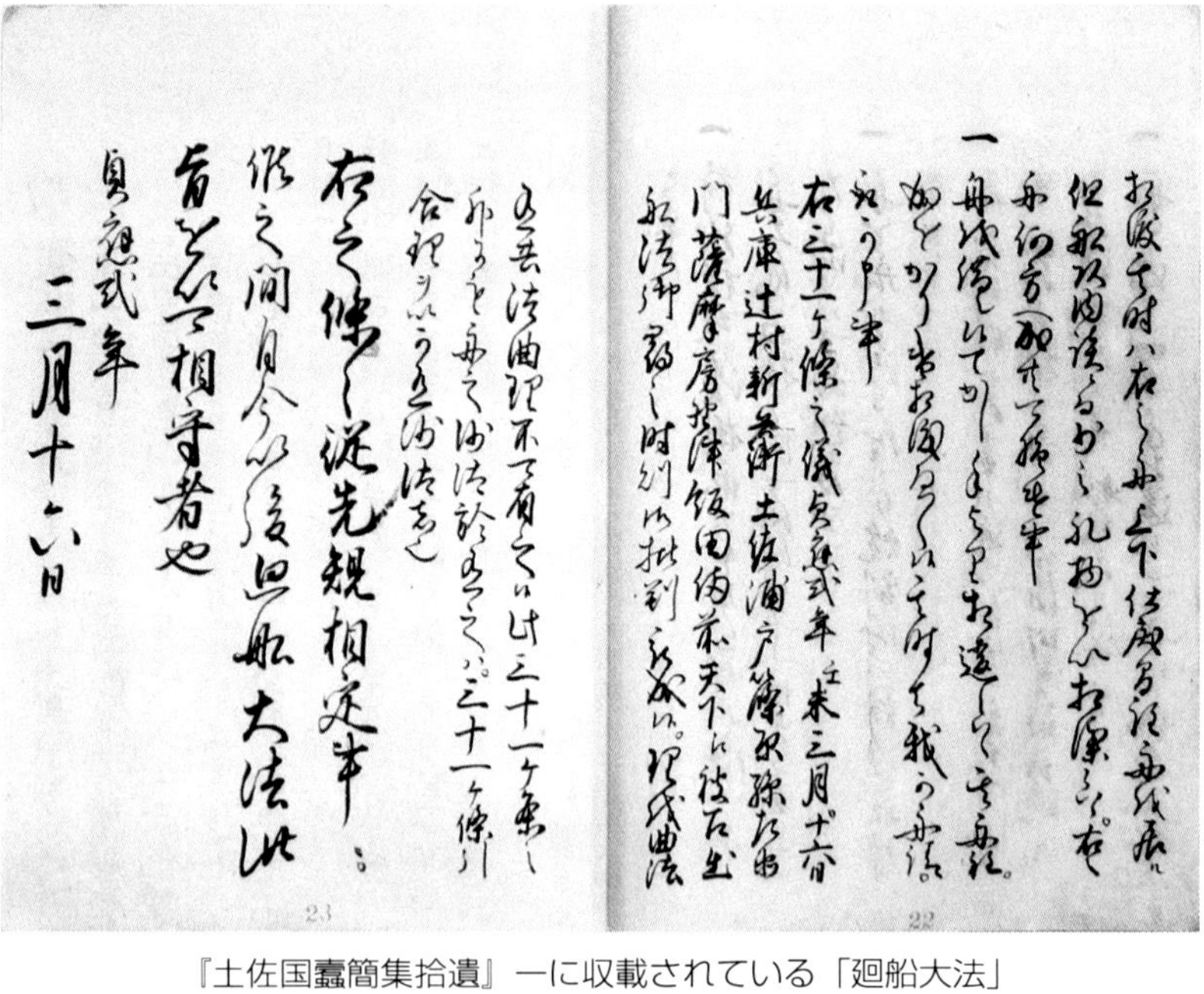

『土佐国蠹簡集拾遺』一に収載されている「廻船大法」
（高知県立図書館蔵）

ことが知られる。右文書の年代は、足利将軍家と相前後して送られた（もしくは将軍献上品そのものの可能性もある）とみて、おそらく天文一五年四月のこととしてよいであろう。

とまれ、ここで留意しておくべきは、種子島銃（鉄砲）をはるばる種子島から京都へ、そして晴元の下へ持参し、さらに晴元からの礼状を種子島まで届けたのは誰かということである。じつは、本能寺の僧らが関わっていたのである。

ひとまず鉄砲のことはさておき、当時の種子島は、領主の種子島氏をはじめ島民らも法華宗に帰依していたことに視点を移そう。当時は、京都本能寺と両本山である尼崎の本興寺から本門法華宗派の僧が同島や屋久島などに伝教するため盛んに往返していた頃である。一五世紀半ばに同派の開祖日隆上人に学んだ日典によって法華宗義が広まり、まもなく国内で二か所目の皆法華という種子島の住民すべてが法華信者となる信仰形態がうまれた。ちなみに最初の皆法華の地は、讃岐国高瀬郷（三豊市高瀬町・三野町付近）である。

本門法華宗は、西国においては瀬戸内海やそれに延長する外海とを往来し海上貿易を担う武士団を中核的な檀越としたことが知られる。例えば、備前牛窓の本蓮寺を建立・外護した石原氏が著名である。しかし、宇多津の本妙寺を建てた外護者が誰であるのか、今ひとつ分かっていない。ただ、宇多津は、当時讃岐国随一の港町であり、大型海船の行き交う場所で在ったことは間違いない。本門法華宗の僧侶らは、こうした牛窓や宇多津などの港津間を結ぶネットワークに乗じて頻繁に南海の島々を訪れることが出来たのである。

さて、このネットワークを形成するに至る状況を物語る指標となるのが、廻船式目の成立ではないだろうか。廻船式目は、日本古来の海事法規である。名称は、「廻船大法」「船法度」「定法」などの呼称がある。条文数も三一条から四三条までのものがある。海上運送における慣習法をまとめたものであるからその成立年代についても確定は困難である。しかし、奥書の年紀は、いずれも貞応二（一二二三）で共通している。これより成文法としての「廻船式目」が鎌倉時代前期の成立とする考え方もあるが、後世に作られたものだとする見解もあり、鎌倉時代ではなく、室町時代まで下るのではないかとも言われている。天正九年（一五八一）という最も古い改訂年紀のある「廻船大法」が『鎌倉遺文』に収載されているなど複数の廻船式目が伝えられていて、土佐浦戸の「土佐編年史」に収められたものは三一条、伊豆の「古今消息集」のものは四三条であり、条文数のみならず内容にも多少の齟齬がみられる。

これら廻船式目では、貸船や貸船頭に関する条文が重複しており、これの共通理解が当時の海事関係者間では最も重要ではなかったかの印象が持たれる。例えば、廻船大法の条文によれば、「一　船を貸、船頭行先にて公事《くうじ》有之、船を留たる時者《は》、船頭可弁事《わきまへるべき》」とある。船舶は、常時航海によって船籍地を離れているものであり、寄港地先で諸公事を課せられることもあった。すなわち、戦時体制下では、平時は廻船用の船舶であっても徴用や契約等によって軍用船にしつらえられることも多々あった。そのような場合、廻船の所有者の判断を待たずに専決事項として船頭に委ねられていたのである。

このことは、つまり、港津間のネットワーク化によって船舶の保全を目指すための海事関係者間の相互保証制度と目され、換言すれば、津々浦々において用船保護のための相互不可侵条項として了解がなされていたことを示しているのである。ここで元に返って、鉄砲伝来に即して言うなれば、種子島銃を携えた法華僧がこうしたネットワークに乗じて種子島から主として瀬戸内ルートを経由して京都や近江国友村などに運ぶことを可能ならしめたといえようか。

（唐木　裕志）

# 高松藩御座船飛龍丸

「御座《ござ》船」とは大名が乗る船のことで、「御召関《おめしせき》船」とも呼ばれる。戦国時代から江戸時代の初期にかけて安宅《あたけ》船という形式の大型軍船が建造されたが、江戸幕府は大型船建造を制限する政策をとったことから、安宅船は姿を消し、主力軍船を補助する船であった関船が代わって主力を担うようになった。関船は船首に尖頭形の板が具わる「水押《みよし》造り」で、細長い船体が特徴である。物資を運ぶ運送船が帆による推進のみになっていったのに対し、関船は帆とあわせて櫓も推進手段とし続けた。海上戦において機動性が必要とされたからである。下の絵でも船の側面から櫓が突き出している様子を窺うことができる。

下の図は、高松松平家に伝わる御座船「飛龍《ひりゅう》丸」を描いた絵図群「高松藩飛龍丸船明細切絵図」のひとつ「惣図」である。御座船「飛龍丸」を俯瞰《ふかん》する構図で描き、船首のかたちや船型が典型的な関船の形式をしていることがよく示されている。

関船形式をとる御座船は、本来は軍船であったが、合戦がなくなった江戸時代では藩主の移動手段としての意味が大きくなり、華麗な装飾がほどこされ、居住性が重視されるようになる。

図をみると家紋を入れた紅白の幕が廻らされ、金で表した家紋が側面に並び、壮麗な姿をしている。船の正面には金文字で「飛龍丸」と記した船額が掛かっている。

中央部分に見える屋根のある建物は二階建で、見えているのが二階部分の「御花屋形」、一階部分は「御屋形」と呼び名が区別されている。屋形の中にも豪華な装飾が施されていたことが「惣図」とともに伝わる別図から分かる。特に藩主の居場所となった御座の間は天井、壁、襖に金をふんだんに用いた絵が描かれ、一段と華やかな

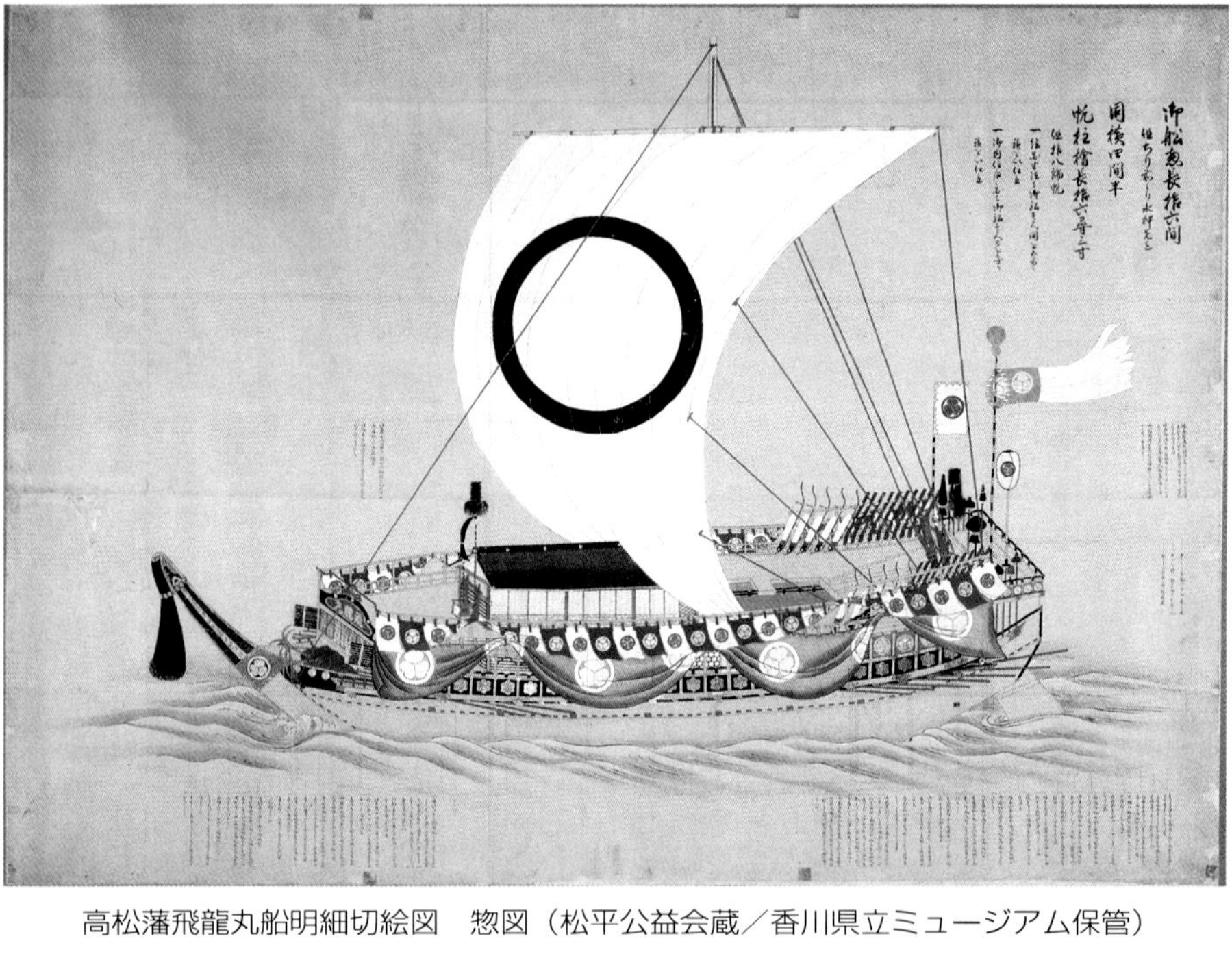

高松藩飛龍丸船明細切絵図　惣図（松平公益会蔵／香川県立ミュージアム保管）

空間となっていたのである。

屋形の前に目をやると長刀と黒鳥毛の鑓が立っている。船の後ろ側には弓矢と鉄炮がならび、台傘・立傘とともに熊の投げ鞘と飾鑓が差してある。これらの道具は参勤交代行列で藩主の駕籠の前後に立つもので、道具の組み合わせや種類によって大名の家格が表された。

船尾にひときわ高く立っている家紋の入った吹流しは、高松松平家の船印である。船印は大名ごとに異なり、帆に表される帆印とともに「武鑑」に掲載され、どの家の船であるかを見分ける手がかりとなった。

船の内外に華美な装飾を施して大名の権威を周囲に示し、家格を表す道具を載せる御座船は、大名という存在を端的に表現しているといえるのである。

高松藩の御座船・飛龍丸は、寛文九年（一六六九）に高松藩初代松平頼重によって建造され、江戸時代の終わりまでに四回にわたって新たに造り直されている。

冒頭に提示した「惣図」は宝暦二年（一七五二）五代松平頼恭《よりたか》の時に造られた飛龍丸の姿を描いたものである。すでに触れたとおり、屋形内部の装飾を克明に描いた図とともに伝わっている。

寛政元年（一七八九）七代頼起《よりおき》の代にも飛龍丸は新造され、この時にも絵図が作成された。側面図、平面図、船尾正対図の他、船型を決める基本寸法を記した絵図と船材の板の産地と接合状態を記した絵図（板遣方之図）の合計五点である。この内、「板遣方之図」は特に注目される。

関船は、簡単にいうと、航《かわら》という船底となる板に片側三枚ずつ計六枚の板を組み合わせた構造になっている。それぞれの板は船の大きさに近い長さになるため、大型の船になるほど長い板が必要となる。一材で造ることができる板の長さには限界があるため、複数の板を接ぎ合せて船材とするのである。その接ぎ合わせのくわしい姿を表しているのが「板遣方之図」で、当時の造船技法を具体的に知ることができる貴重な資料なのである。

（御厨　義道）

飛龍丸の屋形内装飾を描いた図
（松平公益会蔵／香川県立ミュージアム保管）

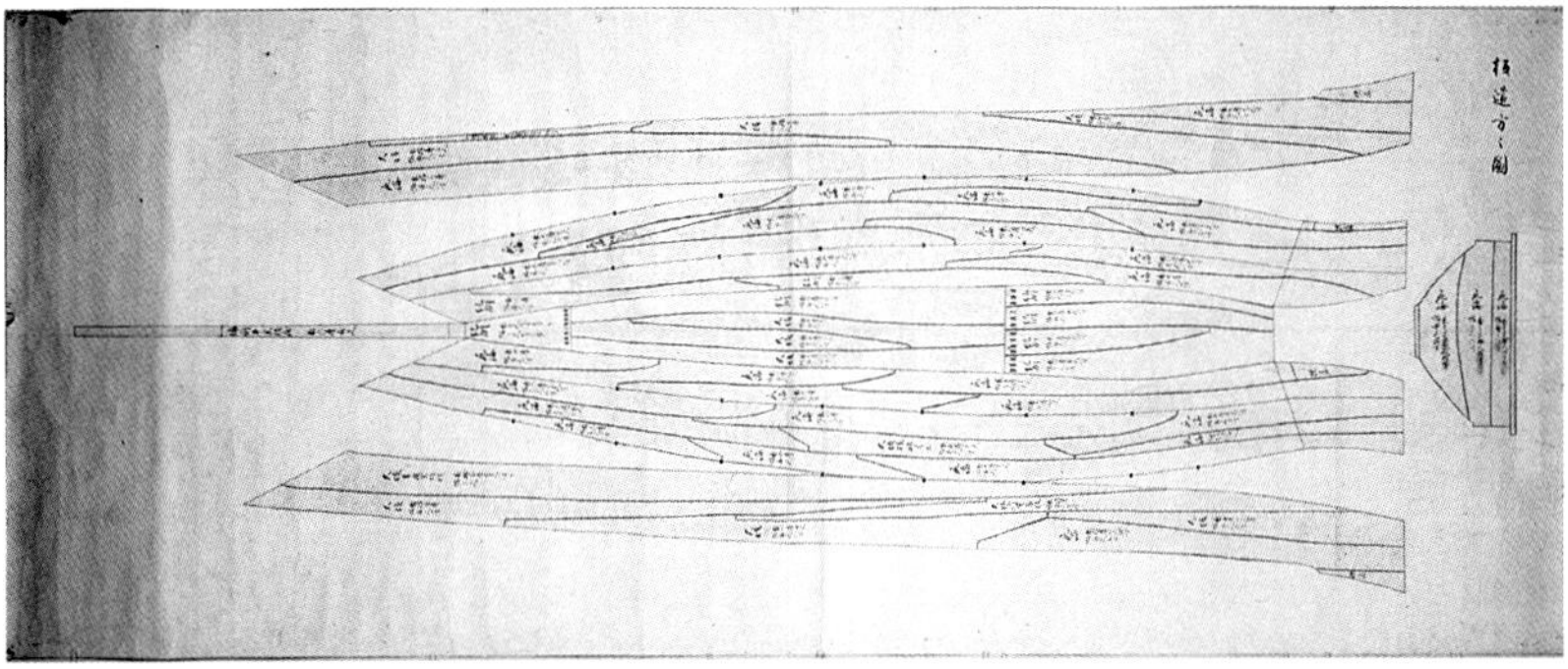

板遣方之図（松平公益会蔵／香川県立ミュージアム保管）

## 讃岐三白「砂糖」の流通

砂糖は、讃岐三白の一つとして塩と綿とともにその名が知られている。現在でも東かがわ市とさぬき市で砂糖の生産・製造が続けられており、高級甘味料「和三盆」として全国的に知られている。

讃岐国は昔から水不足に悩まされていた。これを克服するために、高松藩五代藩主松平頼恭《よりたか》は乾燥に比較的強いサトウキビ（甘蔗《かんしょ》）の栽培に注目し、いち早く取り組んだ。藩命を受けた藩医池田玄丈や大内郡湊村（東かがわ市湊）の医師向山《さきやま》周慶ら多くの人々の努力によって、サトウキビの栽培、製糖の技術や砂糖づくりの道具が確立された。高松藩内では次第に領内各地に砂糖の生産・製造が広まり、特に大内・寒川・阿野郡で盛んになった。安政年間（一八五四～六〇）後半から慶応年間（一八六五～六八）にかけてサトウキビの植付が最盛期となり、植付面積が約三八〇〇町にもなった。

高松藩で生産・製造された砂糖は、寛政六年（一七九四）に大坂、文化年間（一八〇四～一八）には江戸に積み出された記録がある。紀伊、明石や尾道などの瀬戸内沿岸、酒田・出雲崎・温泉津《ゆのつ》など日本海沿岸まで拡がったことが、各地の湊町に残る廻船問屋の顧客名簿である「諸国御客船帳」などにみえる。

文化十一年（一八一四）に江戸の小川顕道が書いた随筆集『塵塚談』では、讃岐国産の白砂糖は「白雪の如く、舶来にいさゝかおとらず」と、高い評価を受けている。さらに大坂市場でも高い市場占有率を誇り、天保元年（一八三〇）から同三年までの白砂糖の大坂への積登量の平均は、積登高一一二三万四六五七斤余のうち高松藩が六一五万一〇一六斤余と圧倒的に多く五四パーセントを占めるまでになった。これほど砂糖生産が広まったのは、「樽一杯の砂糖が樽一杯の銭」になったと云われるほど砂糖が利潤の高い商品作物であったためである。

さて、文政初年の高松藩の財政は、水害や旱ばつによって年貢収入が減り、さらに江戸屋敷での経費もかさみ、財政難に陥っていた。このため大坂の商人から借金しており、その借金の返済も天保三年には返済猶予を願うほどであった。高松藩では財政難の克服のため砂糖に注目し、砂糖売り上げの利潤を持って大坂の商人へ借金返済を行うよう流通統制を図った。この流通統制は文政二年（一八一九）に始まり、砂糖会所を設置するなど大坂の砂糖市場を利用して正貨の獲得を図ったものであった。この流通統制は大坂の砂糖市場との結びつきを強めながらも、荷主や船主の裁量で大坂以外でも売り捌かれており、決して厳しい統制を取ったものではなかった。これにより利潤を求めて全国各地に高松藩の砂糖が流通していったのである。これらが効を奏して高松藩は財政難を解消し、天保末ごろには軍用資金や災害備金を貯え、廃藩置県の際は高松藩から香川県へ多額の引継金があるほどになったのである。

ところで、砂糖流通は船が担っていた。砂糖を運ぶ船を砂糖船といい、その中で藩から公認された船を砂糖組船といった。砂糖組船は各浦に設けられ、五艘一組で組織されていた。大坂の砂糖市場とのつながりや砂糖船の活動は、流通面だけでなく、寄付行為、現存する常夜燈や玉垣にもみることができる。

天保十四年に行われた大内郡引田浦の波止築立普請にあたって、引田村庄屋や浦役人だけでなく、引田浦の砂糖組船、隣郡の寒川郡津田浦の砂糖船持中、大坂砂糖問屋や大坂砂糖会所からも寄付が集まっている。同浦の氏神である誉田《ほんだ》八幡宮に現存する嘉永六年（一八五三）奉納の玉垣は、大坂渡海船持中が世話人となり大坂砂糖問屋嶋屋與兵衛・阿波屋儀助・丸屋喜之助が奉納している。安政五年（一八五八）に建てられた大鳥居にも、寄付者として大坂砂糖

大坂砂糖問屋から奉納された誉田八幡宮の玉垣（東かがわ市引田）

問屋の名が見える。

引田浦の隣村の馬宿《うまやど》浦（東かがわ市馬宿）の山王宮にある天保一三年の常夜燈も、大坂砂糖問屋の丸屋喜之助や馬宿浦砂糖組船中・渡海船持中が奉納したものである。大内郡三本松浦（同市三本松）の前山天満宮にも嘉永四年大坂砂糖問屋佐野屋繁蔵から奉納された玉垣がある。

また大内郡ではサトウキビの生産にあたって、サトウキビの苗は香川郡香西浦（高松市香西本町など）や阿野郡乃生《のう》浦（坂出市王越町）から移入され、油粕や干鰯などの肥料、中和剤となる牡蠣殻を備前国や備中国から移入していた。これらのような生産・製造に関する材料も船で運ばれていた。

高松藩の財政を支えた砂糖の流通は、船が担っていた。讃岐国は全国的な市場である大坂に近いだけでなく、平野が狭い分、各湊が後背地に比較的近い、つまり生産地と積出港が近接しているという地理的条件も砂糖の生産と流通に適していたといえるであろう。

（萩野　憲司）

## 讃岐に「黒船」がやってきた
### ―直島庄屋による「海岸取締役」―

嘉永六年（一八五三）のペリー来航によって、江戸幕府はそれまでの「鎖国」（海禁政策）をやめて開国したために、諸藩は幕府の命令によって沿岸警備をつとめることになった。

当然、瀬戸内海を航行する外国船も増えたが、安政六年（一八五九）に外国船が沖合を通ったのを契機として、讃岐高松藩では外国船渡来の緊急時に対応するために領内一二か所に「御固《おかため》場《ば》」を設置して、牢人を詰めさせることにした。さらに、のち文久三年（一八六三）に入って幕府の海岸防備強化の通達を受けて、御固場へ牢人のみならず「農兵」も詰めさせることとし、一三〇〇人の農兵取立てを行おうとした。また、引田から宇多津までの海岸に狼煙場や台場を作り、美作津山藩では小豆島西部六郷の海上にて船上訓練を行った。一方、丸亀藩では、慶応元年（一八六五）に「御軍用御手当夫役」が具体化し、同二年には「領分固メ場所」（八か所）が指定され、この場所には郷中帯刀の者を詰めさせることとし、かれらを「野兵」と称した。ただ、実際には、これらの制度や施設は使われることはなかったとされている。

以上のような状況の中で、嘉永七年一〇月、幕府領直島の庄屋三宅源左衛門が「海岸取締役」という役職に倉敷代官から任命された。この役は、直島・男木島・女木島いわゆる「直島三ケ島」の付近を通る異国船の様子を逐一報告することであり、取締りの範囲は「讃州海岸一体」であったことも史料からわかる。

なお、海岸取締役任命以前でも、安政元年九月、大坂の天保山沖に現われた異国船を追って直島の庄屋源左衛門は、倉敷代官所役人とともに、大坂↓阿波↓土佐を訪れ、しかも異国船出現のときには直島に報告してくれるように現地の庄屋に依頼するという注目すべき動きをしている。

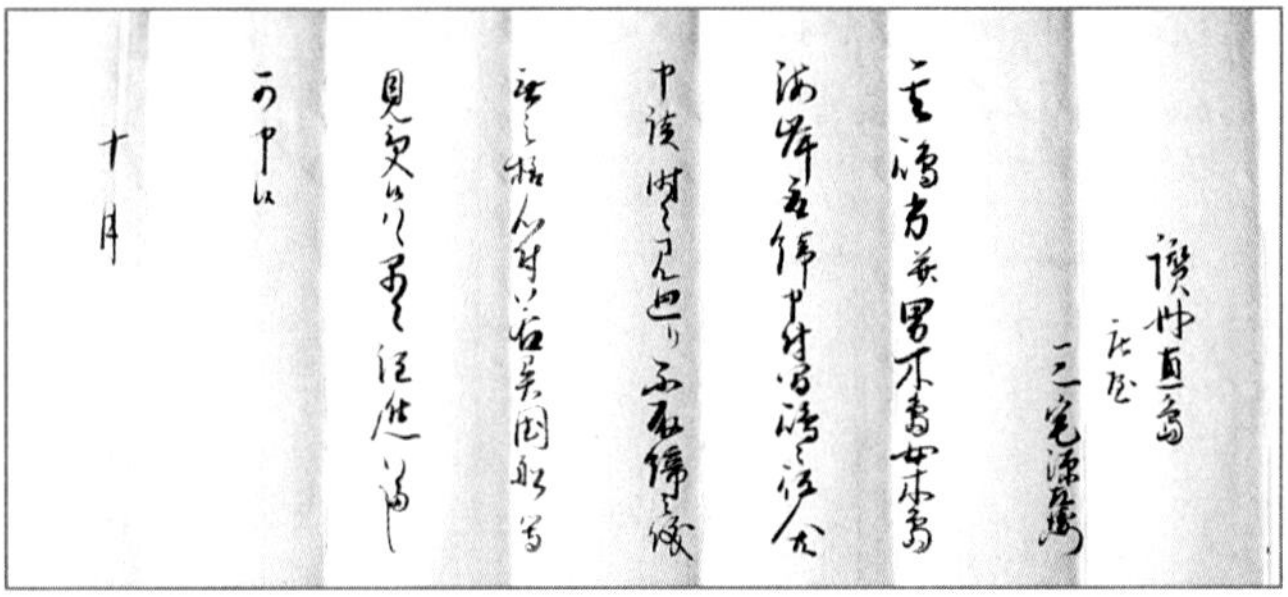
嘉永7年10月「任命書」（写）
（三宅家文書／瀬戸内海歴史民俗資料館蔵）

それでは、実際に異国船に遭遇したときの状況を史料から紹介する。安政四年三月一一日午前八時頃、直島南沖を西から東へ通行していた異国船は、船の長さ三〇間余り（約五五メートル）、帆柱三本、中央から煙をたてており、まさに「黒船」そのものであった。報告を受けた庄屋源左衛門が飛び乗ったのは漁船であった。しかし、急いで沖へ向かったが、異国船が速すぎて「遠見」の報告しかできなかったという。実際に瀬戸内海を「黒船」が航行していたこと、庄屋が海岸取締役としての仕事をこなしていたこと（しかも八時発見で九時には文章化していることの迅速さなど）、「黒船」来航の報告作業に直島の漁船が使用されていたことなどがわかる。なお、別の地図から、実際の「取締」の範囲は、「讃州海岸」どころか東瀬戸内海というべき広い範囲になっていたこともわかる。辞令無しでもこれほど広範囲に活動している海岸取締役という役の重要性と、その役に直島庄屋が長期間任命されたことの意義をこの際指摘しておきたい。一般的に、「異国船を発見したら、すぐ報告せよ」という触は、幕府・藩から全国の庄屋を通じて庶民に周知徹底された。しかし、庄屋個人に海岸取締役という役職をあて活動させたという事例は、瀬戸内海地域では把握されていない。また、一方「なぜ直島の庄屋が海岸取締役になったのか」ということについては、直島が幕府領であったことがあげられる。つまり、幕府独自の情報網の拠点として直島を位置づけて異国船の情報をいち早くつかもうとしたと考えられる。

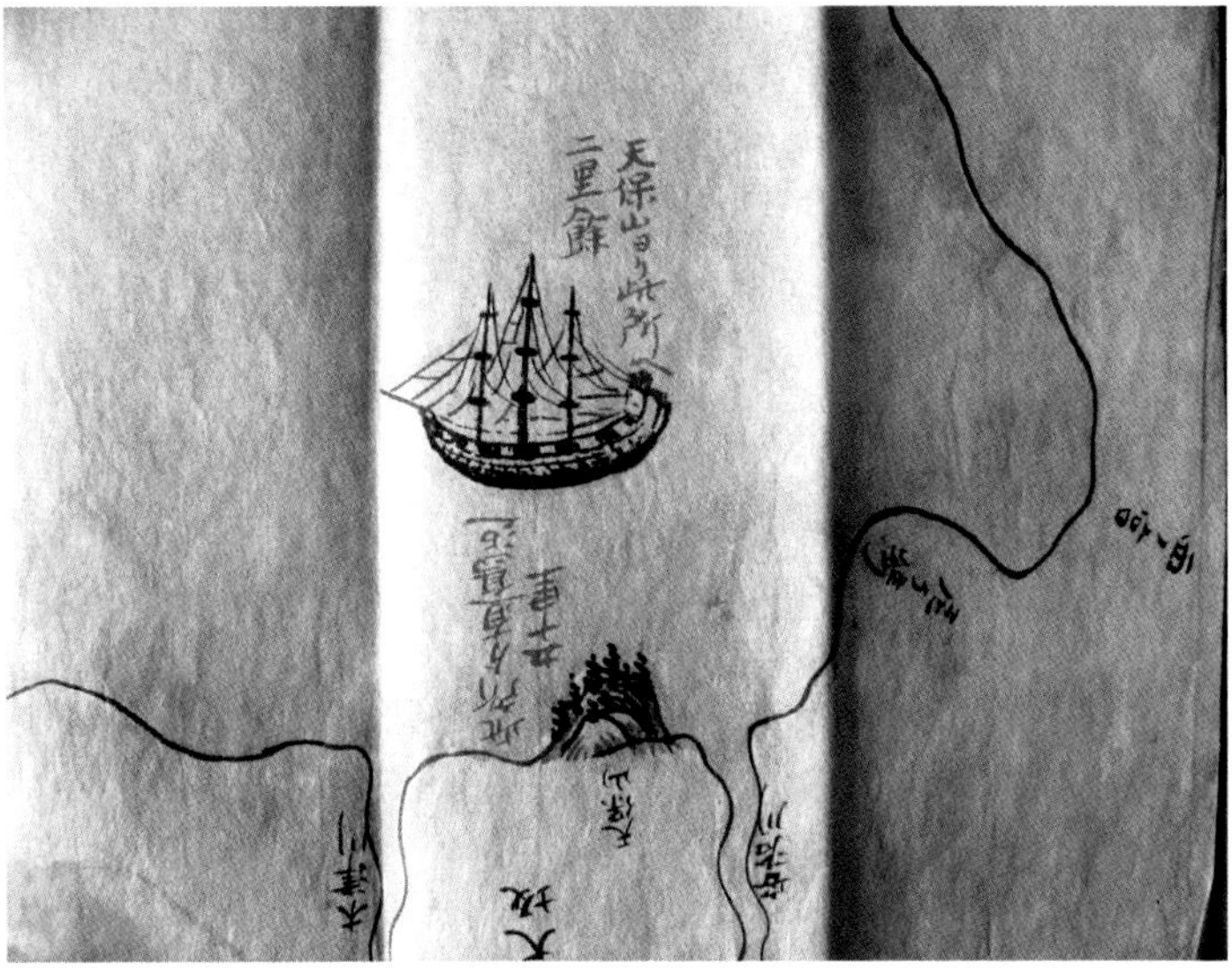

嘉永7年10月「近国風聞浦々見取絵図」（部分）
（三宅家文書／瀬戸内海歴史民俗資料館蔵）

さて、先記した海岸取締役の活動をみると、臨時的とはいえ、その費用は相当かかったにちがいない。その費用の多くは、当時直島近海で隆盛していた鯛網漁から捻出されたことが史料からわかる。その漁は、網おろしの時に、網元が庄屋の家に集まり、瀬の数を書き、鬮《くじ》引きをして、その日から六〇日の間、一か所ずつ漁場をずらして順番に漁をしていくのである。安政七年から明治二年（一八六九）の順番鬮割を見ると、どこかの漁場に必ず「三宅源左衛門」の名がある。彼が庄屋であった期間のうち、嘉永三～六年には網を持っておらず、海岸取締役として本格的に活動したと考えられる安政七年から明治二年に網を持ち漁場鬮にあたっていることは偶然とは考えにくい。そのときの肩書きは「海岸取締役　庄屋」と記録されている。倉敷代官所宛の願上書の中で源左衛門は鯛網漁における利益の配分法を提案している。一か年の利益が平均一〇〇両。そのうち銀一貫目（約一七両）は上納、二〇～三〇両は小前百姓や「三ケ島」の人々への扶助、残り五〇両を海岸取締役の「所々江船遣候臨時御用」にあて、なお残れば「天筒并丸薬其外武器」の調達に当てるという。つまり、「鯛が異国船に備える情報収集費及び武器に変わる」のである。激動の幕末社会にあって、瀬戸内海という広い範囲を舞台に、単なる行政官としてだけではなく、村落の長としての庄屋として活動した三宅源左衛門、彼を支えた島民等の存在が浮き彫りになる。

「瀬戸内国際芸術祭」が開催され、世界的にその名が有名になった直島。日本はもとより世界から多くの人々が訪れる。右記のような直島の特異な歴史をも是非知ってほしいと思う。

（山本　秀夫）

## 瀬戸内の和船と船大工用具

和船とは、一般的には「棚板構造」という板を矧いで大きな板を造り、それを航《かわら》（船底）・棚（根棚・中棚・上棚という側面板）と構築して造る船をいう。これは洋式船やインド洋のダウが「竜骨構造」、中国のジャンクが「隔壁構造」、韓国の韓船が「梁構造」という構造化を辿ったのと同様、日本式の構造化のあり様であった。しかしさらに少し昔の人がイメージする「和船」は舳先に水押《みよし》（舳・艏）という一本の材を持つ船である。

江戸時代に廻船の主流となった弁財船《べざいぶね》は、一六世紀初頭に書かれたとされる『船行要術』に「内海へさい造り」とあり、瀬戸内の地方的船型であった。近世大名の「御座船」となった「関船」は、中世海賊の早船が大型化したものである。これらは一本水押を舳に立てる船だが、昭和まで活躍した漁船も主流は一本水押の船であった。村上水軍の主力軍船や後期遣明船で活躍した二形船《ふたなりぶね》にも水押があり、上に箱置という造りを持つ船である。

おそらく九鬼水軍の主力は伊勢船と呼ばれる船首が箱造りと呼ばれる様式の船であった。小豆島の大部《おおべ》で造船に携わっていた多度津の藤原家にこの伊勢船の図面が伝わっており、興味深い。

さて、一本水押の船は近世に入り、全国に広がった。関船と弁財船は、御座船や廻船の主力に、小形の「小早船」系統の船も大名の船や網漁船などの主力となった。これは北陸や東北諸藩の二形船・関船等の導入、漁民の大坂湾から江戸湾への移転などに伴う大坂や堺を中心とする瀬戸内の船大工技術の北陸や関東への移転によって促進された。その結果、北陸から西廻り航路で大坂を目指す「北前船」は、江戸後期には弁財船の北陸型で占められるのである。

刳船《くりぶね》または船底や側面板の一部に刳船部材を残すなど、チキリ（立鼓）・タタラ（木栓）・漆接合など棚板構造船以前の技術を遺す船は、北陸から若狭の面木造り（ムダマ刳ぎ）の船、琵琶湖のマルコ、伊勢湾のヨツノリなど瀬戸内以外の地域のものである。

瀬戸内和船の全国伝播は、技術的には、松右衛門帆に代表される木綿帆の流行と弁財船の帆走専用船化やいち早く棚板構造船を造ることを可能にした大板の加工技術と船釘の生産に求められる。

弁財船は帆走専用船化が促進され、水押の形状をはじめ、江戸初期と幕末のものでは大きい変化があった。商用の必要からである。それに比べ、関船は御座船の場合櫓を減らして御座の間を拡充するなど用途上の変化はあったが、水押の形状などに変化は少ない。伝馬船も同様に変化は少ないが様々な伝統的意匠を現代に残している。

和船の西洋化は明治二〇年代以降行われる。舵（梶）は船の本体ではなく、櫓屋（櫓大工）が造る別部材であるから船の板図には書かない。それが西洋風のキール（竜骨）の延長として固定舵を付けると図面に表れる。瀬戸内海歴史民俗資料館蔵の小豆郡土庄町屋形崎収集の明治二七年紀年銘弁財船板図には、この固定舵があり、初期の合い子船であることが判る。

舵は変化せず、水密甲板を張り、水押を西洋風のズンドミヨシに、帆をスクーナー風の二本の縦帆「スイシ帆」とした愛知県型打瀬船が愛知県須佐（南知多町豊浜）で造られ、大正〜昭和に瀬戸内へ伝播した。観音寺市などに板図が残る。エンジンの搭載も大きく船型を変化させる。昭和には洋式帆船の後身「機帆船」が内航海運の主力となり、漁船はエンジンの搭載により水押を立て後部を高く反らす。

棚板構造船は大板を造り、それを角度を付けて矧ぎ合わせる。板を割るのではなく、大鋸《おが》という挽く道具の登場が製材法を変える。摺鋸という船大工独特の鋸は板の矧ぎ合わせ面を一定に削り、ぴったり合わせる。板同士を一旦合わせてその隙間に摺鋸を入れて挽く。中国にも摺鋸はあるが、荒い鋸で、日本のように粗目・中目・小鋸と細かく仕上げる精度はない。最初から全体に「油灰」という桐油と石灰に麻を混ぜて隙間を埋めるため、必要度に大きな差がある。

船釘には板を合わせて大板にする縫釘（板の中に入り見えなくなる）、頭が大きく角度を付けて固定する通釘、部材の打ち付けに用いる皆折釘がある。洋釘と違い、そのまま打つと板を割るので、予め釘道をほる。その専用の鑿《のみ》が釘差鑿で、釘道をほる両鐔《つば》釘差鑿（鐔鑿）、両方の板を通す片鐔釘差鑿（縫突）、削りかすを取る打抜の三種類が中心である。このうち両鐔釘差鑿の形状で、瀬戸内を中心とする西日本、関東、日本海、若狭・琵琶湖・伊勢湾という地域差が出てくる。西日本のものは穂先の元が広く先細で、断面中央が膨れている。関東のものは穂先の幅が元も先もあまり変わらず、全体に細長く断面は角である。若狭と琵琶湖はともに直の片鐔のものを用い、前者より後者が規模が小さい。日本海のものは西日本のものに似るがやや細長い。伊勢湾では片刃のものを用いる。他の地方は両刃である。

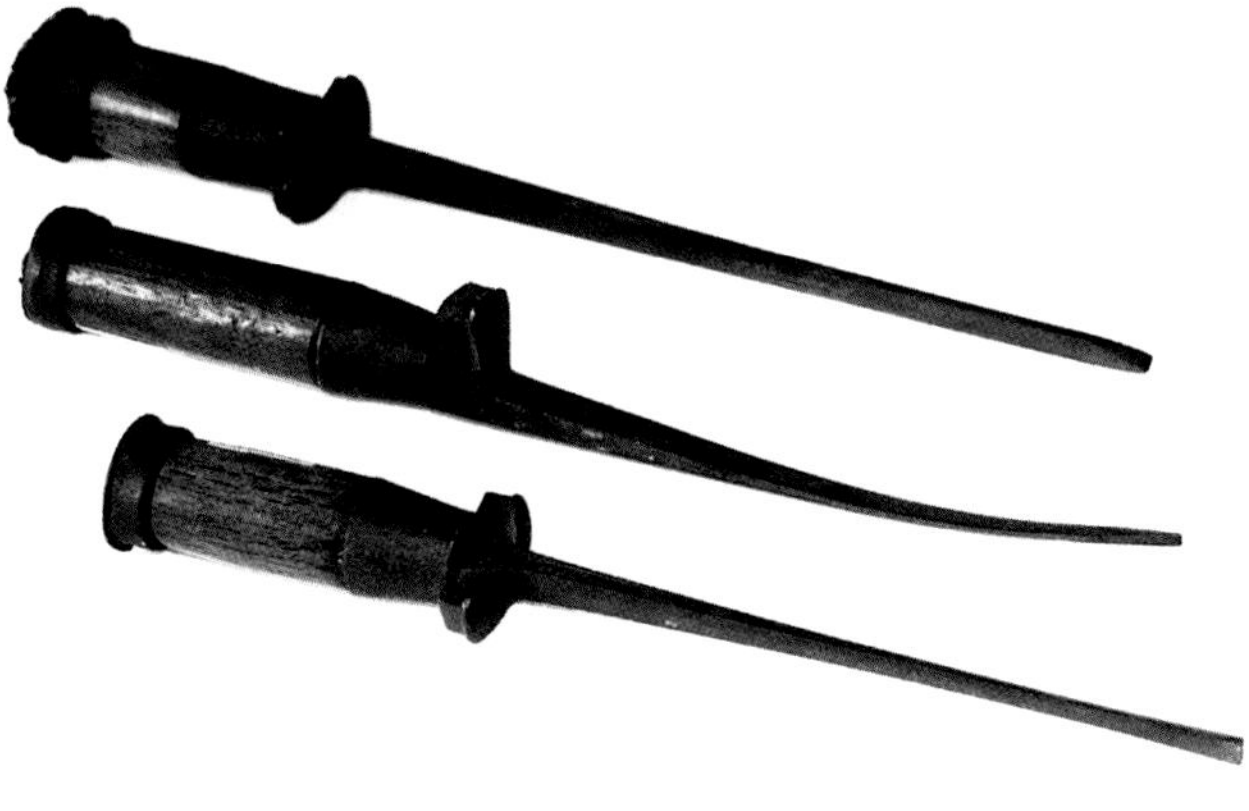

山伝馬・剣先舳・鯛縛網船（上）と釘差鑿三様（下）
（瀬戸内海歴史民俗資料館蔵）

瀬戸内では船材の主力のスギが取れないため、飫肥《おび》地方（宮崎県日南市）の「日向弁甲」を移入した。その使用圏は瀬戸内を中心に西日本一帯に及ぶ。要所や修理時に必要な充填剤のマキハダ（檜肌縄）は、字の示すとおり、コーヤマキからヒノキに材を変化させ、大崎上島の明石が主産地となった。これを詰める鑿打という道具の呼称でも西日本（ノミウチ）、日本海（トイノミ）、関東（ヤトコ）と分布圏を形成する。釘鍛冶や鐔鑿鍛冶は高松や坂出も含め各地にいた。鞆が主産地と認識されるようになったのは行商船の檜肌縄船が大崎上島沖浦（広島県豊田郡）や鞆（同県福山市）の釘を各地に運んだからである。

（織野　英史）

## 移住と船

近代における東北・北陸諸県からの北海道移住は多い。香川県、徳島県は北海道とは遠距離の西日本でありながら、近代の移住数は全国府県中で上位三分の一以内にあり多い。

『殖民公報』第一五号（明治三六年七月）には「徳島香川両県の移住の原因」として、「第一　郷里に於ける生計の困難」とし、農家一戸当たりの耕地が狭く、香川県は六反五歩である。小作が多い。集約的農業経営であるなど、農業経営上の問題を挙げている。

さらに「第二　本道との経済的関係」、「第三　既移住者の成蹟」「第四　既移住者の誘導」「第五　本道大農場の小作人募集」を挙げている。そのうち第二については、次のように記述されている。

「両県は北海道と久しく経済上の関係を有するが故に人民は自ら北海道に注目し之がため北海道移住の決心を容易ならしめたる事情なしとせず是れ亦移住の一原因と見做すべきものなり」とあり、その例として北海道の鰊粕《にしんかす》が香川県に肥料として、香川県の塩が北海道に塩鮭用他のため運ばれていることがわかり、物の移動が人の移動（移住）に結びついていること示されている。明治一三年（一八八〇）の開拓使の『西南諸港報告書』でも、県内各港に北海道から鰊粕（鯡〆粕）が運ばれていることがわかる。特に県内でも郡市別に見たとき北海道移住数が他よりも多い三豊郡の和田浜（観音寺市豊浜町）と粟島（三豊市詫間町）の二港が総輸入額のうち北海道輸入額の比率が高く一位・二位であり、中でも鰊粕が多い。粟島港は煙草や塩で占められ北海道輸出額の比率は高い。粟島港は近世北前船以来、明治に入っても北海道との結びつきが強い。このことは、粟島村役場文書の明治期の寄留関係の文書にも、北海道への寄留事例が散見され、人の移動は近世から近代へと引き続いていることがわかる。

北海道への移動手段としては、必ず船が必要である。鉄道は、明治二四年、日本鉄道会社により盛岡~青森間開業、上野~青森間が全通しており、それ以降北海道内の鉄道網も整備されていく。鉄道網の発達が進むだけでは、本州から北海道に渡ることはできず、明治二六年、青森~函館~室蘭間の三港連絡航路開設、日本郵船は東北本線で青森に到着し、海峡を渡る大量の乗客を運ぶという鉄道連絡船としての役割を担うことになる。明治三七年、北海道鉄道株式会社が小樽~函館間の鉄道を開通させた。そして明治四一年、国鉄（国営）による青森~函館間の鉄道連絡船（青函連絡船）の運航開始となる。

香川県からの移住者の多い地域を中心に述べていく。

那珂・多度郡長であった三橋政之らによる洞爺湖周辺への最初の団体移住では、明治二〇年三月二九日丸亀→兵庫→横浜→仙台近くの萩の浜→四月六日函館→紋瞥（紋別）とここまでは船である。上陸後直ちに洞爺湖畔の壮瞥《そうべつ》へ向かい倉庫建築などこの間約一か月を要して五月一〇日目的地の洞爺に着いている。

『新編丸亀市史』によると、明治二四年は総計四七四人が室蘭へ、八人が小樽へ出発している。当初、三橋政之は、室蘭でなく虻田《あぶた》へ上陸するように伝えていたにもかかわらず、三月二一日室蘭へ上陸したことが混乱を招いたとしている。『北海道毎日新聞』によると、翌二五年二月二七日、それぞれ六七六名と五〇〇名を乗せた二隻が室蘭港へ向け出発していたが、香川県庁から北海道庁へ無断渡航である旨の電信があった。多度津港を出て、まっすぐ室蘭に到着したという。

十勝への香川県北海道移民奨励会による最初の団体移住は明治二五年五月、坂本巳之松を監督とする阿野・鵜足郡下

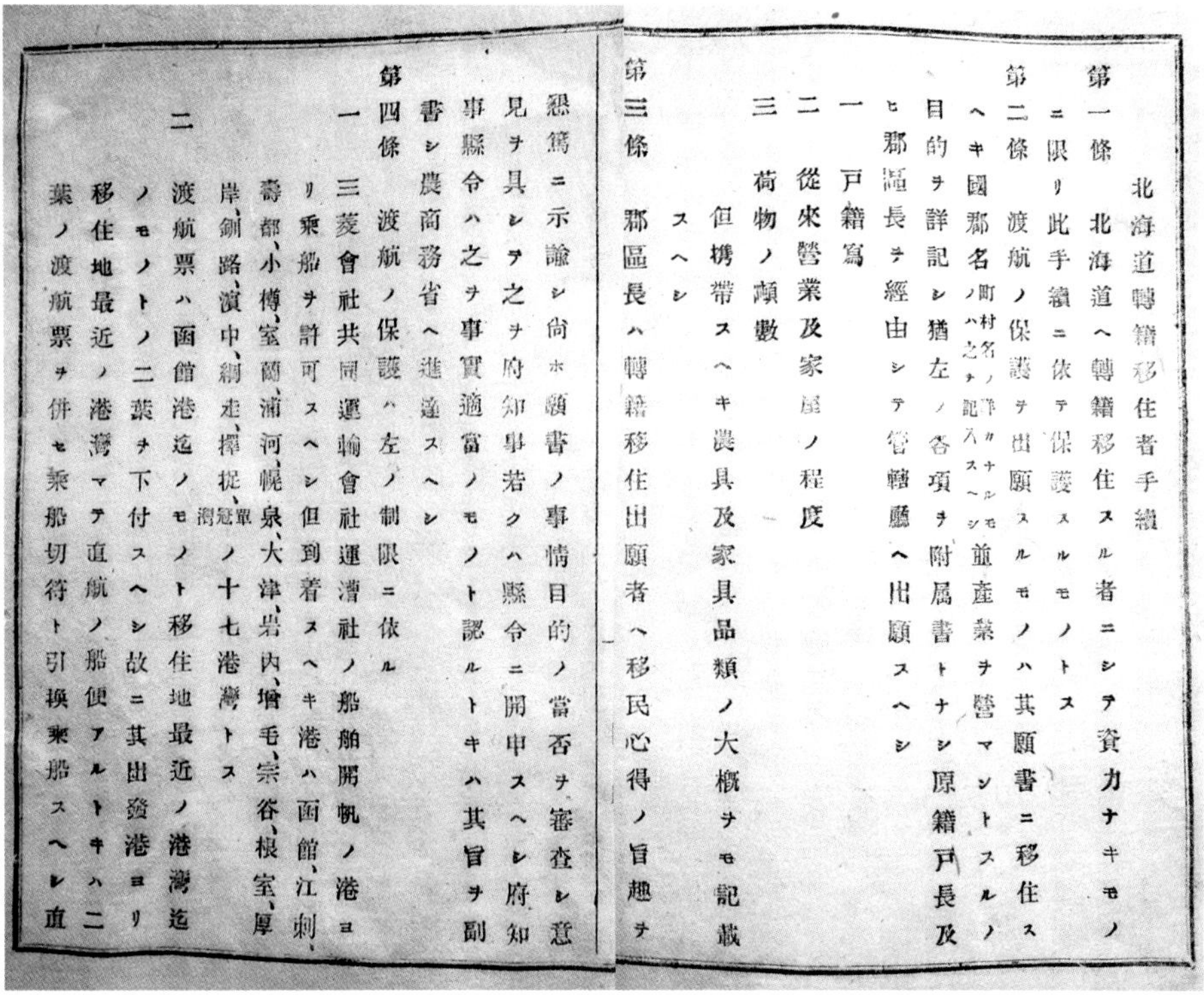
北海道轉籍移住者手續
第一條　北海道ヘ轉籍移住スル者ニシテ資力ナキモノニ限リ此手續ニ依テ保護スルモノトス
第二條　渡航ノ保護ヲ出願スルモノハ其願書ニ移住スヘキ國郡名町村名ノ詳カナルモノハ之ヲ記入スヘシ竝産業ヲ營マントスルノ目的ヲ詳記シ猶左ノ各項ヲ附属書トナシ原籍戸長及ヒ郡區長ヲ經由シテ管轄廳ヘ出願スヘシ
一　戸籍寫
二　從來營業及家屋ノ程度
三　荷物ノ頓數
但携帯スヘキ農具及家具品類ノ大概ヲモ記載スヘシ
第三條　郡區長ハ轉籍移住出願者ヘ移民心得ノ旨趣ヲ懇篤ニ示諭シ尚ホ願書ノ事情目的ノ當否ヲ審査シ意見ヲ具シテ之ヲ府知事若クハ縣令ニ開申スヘシ府知事縣令ハ之ヲ事實適當ノモノト認ルトキハ其旨ヲ副書シ農商務省ヘ進達スヘシ
第四條　渡航ノ保護ハ左ノ制限ニ依ル
一　三菱會社共同運輸會社運漕社ノ船舶開帆ノ港ヨリ乘船ヲ許可スヘシ但到着スヘキ港ハ函館、江刺、壽都、小樽、室蘭、浦河、幌泉、大津、岩内、増毛、宗谷、根室、厚岸、釧路、濱中、網走、擇捉、單冠灣ノ十七港トス
二　渡航票ハ函館港迄ノモノト移住地最近ノ港灣迄ノモノトノ二葉ヲ下付スヘシ故ニ其出發港ヨリ移住地最近ノ港灣マテ直航ノ船便アルトキハ二葉ノ渡航票ヲ併セ乘船切符ト引換乘船スヘシ直

明治16年政府により定められた『北海道転籍移住者手続』の一部（宮本義行氏蔵）

一二戸の第一回移住民たちであった。五月二〇日坂出→下関馬関→敦賀→伏木→新潟→酒田→五月二六日函館→十勝大津（風浪が激しくて上陸できず）→六月八日釧路に迂回し上陸。六月一五日十勝蝶多の原野に到っている。

旭川周辺では、東川への最初の団体移住は『郷土史ふるさと東川』によると、明治二八年古老たちの話として、高松・多度津→宇野→汽車で岡山→汽車と一部徒歩で舞鶴→小樽→汽車で滝川→徒歩で旭川さらに東川である。もう一つのルートとして高松・多度津→船で小樽へ直行→汽車で滝川→徒歩で旭川さらに東川である。香川県からは「団体移住」で、五、六戸ずつまとまり、分散し渡道している。

明治三九年三月二〇日・同四〇年三月九日付け『香川新報』によると、坂出の二つの取扱店（回漕店）が北海道移住に関わっている。一つの店の船は坂出港からは小蒸気船であって、移住者は神戸港で乗り換え北海道に出航、もう一つの店の船には坂出港を出たあと豊浜港で三豊郡と東予地方の宇摩郡などの移住者も乗船している。

香川県では高松、坂出、丸亀、多度津、豊浜などが移住船の出発港であった。日本海周り、太平洋周りなどの海上ルートをとる。乗り換えや途中陸路を経由することもある。北海道の港も函館、室蘭、小樽、釧路など様々であった。

（嶋田　典人）

# 宇高航路の今昔

離島四国は、本土と結ぶ「三つの橋」で人も物もその流れを大きく変えた。有史以来の「海主陸従」から「陸主海従」へ…。明治・大正・昭和の歴史に主役を任じた「宇高航路」もここにその役割を終えたといえる。

旧国鉄宇高連絡の前身、山陽鉄道会社翼下の岡・高連絡汽船の開業は、明治三六年（一九〇三）三月一六日。当時は高松港まで四時間の船旅。その第一船の乗客はわずか一八人だった。同三九年に政府が航路を買収し、三幡―高松間を一日二往復、二時間で運航を始めた。しかし、浮き桟橋の設備も悪く、本船までハシケで旅客を送迎。上陸後も桟橋から岡山・高松両駅とも人力車で旅客を運んだという。

のちの国鉄宇高航路は、同四三年六月一二日宇野線の開通とともに開業された。明治から大正に入ってようやく旅客ラッシュを迎え、時に第一次世界大戦を機に近県の商工業界の発展とともに輸送力強化のため、五〇〇トン級の大型船が就航。加えて、渡艀《とふ》に貨車を積んで海を渡りはじめたのもこのころである。

大正から昭和初期は第二の躍進時代。それまで年間一四、五万人程度だったものが七五万人、貨物一〇万トンを超える輸送力を誇るようになった。やがて、満州事変・日中戦争に続く太平洋戦争下で、旅客、貨物とも激しい往来をみせ、宇高航路の存在価値はぐんと高まった。国立公園瀬戸内海のど真ん中、備讃瀬戸一帯にかけての多島美の海景は、戦後いち早く着目され、日本の主要観光ルートに選定。観光団体客や一般船客は、年間四五〇万人、貨物二三〇万トンの輸送量を誇る大幹線へのし上がった。

このため新しく一五〇〇トン級大型豪華連絡船就航に伴い、両桟橋の可動橋、乗船上屋の近代化が進み、名実ともに高松港は四国の表玄関へのし上がった。ちなみに、昭和三五年（一九六〇）時の統計によると、宇野線を含め国鉄全国二二五路線のうちわずか一五線の黒字路線にランクされている。

だが、〝好事魔多し〟昭和三〇年五月一一日午前六時五六分、濃霧の中、宇高連絡船紫雲丸と貨物航路船第三宇高丸が高松市女木島沖約一五〇〇メートルで衝突した。紫雲丸の乗員乗客八四一人

新造船・国鉄宇高連絡船「伊予丸」高松港初入港
昭和41年2月5日

のうち、一六八人が死亡。うち一〇七人が修学旅行中の小・中学生らだった。生存者は亡き学友を偲び〝地獄の記憶〟と今に伝える。この大惨事の要因は、船舶レーダー操作ミスといわれ、奇しくも「ノーモア紫雲丸」の合い言葉は、のちのち本四架橋運動への原動力となったことは歴史的事実である。

のち昭和三〇年代からの高度成長期に入り、瀬戸内海各地でフェリーボートのラッシュを迎えた。四国海運局の昭和三九年度の調べによると、四国の内航運送は年ごとに増大、特に貨物輸送量は、全国の約一〇パーセントを占め前年より約七パーセントの伸び。国鉄三一八万トン、船舶三五六四万トン、フェリーボート一三二万トン。前年に比べて国鉄は三・三パーセント、船舶は〇・九パーセント、フェリーは五四・五パーセントの増加を示し、特にフェリー躍進がめざましい。

宇高国道フェリー豪華船「こうち丸」就航

内海海運の花形フェリーボートの驚異的発展は、年間の車両八〇万台に達し、利用状況では宇野―高松ルートが断トツで、トラックが全台数の約六三パーセントを占め、ついでバス・乗用車・二輪車の順。貨物二三〇万トンを加えると、輸送量は大幹線に位置づけられた。つまり、海陸一貫の新しい輸送体系を築いたといえよう。

フェリー全盛期に対抗するため国鉄では、三〇〇〇トン級の大型連絡船の新造船「伊予丸」「土佐丸」「阿波丸」を就航させ、さきの「讃岐丸」を加え、宇高航路を多彩にした。

一方、商魂たくましい宇高国道フェリーも二〇〇〇トン級の豪華船「こうち丸」「南国とさ丸」等を就航させて国鉄と覇を競った。備讃瀬戸名物の納涼船が国鉄と宇高フェリーで運航されたのも今は懐かしい思い出の一つだ。

〝海をまたぐ龍のごとし〟中国新華社通信記者の「瀬戸大橋賛歌」はまだ記憶に新しい。昭和六三年念願の「瀬戸大橋」が全面開通。これで車社会の流れは一変した。国鉄宇高連絡船は廃止、七八年の歴史を閉じたが、フェリー会社は残った。が、平成二四年（二〇一二）秋、五一年間ありがとうと、国道フェリー（旧宇高国道フェリー）が遂に休航宣言。残る四国フェリー運航のみだ。

夢は四国新幹線の実現だろう。大阪を起点に徳島・高松・松山市付近を通って大分市までの約四八〇キロを結ぶ。その夢は大きい。

（因藤　泉石）

## 仁尾と直島のタイシバリ網

春、桜の咲く頃にマダイが産卵のため瀬戸内海に回遊してくるが、これを捕獲するためタイシバリ網という大規模なまき網が発達し、昭和四〇年代末まで存続した。山口和雄『日本漁業史』は、シバリ網は慶長年間（一五九六～九七）より紀伊国で使用され、カツオ、マグロとともにマダイも捕獲、これにカズラ縄を併用して主にマダイを捕るようになったのが幕末から明治初年頃で、安芸、備後で始まり、瀬戸内海各地に広まったとしている。その起源と系譜にはなお諸説あるが、それ以前にその技術の実態について不明な部分が多い。そこで、ここでは、仁尾（三豊市仁尾町）と直島（香川郡直島町）で聞き取り調査した内容をもとに、タイシバリ網漁の実態について述べたい。

仁尾のタイシバリ網は入漁許可をとって燧灘《ひうちなだ》の魚島周辺に出漁し、五月の一か月間、船上生活をしながら操業を続けた。二艘のカズラ船で、全長三〇センチくらいの薄板が多数装着されたカズラ縄を潮の流れに添って曳き、海底のマダイを脅しながら網まで誘導した。反対側からは潮を受けるようにして、真網船《まあみぶね》、逆網船《さかあみぶね》という二艘の櫓漕ぎの網船をドブイケとサキコギという動力船で曳いて、網を巻いてマダイの群を包囲した（図1①）。この時、一方の網船が他方の網船が曳く網の上を乗り越えて、外側に出て左右の網を交差させて縛るので、シバリ網の名がついた（図1②）。二艘の網船の内、網を乗り越えた方の船をウチフネと呼び、図3のように乗り越えた網Aの上から交差するように網Bを船上に揚げる。ウチフネでは中央部分で網Bを船上に揚げる一方で、船の前方でアバマワリCが、後方でアバクリDが下側の網Aを左から右へ順次送った。この作業を欠くと、網を揚げるのに従い縛った網がもとにもどる力が働いて、縛りが解ける。そのため、下側の網Aを送ることで、網の縛りが解けないようにした。網が捕魚部に近い胴網の部分になると、左右の網の下部が縫合され底から魚が逃げないようになっているので、網を縛る必要がなくなる。アバマワリやアバクリは網Aを送る作業をやめ、網は自然に縛る前の状態に戻り、ウチフネは再び網の上を乗り越えて、元の位置にもどる。これをチガイモドシという。網船の間に網を挟むようにしながら、タモでマダイをすくい運搬船のドブイケに載せた。網の構造は、真ん中に綿製の胴網があり、左右にワラ製の大引網がある。網目の大きさは大引網の端の部分が最大で一・五メートルあったが、マダイは網目を畏れてこれを抜けなかった。網の片側の全長は八五〇メートルほどで、網の高さは約九〇メートルあった。網の下部を海底に密着させて魚の退路を遮断するため、網が潮で膨らんでも、網と海底との間に隙間が空かないように、余裕をもって網の高さを仕立てた。タイシバリ網は魚群の周囲を網で包囲するだけでなく、網の上部は海面で下部は海底で魚を包囲する。この点で、海面と海底は網と同様の魚の退路を遮断する機能を果たす。そのため、海底の形状は網の操業の在り方に深い影響を及ぼす。燧灘は海底が比較的浅く平坦で、どこを曳いても網が海底に届くため、広範囲の海域で操業が可能であった。さらに潮も穏やかでどの潮位でも網が流されず、一日に八回から九回網を入れることができるため、漁場の時空間の許容範囲が大きい。そのため、複数の網で操業する場合も、漁場を細分化せず、自由に操業できた。また、仁尾から離れた沖で操業するため、網を砂浜に揚げる地曳網のように臨海の村落との強力な結びつきはみられない。そのため、地曳網が従業員を村内から雇用することが多いのに対して、タイシバリ網は遠くは鳴門の堂ノ浦から人を呼ぶ場合もあるなど、開放的な雇用ネットワークが形成された。

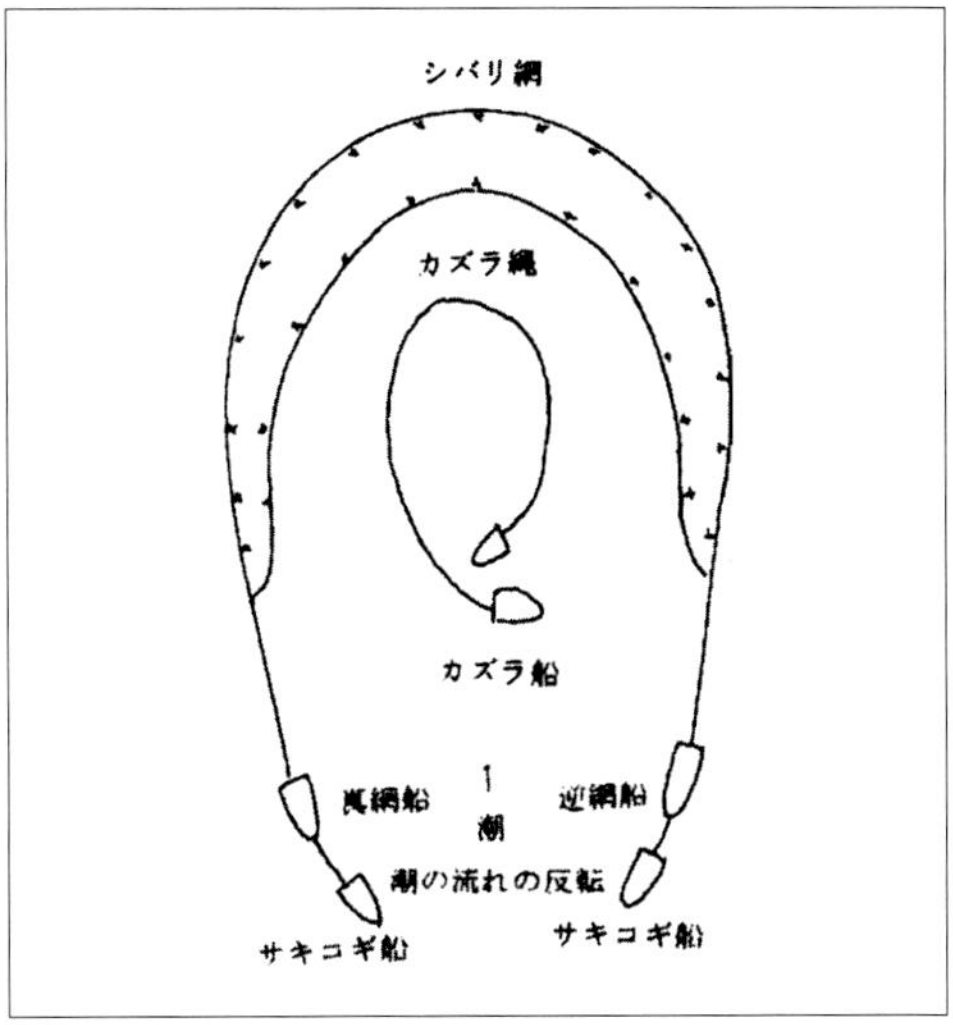


図２　タイシバリ網操業図（直島）

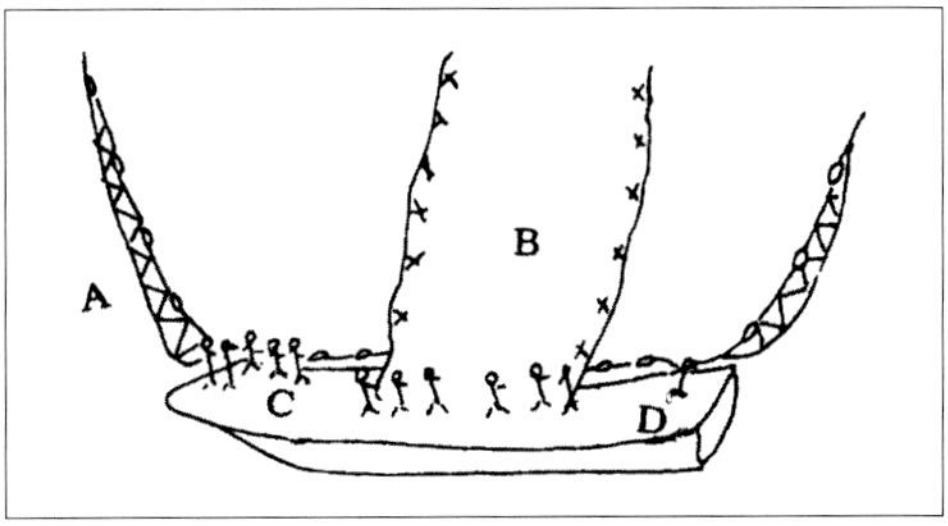


図３　ウチフネ操業図（仁尾）

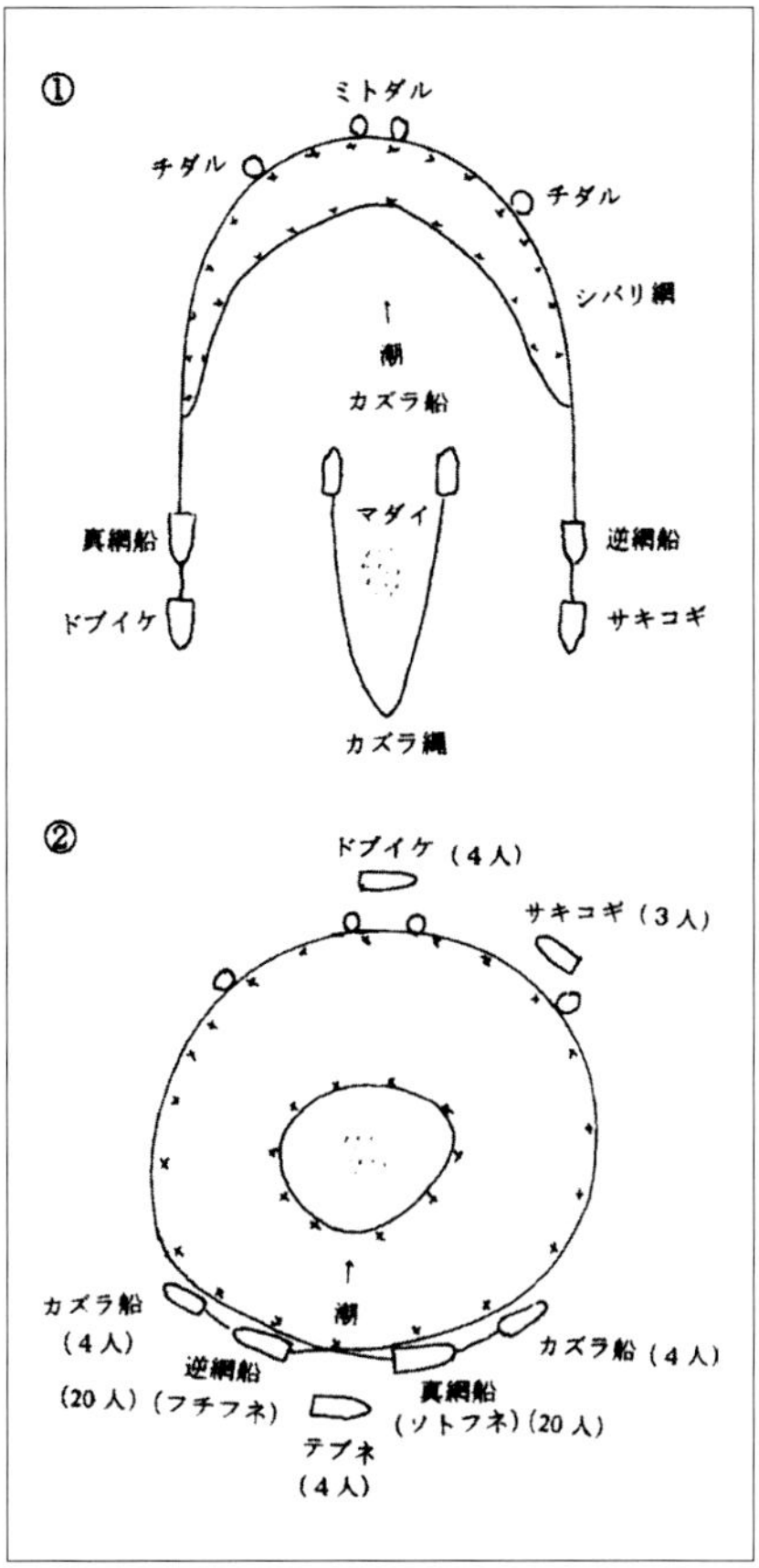


図１　タイシバリ網操業図（仁尾）

一方、直島にタイシバリ網が伝わるのは、昭和初年頃と遅かった。漁期は四月末から六月上旬で、その間、五色台山麓の乃生《のう》のあたりに船を係留して船上生活をした。漁場は、東は直島から西は与島までの間の海域で、潮の流れが速いので、潮が止まる満潮と干潮でないと網が流された。そのため、満潮や干潮の潮止まりの少し前に、カズラ縄を潮の流れの方向に曳いてマダイを集め、タイシバリ網をカズラ縄の進む後方から入れた。この頃にちょうど潮が止まり反転して、図２のように網が潮を受けるようになり、これを縛った。潮の反転を見越して操業するため、網は燧灘と反対にカズラ縄の後方から入れた。漁場は水深が深く、その中を浅瀬が点在し、網の下部が海底に届く領域は空間的に限定される上、一日の内、満潮と干潮の二回程度しか操業できないため漁場の時空間の許容範囲が小さかった。そのため、漁場は複数の閉鎖的な空間に分離されて、漁場名が付けられ、紛争を防ぐため、クジを引いて輪番使用した。海底の形状や、潮の流速の相違で、燧灘と備讃瀬戸では異なる操業方法や漁場用益形態が生まれたのである。従業員は、小豆島、荘内半島、引田などから雇い入れ、地元からほとんど雇わないなど仁尾よりさらに開放的な雇用ネットワークが形成された。

（真鍋　篤行）

## 伊吹島のイワシ船曳網

観音寺市伊吹島は、特産のイリコで知られるようにイワシ網漁が盛んで、船曳網《ふなびきあみ》、巾着網《きんちゃくあみ》と推移し現在はパッチ網が操業されている。この中で最も歴史の古い船曳網は、戦後しばらくは操業されていたが、現在は完全に消失している。これまでその実態があまり知られていなかった船曳網について聞き取り調査をした内容を述べる。

伊吹島の船曳網は『観音寺市誌』によれば、淡路島の福良から伝わったとし、また、河岡武春『海の民』は寛永一三年（一六三六）に紀州塩津（海南市）の漁民が広島県の阿多田島にこの網を伝えたという史料を掲載しているから、瀬戸内海東部の船曳網がイワシを求めて出漁する過程で、伊吹島にもこの網を伝えた可能性は高い。

伊吹島では船曳網をジビキアミと呼ぶが、いわゆる地曳網との混同を避けるため、ここでは船曳網の名称を使う。この船曳網は主にシラスから大羽イワシになるまでのカタクチイワシを一年を通して捕獲した。カタクチイワシは浮魚で、魚群で海面が黒く変色するため、肉眼で位置を確認できた。まず、手船でカタクチイワシの群を探し、魚の群を見つけると合図を送り、二艘の網船が網を開いて、魚群を包囲して、沖から海岸に向かって網を漕ぎ寄せる。この点は地曳網と同じだが、違いは船曳網は二艘の網船を海岸に係留して船上に網を揚げる所で、伊吹島のように砂浜が少なく地曳網が使いにくい場所でも操業できた。図1のように、二艘の網船からは二本ずつ掛け綱が出されて海岸の岩場に係留された。そして、それぞれ外側の綱を内側の綱のさらに内側に打ち替えると次第に二艘の網船が相互に接近した。その間、網船に設置されたロクロという網の綱を巻く道具を人力で回して、網を曳き寄せた。網に装着された浮樽のチダルを揚げる頃から、縄に括り付けた石であるテボを海中に投げて、カタクチイワシを網の袋であるコシの方向に追った。投げる時、縄は手に持ったままにして、これを引き戻して石を回収し再びこれを投げた。最後は二艘の網船の間に網を挟みカタクチイワシをタモですくい捕った。網の中心には三個の木製の浮きを繋げた三枚浮子《さんまいあば》が装着され、その左右にドウダルと呼ばれる浮樽が装着された。三枚浮子は漁閑期には網から外され、海岸の納屋の神棚にまつられ、これにご飯やお神酒をそなえて大漁を祈願した。網目の大きさは網の両端が最大で約一・五メートルあり、カタクチイワシの体長よりはるかに大きいが、網を畏れてこれを抜けなかった。船曳網は船上のスペースが限られ、網を曳く人数に制約があるため、網目を大きくして潮の抵抗を少なくしたり、ロクロを使用して、限られた人数で網を揚げることができるようにした。

船曳網は網の下部を海底に密着させながら、海岸まで漕ぎ寄せた。魚群の周囲は網で包囲してその退路を断ち、網の上部は海面で、下部は海底で魚群を包囲した。また、漕ぎ寄せる海岸の地形も魚の退路を遮断する役割を果たした。海底や海面、海岸といった自然環境が網と同様の魚群を包囲する機能を果たした。網は潮を受けて膨らむが、それでもなお網の下部が海底に密着できる水深は、沿岸から五、六〇〇メートルまでの範囲で、この範囲が漁場の空間として構造化された。さらに海岸の地形は、海底に岩の多い所は網船がつけにくいので、網船をつけられる海岸の場所も空間的に定まる。このように島の沿岸から五、六〇〇メートルの範囲に構造化された漁場空間が、沿岸の地形でさらに細かく細分化された。事実、図2のように既に明治期に伊吹島の沿岸に一六の名前の付けられた漁場があり、公平を期すため、クジで輪番使用された。その一方で、カタクチイワシは群の位置を目視できるため、漁場を区画しても境界を越えた魚群を追跡する必要が生じる。そのため、漁場に権利のある者

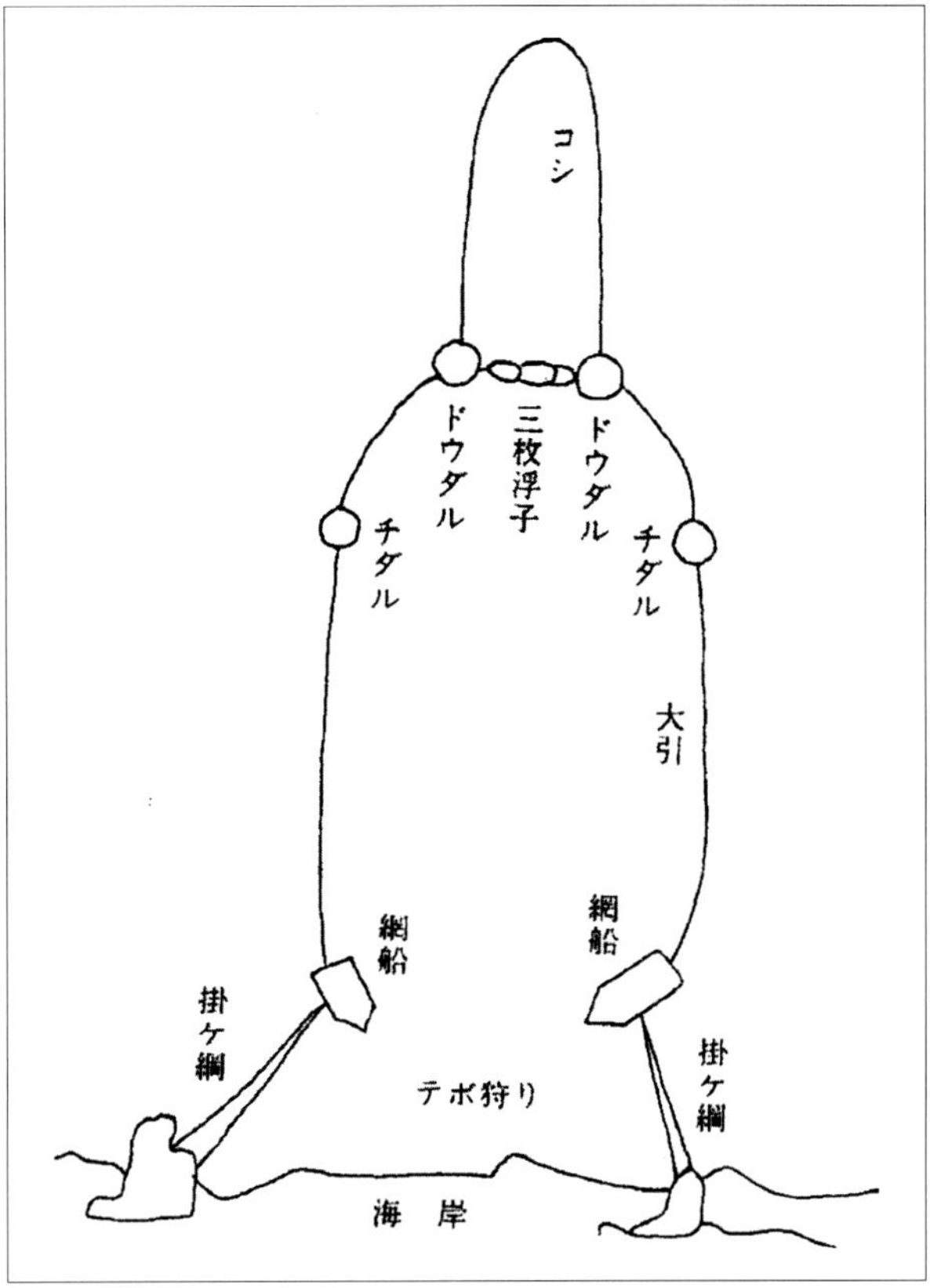


図１　イワシ船曳網操業図（河野武智雄氏作図／大阪市立中央卸売市場本場市場協議会資料室蔵）

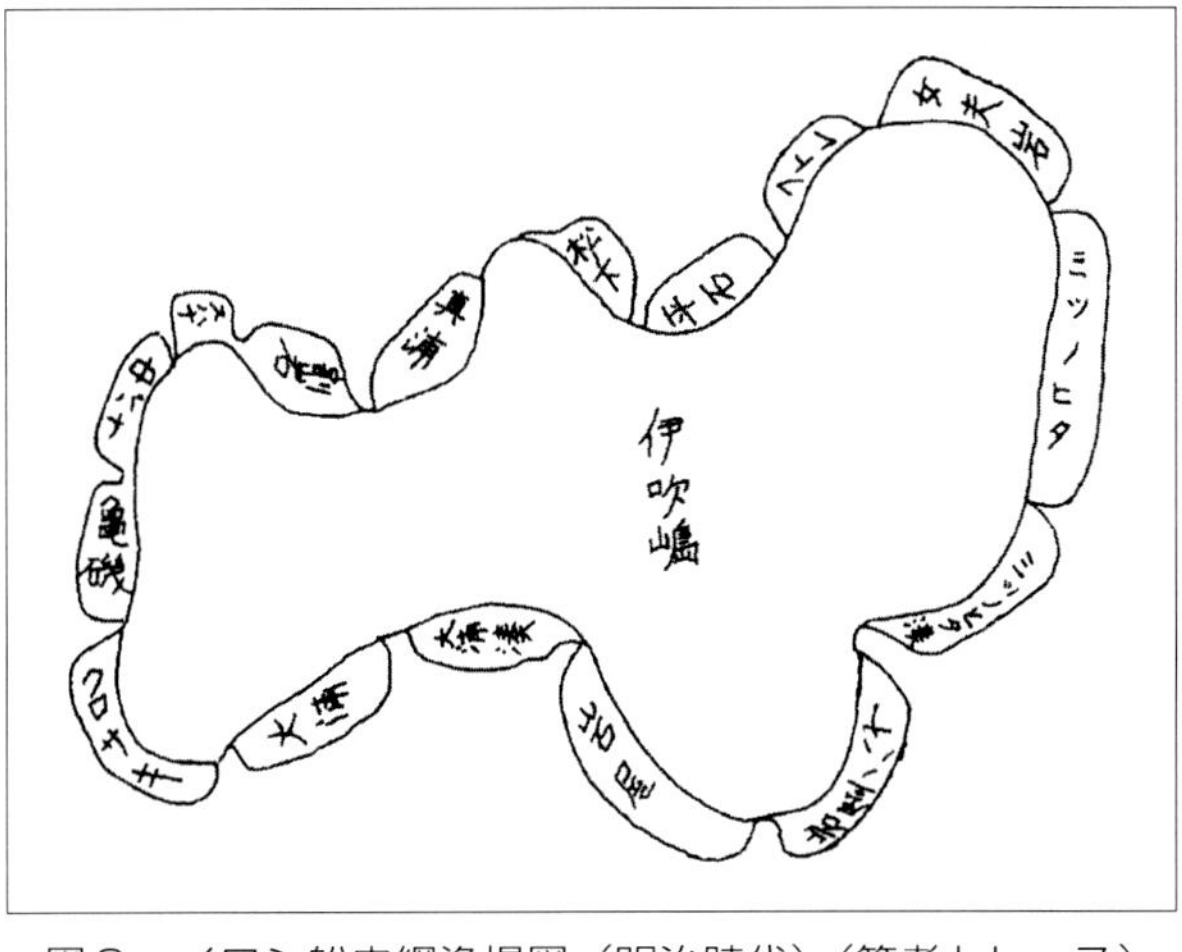


図２　イワシ船曳網漁場図（明治時代）（筆者トレース）

が網を入れた後は入り会いとし、また、権利のある網の背後から網を入れることも許容するなど、輪番使用と入り会いの原則を組み合わせた漁場用益形態が形成された。産卵期のサワラやマダイのように水面下を泳ぎ肉眼で魚群を確認できない場合は、これを追跡することができないため、漁場を輪番使用する場合も入り会いの原則を組み合わせる必要がない。輪番使用と言っても、魚群を眼で確認できるか否かにより、その内容はかなり違ったものになるのである。

　また、船曳網は魚の退路を断つため、海岸の地形を利用するが、これが海岸を媒介として伊吹島の社会とのつながりを生みだす。たとえば、同じ網元が船曳網と巾着網を所有する事例があるが、船曳網の従業員は親戚筋を中心に村落内で雇用され、巾着網は従業員が尾道市の百島《ももしま》から出稼ぎにくるなど島内に限定されない開放的な雇用が行われた。巾着網は沖で操業するまき網であるため、島内にとらわれない開放的な雇用が行われたのである。同じ網元が経営する場合も、網の種類が違うと、網と自然環境とが取り結ぶ関係が相違し、漁場用益形態や従業員の雇用のネットワークに違いが生まれてくる。

（真鍋　篤行）

## 香西のサワラ瀬曳網

サワラは、春に産卵のため、太平洋から備讃瀬戸へ回遊してくるが、香西（高松市香西町）では近世以来サワラ瀬曳網《せびきあみ》でこれを捕獲し、農村に売り歩いた。サワラは「春イオ」と呼ばれ、農家でこれを押し抜き寿司にして、農作業の前に、手伝いに来た人達に振る舞った。

サワラ瀬曳網は、香西では昭和三七年頃に消失したが、どのような網漁であったかあまり知られていない。ここでは、香西での聞き取り調査をもとにサワラ瀬曳網の実態について述べたい。

『香西漁業史』によれば享保一七年（一七三二）の史料に「鰆網」の名が見え、これがサワラ瀬曳網である可能性は高い。

大正時代の事例によれば、網の上部（浮子方《あば》）の全長が六一六メートル、網の下部（沈子方《いわ》）の全長が四七四メートルで、網の左側が右側より長く仕立てられている（図1）。網の高さは中心部が最も高く八五・三メートルであった。網の材質は両端の「荒手」のみが藁製で他は麻製で、網目の大きさは「荒手」の部分が最大で約一・二メートルあり、中心にいくほど目が細かくなる。

産卵の間近なサワラは海面の下の方を泳ぐため、肉眼で確認しにくく、魚群探知機を使用していなかったため、東讃の定置網である枡網への入り込みから、備讃瀬戸への回遊を予想して網を入れた。漁期は五月から六月の五〇日程度と短かった。漁場は明治期は香西から五色台の沖に東西に伸びるカマ瀬と、さらにその沖に東西に伸びるオーソノ瀬であったが、大正期から昭和期にかけてはカマ瀬が中心となった。

瀬の北側をオモテ、南側をウラといい、オモテが主要な漁場で引き潮の時に操業し、ウラでは満ち潮の時に時折操業する程度であった。図2はオモテでの操業の様子だが、二艘の網船は櫓漕ぎで、シモデ、コウデと呼ばれ、シモデがサキコギという動力船に曳かれ、時計回りに網を下ろす。

引潮の初めは潮が瀬に平行に流れ、次第に瀬に向かって時計まわりに回り入り込むので、網は潮により自然に瀬に近づき、この時機を見計らって瀬に沿って網を直線的に下ろしコウデのところに戻る。そのため、網の右側の部分は、瀬に沿って直線的に下ろすので左側よりは短くて仕立てられた。

網の下部は海底に密着させて、魚が逃げないようにした。そのため網の高さは潮で網が膨らむことを見越して海深より高く仕立てた。そして、網を揚げる時は、左右の網の下部を合わせてその間から魚が逃げないようにした。

漁場の瀬にはイカナゴをねらってサワラが集まり、天然の魚礁の役割を果たした。そのため、産卵の間近なサワラが海面下を泳ぎ、肉眼で群れの位置を確認できないにもかかわらず、瀬の位置と潮の流れを基準に網を入れれば、これを捕獲することができた。肉眼で魚群を追うのでなく、過去の実績からサワラが集まる海域を特定するので、漁場は閉鎖的な空間として構造化されるようになる。

また、サワラ瀬曳網は魚群の周囲を網で包囲するだけでなく、網の下部を海底に密着させることで、網の上部の海面と下部の海底を利用して魚の退路を断つ。海底は自然環境であるが、魚礁や魚の退路を遮蔽するといった複合的な価値をもつのである。魚の退路を断つため利用される海底の範囲は、網の届く水深の領域に限定される。このような理由から漁場は瀬の周辺に閉鎖的な空間として構造化され、ここで操業する網の数が多いほど、相互の衝突や紛争を防ぐため、この空間を分割する必要が生じる。

事実、明治期から大正期には一一の網が瀬の東西に一斉に並んで、

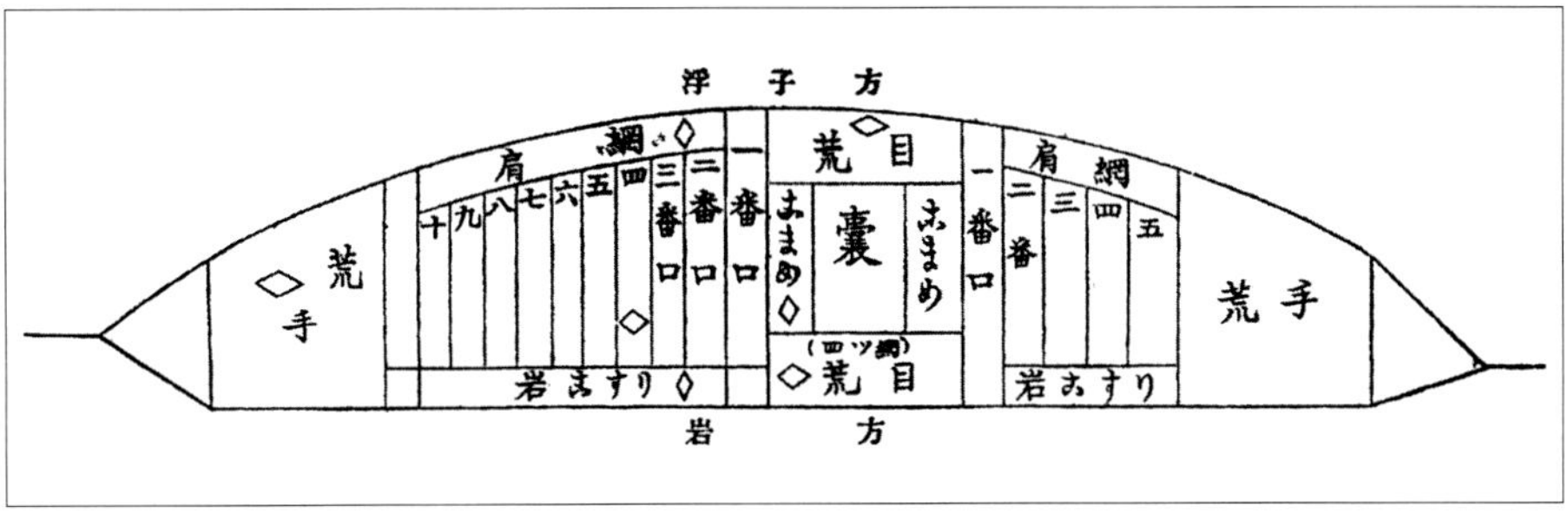


図１　サワラ瀬曳網（『鰆漁業調査』第１報　香川県水産試験場　1919）

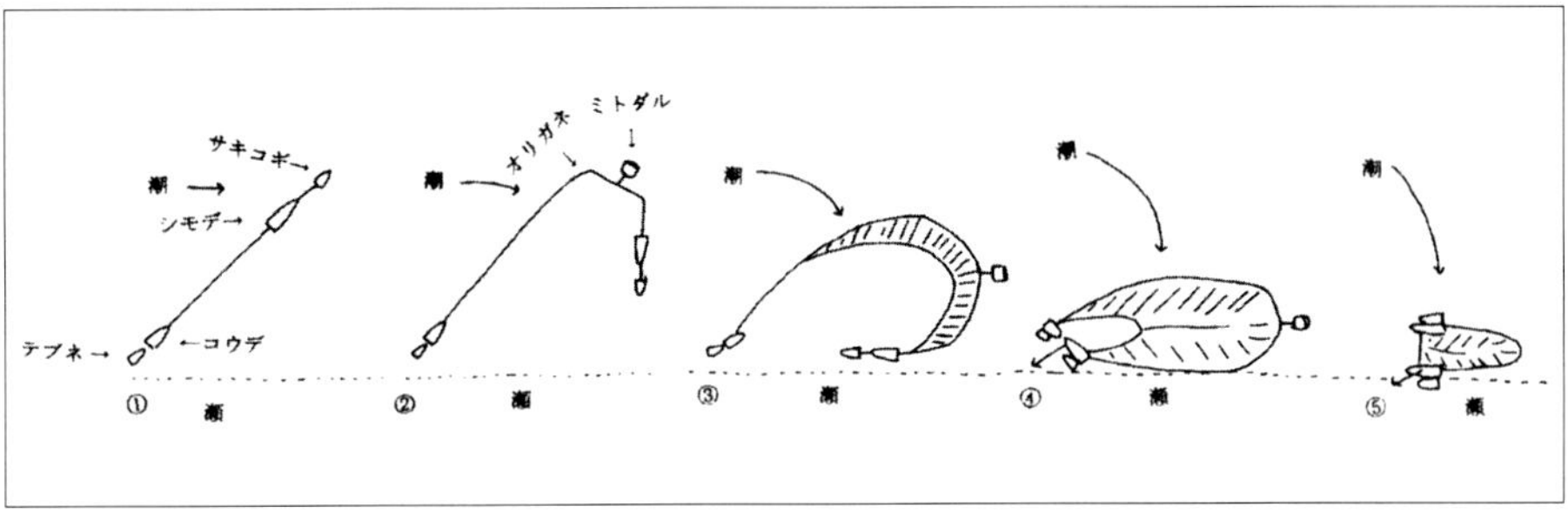


図２　サワラ瀬曳網操業図（同上）

漁場を分割して利用した。昭和期には網の数が減少して二となるが、いずれの時代も公平を期してくじによる漁場の輪番使用が行われた。

漁場は香西から離れた沖の瀬を利用し、漁期の間は香西に帰らず、漁場近くに網船を停泊させて、そこで寝泊まりしながら操業するため、地先の砂浜に網を揚げる地曳網ほどに村落とのつながりは強くない。

地曳網は地先の海域を利用するため、ここを生業の場とする臨海の村落との結びつきが生まれ、従業員も村内から雇用する場合が多いが、サワラ瀬曳網は、従業員を香西だけでなく、鬼無《きなし》・亀水《たるみ》等（高松市鬼無町・亀水町）から雇うなど比較的開放的な雇用が行われた。

サワラの生態に規定された五〇日間という短い漁期と、魚群を網と海面と海底で包囲して一網打尽にする網の特性に規定され、サワラ瀬曳網は漁不漁の差が大きく一攫千金の投機的な性格を帯びた。

そのため大漁祈願の念も強く、網元は正月二日のオオダマオコシの日に、網の中心に装着された浮樽を外し床の間に据え、これにお供えをして、浮樽に宿るオオダマという網霊に大漁を祈願した。そして、祈願が成就した時は、大漁旗を揚げ、捕れたサワラを刺身や酢の物にして近隣や道行く人に振る舞った。

サワラ瀬曳網は一般漁民からは富裕な旦那の商売と考えられ、異質な存在と感じられていたが、小規模な網による一般漁民の日常の生業とは違い、大漁という一種祝祭的な時空間を間歇的に村落にもたらすことで、漁村に独特のリズムを刻印し、網漁へ人々を強力に誘因する役割を果たした。

（真鍋　篤行）

## 備讃瀬戸の櫓屋と道具

櫓《ろ》（艪）は中国で前向き漕ぎの櫂から生まれた操船具と考えられ、抵抗力よりも揚力を多く使うことから、より効率の良い操船ができる。揚力による推進は後に動力を用いたスクリュープロペラに援用されている。櫓の主な分布は朝鮮半島や日本、ヴェトナムなど中国周辺の地域に限られる。中国で櫓が生まれたのはおそらく漢代～三国時代頃で『三国志』「呉志」に「揺櫓《ようろ》」の記述がある。日本への伝播の可能性を示すものでは『入唐求法巡礼行記』に「揺櫓」の記述があるのが初出と考えられている。

中国では、棹櫓と呼ばれる屈曲のない櫓が海船には使用される。ただ必ずしも一木で作られるわけではなく、先端の羽（葉）の部分は別材を使う場合も多い。江南地方の河櫓には三材を二段階に屈曲させてつなぐ継櫓がある。日本では櫓は屈曲させて二材をつなぐ継櫓である。二材とは、先端の水の中で動かす櫓羽《ろば》（葉）と手で握り操船する櫓腕である。日本で継櫓が使用されたのが、確認できるのは、ルイス・フロイス『日欧文化比較』まで下らなければならない。

日本の櫓を大雑把に分類すると、腕がやや細長い長腕櫓系統と短い平腕櫓系統に分かれるが、日本海にはその中間が多く、腕の形から羽子板櫓とも呼ばれている。越前櫓・加賀櫓・越中櫓・越後櫓の形態差は微妙である。山陰では長腕櫓が使われる。瀬戸内では長腕櫓を使う牛窓周辺を除いて平腕櫓である。平腕櫓は腕幅が一尺に及ぶものもあり、琵琶に似るので琵琶腕櫓とも呼ぶ。幅広の割に厚みはない。関東櫓は平腕櫓に似るが、腕の厚みがある。能登半島や若狭湾では、首櫓と呼ばれる独特な櫓が分布する。櫓を伴う造船文化は和船とともに瀬戸内から近世に日本海へ伝播した。櫓は富山県を除く日本海沿岸では船大工が作る。櫓屋（櫓大工）が発達しないのは、そこが車櫂《くるまかい》などの操船具を使う地域だったからとも考えられる。

櫓屋は、造船文化が早くから発達した瀬戸内海沿岸や関東で発達している。大量に需要のある地域での職の専門化と受け取れる。近世から櫓屋が存在したことについては、山本秀夫氏の「瀬戸内の櫓屋調査報告」に阿波藩の「櫓大工」の事例報告がある。

瀬戸内では、かつては主要な港ごとに櫓屋があった。戦中から戦後にかけては大阪市港区や尼崎、岸和田、兵庫、明石、洲本、鳴門、徳島、小松島、阿南、飾磨、日生、牛窓、下津井、高松、丸亀、多度津、観音寺、伊吹、寄島、鞆、尾道、向島、岩城、木浦、御手洗、豊浜、今治、柳原、三津浜、川尻、音戸、倉橋、呉、宇品、長浜、宇和島、周防大島久賀、防府、下関の彦島、別府、臼杵などである。現在では需要がなく若手への代替わりのないまま高齢で仕事ができなくなった櫓屋も多い。常時実働の櫓屋は尾道市向島の一軒を除いて聞かない。香川県でも二年前に最後の一人が亡くなった。

櫓屋の主たる製品は、櫓・櫂・舵（梶）である。

櫓の羽はイチイガシ（石槠・一位樫）、櫓の腕はシイガシ（小椎）を用いる。櫓杭に入れる孔を持つ部材の入子はアカガシ・シラカシ・イチイガシで作る。ツク（柄）もほぼ同材を用いる。練櫂はイチイガシ、淡水用櫂はアカガシ、舵（梶）はアカガシを主に使う。これらは宮崎県の都城《みやこのじょう》から仕入れたものだという。

船の棚材として飫肥《おび》杉（日向弁甲）が用いられたように、櫓材には宮崎県産のカシが用いられた。薩摩藩の日州御手山から大坂・江戸への流通についても山本秀夫氏の論考がある。

継櫓の技術で最も重要なものは重ねに関するものである。腕と羽を角度を持たせて継ぐ技術である。継ぐために櫓羽と腕の重ね面を削る。櫓羽の頭から九寸まで三度五分から四度の勾配で削る。これをクグミという。

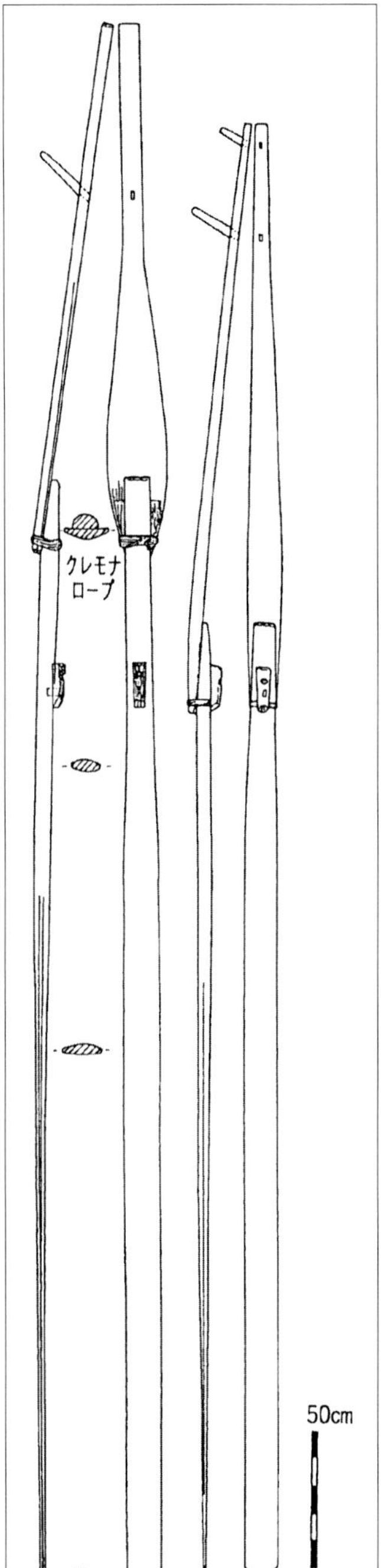

平腕櫓（丸亀）と長腕櫓（牛窓）

櫓羽と腕のセンターの間に作りだす振りは、櫓羽に打った二本のうち、頭側の楔を支点にして腕尻側の楔をセンターよりも漕ぎ手に寄せて打って作りだす。振りが強いと櫓羽に加わる水の力で腕が手前へ流されるが、振りがないと腕が前方へ行き過ぎる。「カンナクズ一枚で押し具合が変わる」といわれる。腕の頭側から櫓羽の方向を見通し、櫓羽のセンターとツキサキの左側が重なるように調整する。

櫓屋の特徴的な道具に櫓屋釿《ろうやちょうな》がある。櫓屋釿は、両面釿で刃幅が約一〇～一一センチメートルあり、刃の中央部の鎬《しのぎ》と呼ぶ部分の厚みが二・六～三センチメートルあり、尖っている。重量は重く一キログラムを上回る。これに対し、船大工の用いる船手釿も両面釿だが、刃幅は八〇～九〇センチメートル程度と狭く、鎬の部分が尖らず、丸みを帯びる。刃の重量は六〇〇～八〇〇グラム程度で、この違いは、対象とする材の違いにあると考えられる。櫓・櫂・舵はイチイガシやアカガシが主であるのに対し、船大工は主に柔らかいスギが相手である。

もう一つ櫓屋の特徴的な道具をあげるとすれば、櫓鉋《ろがんな》がある。平鉋の中でも小鉋の系統で幅は狭く、長く作るのが一般的である。厚さは一般の平鉋と同じだけあり、さらに櫓屋は左手を鉋台の頭ではなく鉋刃の頭に添えて鉋を使うから、長い鉋刃が要求されるという。鉋刃の鉋台に対する角度を仕込み勾配という。曲尺《さしがね》を鉋刃に添って側面にあてて、一寸（一尺）下へ出したとき、角から右側面が上がっている寸法で、仕込み勾配はキリ・スギ・ヒノキなど比較的柔らかい材を削るとき、六～八分（六～八寸）勾配櫓鉋の仕上げ鉋の仕込みは一寸又は矩《かね》勾配（いずれも九〇度）が良いという。木が硬いので勾配が緩やかなものは削りやすいが、早く「刃が止まる」すなわち使えなくなるという。

加工用具以外で、櫓屋の道具として忘れてはならないのは、シメヅチ（締槌）である。これはただの木槌に見えるが、櫓の羽と腕を重ねてロープ（古くは麻芋、新しくは番線又は「クレモナ」）で縛っていく。そのとき、シメヅチの柄の付け根にロープを掛けて梃子《てこ》のようにシメヅチを使って締めて行く。締めながらロープを木槌で叩く。麻などであっても金属のように固く締め付けられ櫓と同化する。

（織野　英史）

## 板図を中心とする船図面の収集と保存

瀬戸内海は古くより漁撈、交易、交通の舞台として多くの人や物が行き来してきた。そしてこれらの活動の手となり足となって大きな役割を担ってきたのは、木造船であった。

シバリ・ウタセ・ナガセ・イシ船・ミカン船・渡海船・北前船など用途や積み荷、行先、船体構造上の特色によってさまざまな名称で呼ばれたこれらの船には、船種や海況によっていくつもの工夫・改善の跡が認められる。

ところで、このような木造船の活動を知りうる資料としては社寺に奉納されている船雛型や船絵馬がよく知られている。しかし、これらの資料だけでは船体の正確な寸法が十分でない点が多い。

それを補完する資料として一般にはあまり知られていない船図面がある。その船図面の収集保存と古記録の調査、船大工や古老からの聞き取り調査など瀬戸内海歴史民俗資料館での取り組みを記しておきたい。

船図面には大別して紙にかいた紙図と板にかいた板図とがあり、そこに記された船の表現方法には船大工独特のものがある。

紙図は船の大きさに応じて使用する縮尺も二十分の一、三十分の一、四十分の一などさまざまで、大型船の図面に多く用いられている。一方、板図は、ズイタ、カタイタ、テイタなどと呼ばれていて縮尺十分の一のものが圧倒的に多い。紙図に比べて細部の表現は難しいが船の主要寸法や反り具合、使用する板の大きさなど船体構造の概略を知ることができる。昔の弁財船《べざいぶね》などの大型船もこの板図を使って建造されていたが、最近は六尋（約一一メートル弱）程度までの小型船でこれを見るしかない。

また、板図は、フナオロシの終了とともにその役目も終わるので、その表面に鉋をかけて新たな図面をかいたり、壁板や他の船の型板に転用したりした。昭和四〇年代は高度経済成長の真っただ中で、海辺の作業小屋の移転に伴って、古い板図が暖をとるための燃料として処分されたことも少なくなかった。

瀬戸内海歴史民俗資料館は、瀬戸内海地方の開発に伴って急速に失われつつある民俗・歴史・考古資料の収集・整理・保存・調査研究を担う広域資料館として昭和四八（一九七三）年一一月に開館した。私がその資料館の民俗担当専門職員となったのは、昭和五八年四月であったから開館一〇周年に当たる年でもあった。

当時の資料館はすでに「瀬戸内海及びその周辺地域の漁撈関係資料二八四三点」が国から重要有形民俗文化財に指定され、それらの資料の保存処理事業が進行中で、保存処理した資料のその後をどうするかが課題となっていた。できることならば処理したものを整とんして収蔵展示方式を実現し、どこに何があるか容易に分かるようにしたいとの館の方針を受けて、それまでに集められていた資料収蔵庫の整理をひと月ほどかけて実施することになった。

それは、真夏の高温下でのほこりと汗まみれの作業であった。暫時休憩を取りながら作業を進めていた時のこと、板の切れ端に「三豊郡仁尾村…縛網船　大正七年…大北造船所」などの墨書とともに漁船の側面図などがかかれた板切れと対面することとなった。

調べてみると私が見た資料は船大工が墨さしでかいたもので板図と呼ぶ船の設計図であることが分かった。しかも板図は前述のように、もともと船大工の覚えのためにかかれたメモのようなものだったから必要がなくなると鉋で表面を削って次の船の設計に使ったりした。資料館ができた頃はすでにＦＲＰ船の全盛期で、浜にあった造船所の作業小屋もスレート葺きに建て替わっていた頃だったので、作業小屋の壁に打ち付けられていた板図の多くは不要のゴミとして

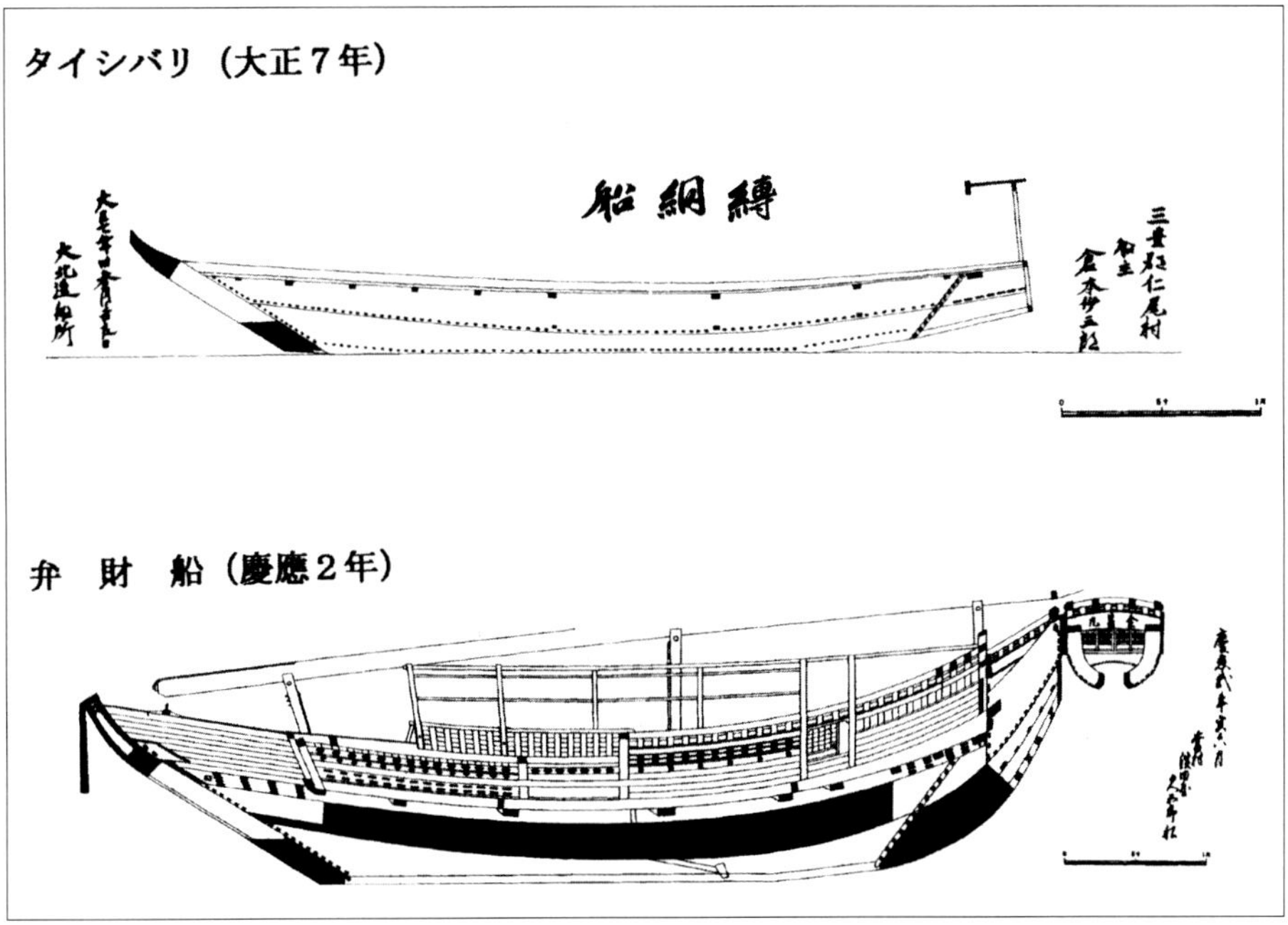


板図から復元後、マイクロフィルム化した船図面（瀬戸内海歴史民俗資料館蔵）

暖をとるための燃料となっていたのである。

また、残された板図もよく観察してみると墨書の線が表面の風化で読み辛くなっているものも少なくなかった。こうした資料をよみがえらせるよい方法はないものかと試行錯誤を繰り返していた時、歴史担当の徳山久夫氏から当時東京大学助手であった日本海事史学会の安達裕之氏を紹介され、これらの図面をフィルムにトレースし、更にそれを伸び縮みのない特殊なトレシングペーパーに再トレースして、そこからマイクロフィルムに撮影して、永久保存する方法の指導を受けることができた。

こうして瀬戸内の漁船・廻船と船大工調査がスタートした。この調査では、文化庁の木下忠氏、安達氏を始め日本海事史学会会長の石井謙治氏、神戸商船大学の松木哲氏、徳島文理大学の高橋克夫氏らのご指導のもと当初収蔵庫で見つけた約五〇枚余の板図はもとより当初の漁船に加えて新しく収集した廻船関係その他の船図面も含めてマイクロフィルム化を約八〇〇枚の板図や紙図に拡大しておこなった。

そして成果は、『瀬戸内の漁船・廻船と船大工調査報告書』第一年次、第二年次、補遺の三冊にまとめられ、幕末の天保期から明治、大正、昭和という年代的な幅をもち、すでに歴史的な存在となった六〇種余りに及ぶさまざまな船の七〇〇図を収録した。そしてこうした大量の図面のトレース作業をおこなって印刷化した報告書としては類例のない画期的なものとの評価を得た。

また、この調査の終了後、収集した船図面は、織野英史専門職員によって整理され、「瀬戸内海の船図及び船大工用具一八一三点」として新たに国指定重要有形民俗文化財となり、今日に至っている。

（六車　功）

## 金山産サヌカイトの生産と流通

讃岐にちなむ「サヌカイト」は五色台、城山、金山に多く埋蔵されている。大阪二上山から瀬戸内を通って九州北部まで細長く分布するが、石器としての利用度が高いのは香川県産と二上山産である。サヌカイトは切り口が鋭利なことから、石器時代には利器として利用されたが、その頃の人々はサヌカイトの性質を熟知していたと思われる。

国分台、朱雀台で出る石器はハンドアックス、大きい型のポイント（有舌尖頭器と区別）、刃器（ナイフ形石器、翼状石器）、掻器など上手に整形している。それらの中で備讃瀬戸の島々に渡ったものは（その頃は海水画面が現状より数一〇メートル低く、地続きであった）小型で、きわめて精巧に作られているものが多い。産地である国分台、朱雀台では精巧に出来た物もたまにはあるが、大まかなつくりや形状からみて破損したと思われるもの、半製品など種々雑多である。

一方、用途に応じて工夫されたらしく、サヌカイトの打製石包丁などは、形は整っていてもさほど精巧には出来ていないものが多い。稲の穂を摘み取る目的に応じた刃の部分に重点が置かれたようである。最近では山林開発、道路建設、河川改修などで土木工事がなされる前に綿密な埋蔵文化財の発掘調査が行われ、土器類はもちろん、石器の出土もおびただしい数に上っている。

しかし、昭和三〇年（一九五五）頃までは、開墾や僅かな工事、表面採集程度で石器が集められていたに過ぎない。僅かなサンプルの中ではあるが、文化財協会報特別号三の「石包丁分布図」によれば、坂出市城山《きやま》付近で香川県下の発見数の六〇パーセントを占めていて、製作手法が粗雑であると指摘されていることから、城山、金山付近が注目点であった。

国分台のサヌカイト、連光寺山のカンカン石、金山のサヌカイトを並べてみると、それぞれ僅かな違いが感じられる。サヌカイトは風化しても成分の違いからか土壌の色が違っていることに気づく。白峰あたりは茶褐色の土が多く、朱雀台付近は赤褐色で赤みの濃い地層の露頭も見られる。一方、金山では黄褐色を呈し、特に頂上部ではサヌカイトの岩塊を含んだ粘土質の土が広がっている。第二次大戦末期、アルミニュウムの必要からこの風化土に含まれるボーキサイトを採取して精錬所に送った記録がある。香川県のサヌカイトと大阪二上山のサヌカイトでは表面のきめの細かさと輝きが全く異なる。しかし、見た目だけでは危うさが残ると考えていたところ、京都大学原子炉実験所藁科哲男・東村武信両先生が、蛍光X線分析法によるサヌカイト石器の原産地推定の試料採集に来県され、その折同行して巡回している時、金山東麓から北麓にかけておびただしいサヌカイトの集積地があることが分った。また、石器、石片の原石産地と確率表をいただいたが、金山産のサヌカイトが広範囲に流通していること、旧石器、縄文、弥生時代と長期にわたっていることも分かった。

その時から、地元金山のサヌカイトの集積地と石器製作にかかわる研究に取り組むようになった。サヌカイト製石器の制作址—金山東麓のサヌカイト集積地とその遺物—として『香川県自然科学館研究報告二』で報告した。サヌカイトの加工に用いる槌石が多数採取でき、それを各方面から調べた。また、半製品と思われるサヌカイト片を採取し、形状比較や加工根を調べ、実測に取り組んだ。

金山東麓にはサヌカイト塊（扁平なものを含む）が広く分布し、集積地の中心部ではサヌカイトを厚く敷き詰めたような状態で、ほとんど土を含まず、有機物の腐食したものが付着している程度の層

和歌山県南部まで運ばれた金山産サヌカイト　上が表・下が裏（筆者撮影）

がある。扁平な、また、塊状の大小のサヌカイトの周りにはサヌカイトの砕片（採石場で細粒にして出来たものに類似）が満ち溢れている。表面から数一〇センチメートルまでは加工痕と思われる石片が多く存在し、槌石かその破片もある。さらにその下には流理の認められる扁平な、あるいは塊状のサヌカイト層が続いている。

金山産のサヌカイトに関心が高く、広島大学文学研究科竹広文明先生は各地のサヌカイトを追求し、『サヌカイトと先史社会』を出版された。香川大学経済学部丹羽佑一先生は『香川県金山産サヌカイト製石器の広域流通システムの復元と先史経済の特質の検討』の報告書を出され、平成一八年（二〇〇六）度から取り組まれている。一方、平成一二年、和歌山県南部《みなべ》の高速道建設予定地の事前発掘調査で石器製作址が現れ、見学者が金山産サヌカイトだと指摘した記事が新聞に出た。早速訪問し、目の当りに見ると表面の風化具合は見られたが金山産であると確信した。其処の遺跡では金山産サヌカイト石器製作場と二上山産サヌカイト石器製作址が数一〇メートル離れて別な製作場を形成していたことが判明していた。金山産サヌカイトが広域に流通していたことと、二上山産のサヌカイトが同一集団にもたらされていて、製作集団が別グループかもしれないとの感じもした。

（井上　勝之）

# 坂出市向山古墳の発掘調査の記録と記憶

昭和四六年（一九七一）一月二〇日、工事中に発見された向山古墳は、緊急調査の上文化庁長官今日出海宛に遺跡の発見・調査結果について報告しているが、『全国遺跡地図三七香川県』（文化庁文化財保護部編集：昭和五二年五月二〇日初版発行）には記載されていない。向山古墳の埋葬方法や立地、周辺遺跡との関係などから、きわめて重要な遺跡と考えられることから、当時発掘に携わった者として、記録をもとに記述する。

向山は瀬戸大橋に伴う広範な発掘の行われた下川津の東、平野から丘陵にかかる西北隅の一峯で、標高九三・八メートル、比高約七〇メートルほどで大東川流域の平野を見下ろせる地点である。その山頂部は直径一〇メートルほどのこんもりとした丘陵である。

工事のための溝が三条ほど掘られ、一か所は深く掘りすすめられていた。その際、石組みの一部が見つかり、石室の中央部がくぼんで、空洞の中に人骨らしいものがあるということで工事を中止し、発掘調査へ移行した。まず、花崗土からなっている墳頂部でほかに遺構がないかボーリング棒で確認し、崩れかけていたものの他、後二基が確認された。時間的な制約もあり、墳頂の実測と併行して四基の上面の土をはがした。蓋石の列石があらわになり、四基それぞれ形態、埋葬法が異なっていて、三基に人骨と遺品があり、半壊した小さな一基には何もなかった。

山頂部は同質の花崗土で覆われ、意図的な土盛りのなされた痕跡がなく、地山に直接埋葬されたものと考えられ、山頂部に全く系統性のない配列と、それぞれ異なった葬法をもつ四つの遺構が存在していた。列石群を取り巻く花崗土とそれよりさらに深い部分とは色の違いはないが、著しい固さの違いから盛り土として築いた墳丘というより、埋葬のために必要な箇所を掘って石室等を造り、埋め込んだと言う見方が妥当と思われる。

一号墳は円丘状ほぼ中央に位置し、安山岩による竪穴式石室で遺体は頭を北北東に、仰向けに安置されていた。人骨は頭がほぼ完全な形で残り、歯は欠損部がなく、前歯は大きく固くきれいに揃っていたのは印象的だった。遺体の下は別に固められた様子もなく、花崗土をならした程度であったが、上半身の辺りに砂粒がしかれていることが認められた。頭の下には枕石があり、頭と枕石には朱色が色濃く残っていた。鉄剣は、三一センチメートルほどで、先を頭の

向山古墳１号墳（坂出市川津町）

置かれた方向に向け、死者の右側（西側）に置かれていた。

二号墳は一号墳の西側やや斜面がかった所に、一号墳に似た蓋石群があり、取り除くと花崗土を掘り固めて両側に二個ずつの安山岩の平石を立てた配石墓であった。人骨は北に頭を置き、仰向けに葬られていて、口が開いた状態であって歯はきれいに並んでいた。頭の左側に鉄剣と二本の鉄鏃がまとめて置いてあった。

三号墳は一号墳の北よりの斜面がかった所にあり、北東向きの組み合わせ式石棺であった。一、二号墳よりは小型ではあったが、安山岩で一面を粘土で覆っており、さらにその下の蓋石を粘土で丁寧に覆う状態で、八枚の長方形気味の平石の隙間を密閉していた。そのため粘土の覆いを取り除き、蓋石一枚を持ち上げた瞬間には頭骸骨の丸みが残っていたが、カメラを構えた時には立体が平坦に変わってしまった。頭には朱色が濃く残っていて、頭の下には枕石が二つ並んでおり、肩の右側には鉄剣が置かれていたが、平坦な床面には特別なことは認められなかった。石棺の周りの石の接触部分は粘土で埋められていた。

向山山頂の四基の遺構は、埋葬方法が各様で配列も統一性がない。ただ、蓋石を二重にし、副葬品が鉄製品のみという点は類似しているともいえる。中央の一号墳を築いた後それぞれの思惑であと三基を山頂周りに築き、盛り土などをしていないなど、弥生時代の箱式石棺に似た埋葬法と、竪穴式石室を持つ古墳時代のさきがけのような意味が感じられる。

遺構は港を意味する川津の奥まった、山と平野の接点付近の峯の一番高いところに占地している。古墳時代頃は現在の海抜五メートルあたりまでが海であったと言われていることからすれば、海岸線とさして遠くない立地と言えるであろう。大東川水系や割古・折居などの谷川水系をもち、麓の集落を背景とした集団の首長ではなかろうか。

ここからの近隣の古墳は、飯野山東北麓の三の池薬師山古墳（前方後円墳）、北西方向の川津・連尺茶臼山古墳があり、既に壊滅しているが前方後円墳の様子が語り継がれており、出土銅鏡からも古い古墳に比定されている。西方平野続きに吉岡神社古墳（前方後円墳）がある。北方には積み石塚のハカリゴーロ古墳、爺ヶ松古墳があるが、川津峠奥の丘陵で水系が異なっていることで勢力圏が異なると見ていいのではなかろうか。

（井上　勝之）

向山古墳２号墳

# 香川県下の装飾古墳に見られる葬送思想

　四国で唯一装飾古墳が残る香川県であるが、善通寺市に七基、坂出市に四基など西讃の丸亀平野縁辺に集中している。この中で最も歴史的評価が高いのは善通寺市の宮が尾古墳である。ここでは玄室奥壁の大きな一枚岩に、上から人物群・騎馬人物・多くの人が乗船した船・船団などが、玄室と羨道の西側側壁には三体の武人像が線刻されている。どれも一見稚拙に見えるが、武人は髷を結い、腰にベルトを付けて柄頭に大きな装飾の付いた太刀を帯び、下半身はズボンのような着衣で靴を履いている様子まで、硬い岩に見事に描き上げている。騎馬人物も馬には面繋・手綱・鞍（前輪・後輪）・鐙・障泥などが細かく描かれており、船についても詳細に描かれている。宮が尾古墳の線刻画は、このように数多くの情報が記された貴重な古代の記録である。

　さて、宮が尾古墳玄室奥壁の最上部に描かれた人物群は何らかの儀式の様子に見える。構図から考えて、この場面の中心は人物群の中央に描かれた小さな家のような構造物で、その前では二人の人物が直立し両手を大きく広げて向かい合っている。またその右上方には三人の人物が描かれているが、皆両手は下ろした状態で、何らかの行為というより、そこで行われている儀礼を見守っているように見える。人物群の行動の違いが描き分けられている点も注目できる。

　宮が尾古墳の線刻壁画の発見後、同じ大麻山東麓に広がる南光古墳群や夫婦岩一号墳でも線刻画が確認されたが、そのモチーフは宮が尾古墳の奥壁に描かれた小さな家のような構造物が中心である。善通寺市のグループのモチーフに対して、坂出市周辺のグループは樹葉文が中心であるという違いはあるが、いずれのグループも全体的な内容や描かれ方はよく似ている。

　これらの線刻画の内容は、同じ後期末の群集墳に線刻画が残る大阪府柏原市の高井田横穴群に共通したモチーフの線刻画が多く見られることから、同様の葬送思想を持った集団ではないかと思われる。高井田でも小さな家のような構造物が描かれており、和光大学古墳壁画研究会刊行の「高井田横穴群線刻画」では殯屋《もがりや》を想定している。高井田ではこのモチーフは人物と一緒に描かれていないが、小さな家のような構造物を殯屋として宮が尾古墳の人物群を見ると、その行為は葬送に関する儀式ということになり、古事記にも登場する喪《も》屋《や》とそれに伴う葬送儀礼が彷彿される。貴人が亡くなった時その場に喪屋を立て、遺体を安置し、その場で様々な葬送儀礼が行われるというものである。民俗事例でも墓上施設として殯屋の残存形態として様々な形状のものが報告されているが、ポピュラーな物として、円錐形に竹や木を立てて周りを木の葉などで覆うような事例が多く知られており、善通寺市や高井田で見られる小さな家のような構造物の線刻画はそれに似ている。

　南光古墳群の線刻ではでは小さな家のような構造物のみが多用されている。殯屋は被葬者を外敵から守ることを目的とした魔除け、または被葬者を封じる性格を有していた構造物と考えられるが、その効果を古墳石室内部に持ち込むためにこのような装飾を施したと考えると全体の説明が容易になる。

　宮が尾古墳の壁画は殯屋とその周囲で行われる葬送儀礼が写実的に描かれた特異なものであり、善通寺市内の他の装飾古墳では殯屋の持つ特殊な力の象徴としてその形だけを描き、石室そのものに殯屋と同等の意味を持たせようとしたものと考えられる。その他の古墳でもよく見られる壁面の線条は恐らく殯屋の構造を示したものであろう。殯屋は細い木や竹を立ててその周囲を縄や木の葉で覆う構造であり、その構造物である竹や木にも霊的な力が宿ると考え、それらを石室壁面に描くことによって殯屋の霊的な力を石室にも持ち込もうとしたものと考えられる。

坂出市の樹葉文のグループの場合は、殯屋の周囲を覆っていたであろう聖なる木の葉を壁面に描くことで、石室自体に殯屋と同様の性格を持たせようと考えたものと思われる。南光古墳群では殯屋が中心に描かれ一部に樹葉文も見える。坂出市の鷺ノ口一号墳には樹葉文が中心に描かれその間に横倒しになった小さな家のような構造物の線刻画も見える。そのどちらを中心に考えそれを表現したか、それぞれの地域内で葬送儀礼を主導し、線刻画を描いたシャーマンの個性の表れではないかと考えられる。特定の地域内で同じ死生観のもとで葬送儀礼を司るシャーマンであるが、独自の表現を追求した時に、このような表現の違いが生じて行くのであろう。興味深い点であるが、このような変化が装飾古墳の研究をより複雑化させていることも否めない。

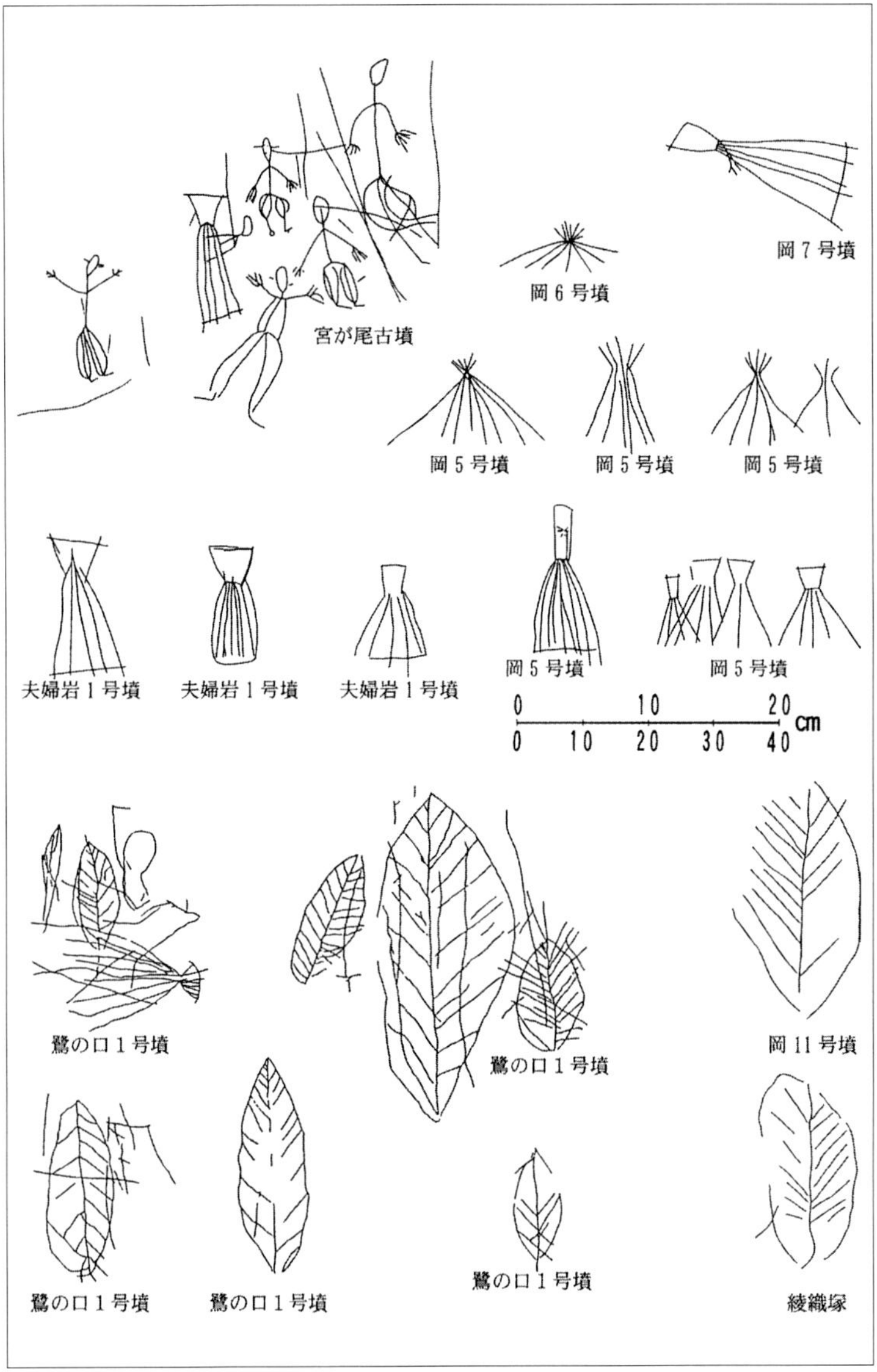


殯屋と思われる線刻画と樹葉文実測図

善通寺市教育委員会では現在も夫婦岩一号墳の調査を断続的に行っており、新たな発見や研究が続いている。調査資料の蓄積や研究の進展により装飾古墳の研究が更に進むことが期待される。

（笹川　龍一）

# 藤原京の瓦を焼いた宗吉瓦窯跡

持統八年（六九四）、持統天皇は飛鳥浄御原宮から、新たに造営した藤原京に遷都した。藤原京は碁盤目状の街路（条坊制）をもつ我が国初の中国式都城であるが、その中央約一キロメートル四方に造営された藤原宮は、それまで寺院のみに用いられていた瓦を宮殿建築にはじめて取り入れた。このため、藤原宮の造営にともない大量の瓦を短期間で供給するため、奈良盆地だけでなく、滋賀・大阪・淡路・徳島・香川でも藤原宮の瓦を生産し、大量の瓦が新たな都に送られた。

香川で藤原宮の瓦を生産したのが宗吉《むねよし》瓦窯である。宗吉瓦窯跡は三豊市三野町大字吉津字宗吉・山条に所在し、山条山《やまじょうやま》の東麓に立地する。現在は海岸から四キロメートル以上離れているが、当時は海が近くまで入り込んでいたと考えられている。

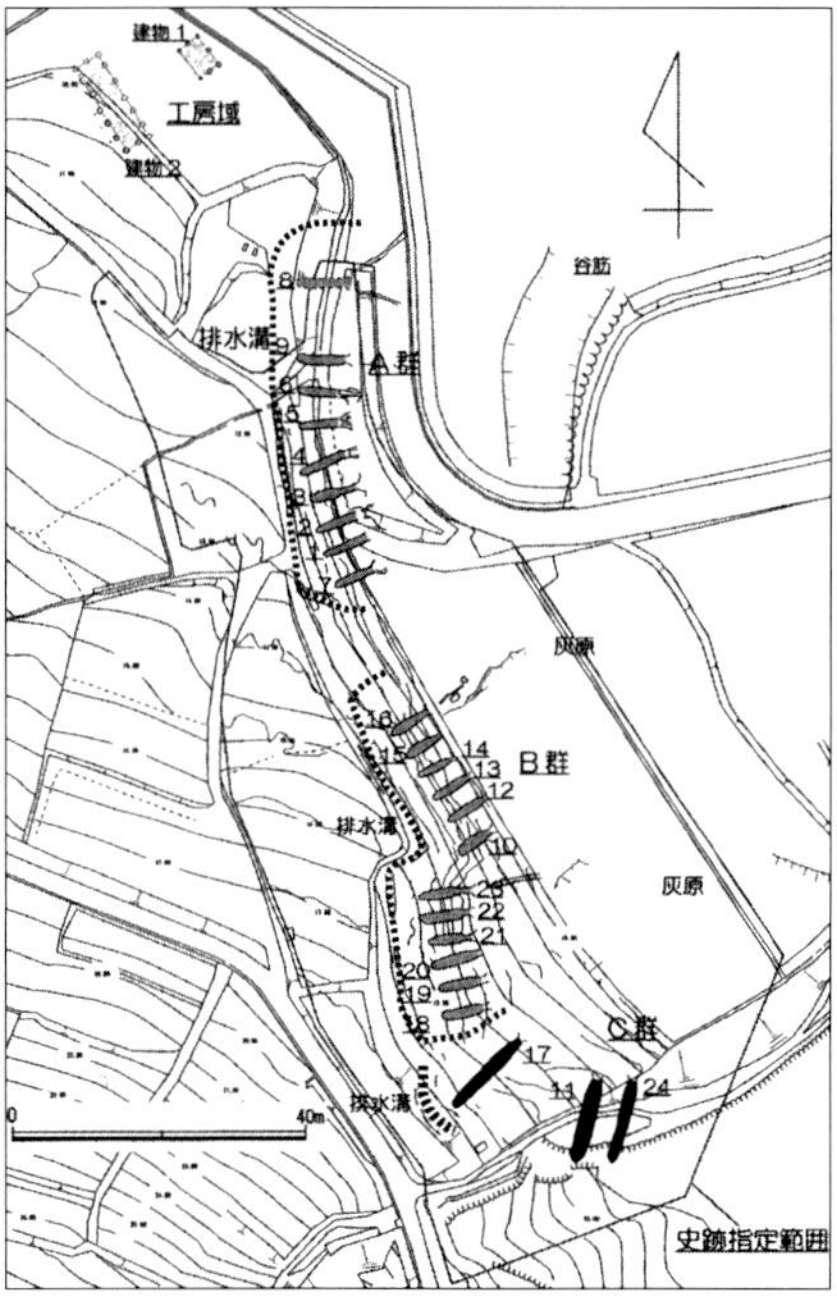

宗吉瓦窯跡の遺構分布図

宗吉瓦窯跡では、平成二年（一九九〇）度〜一七年度までの発掘調査で、二四基の瓦窯跡、工房跡（掘立柱建物跡二棟）が発見されるとともに、藤原宮所用瓦の生産だけでなく、四国最古の瓦窯跡であることも判明し、四国における仏教文化の導入や初期の瓦生産を考える上できわめて重要な遺跡であると考えられている。遺跡は平成八年に国史跡に指定され、平成二一年度から展示館をもつ史跡公園として一般に公開されている。

宗吉瓦窯跡で最も古く位置づけられる瓦窯跡は一七号瓦窯跡で、全長約一三メートル、焼成部の最大幅約一・八メートルの長大な規模をもつ。丸瓦・平瓦（上段図6・7）とも枠板を連結した模骨を用いて製作している。軒瓦は出土していない。また、二三号窯下灰原でも同様の丸瓦・平瓦を出土し、これにTK二一七型式平行期の須恵器（上段図2〜5）が伴うことから、宗吉瓦窯は七世紀中頃に瓦生産を開始したと考えられる。製品は三豊市豊中町の妙音寺に供給されている。一一号・二四号窯跡も窯の規模から同時期と考えられている。

七世紀後半になると、瓦窯は長さ六〜七メートル、焼成部の幅一・四〜一・五メートルと小型で傾斜が急なものへと変化し、重弧文軒平瓦（下段図13）・玉縁式丸瓦（下段図16・17）・凸面布目平瓦などが焼成される。二一基の瓦窯跡があり、生産が急激に拡大したと考えられるが、供給先として現在確認できるのは丸亀市宝幢寺跡のみである。

七世紀末になると、小型の瓦窯が引き続き用いられ、八葉複弁蓮華文軒丸瓦（六二七八B型式、下段図18）、変形偏行唐草文軒平瓦（六六四七D型式、下段図15）など藤原宮の瓦が焼成される。

藤原宮への供給後は、八葉単弁蓮華文軒丸瓦（下段図19・20）・重弧文軒平瓦（下段図13・14）などを焼成し、妙音寺に供給している。

宗吉瓦窯は妙音寺の創建に伴い瓦生産を開始したようであるが、新たな文様・技法を先進的に導入し、藤原宮の瓦を生産するとともに、地域の中核的瓦屋として活動していることに特徴がある。

（渡部　明夫）

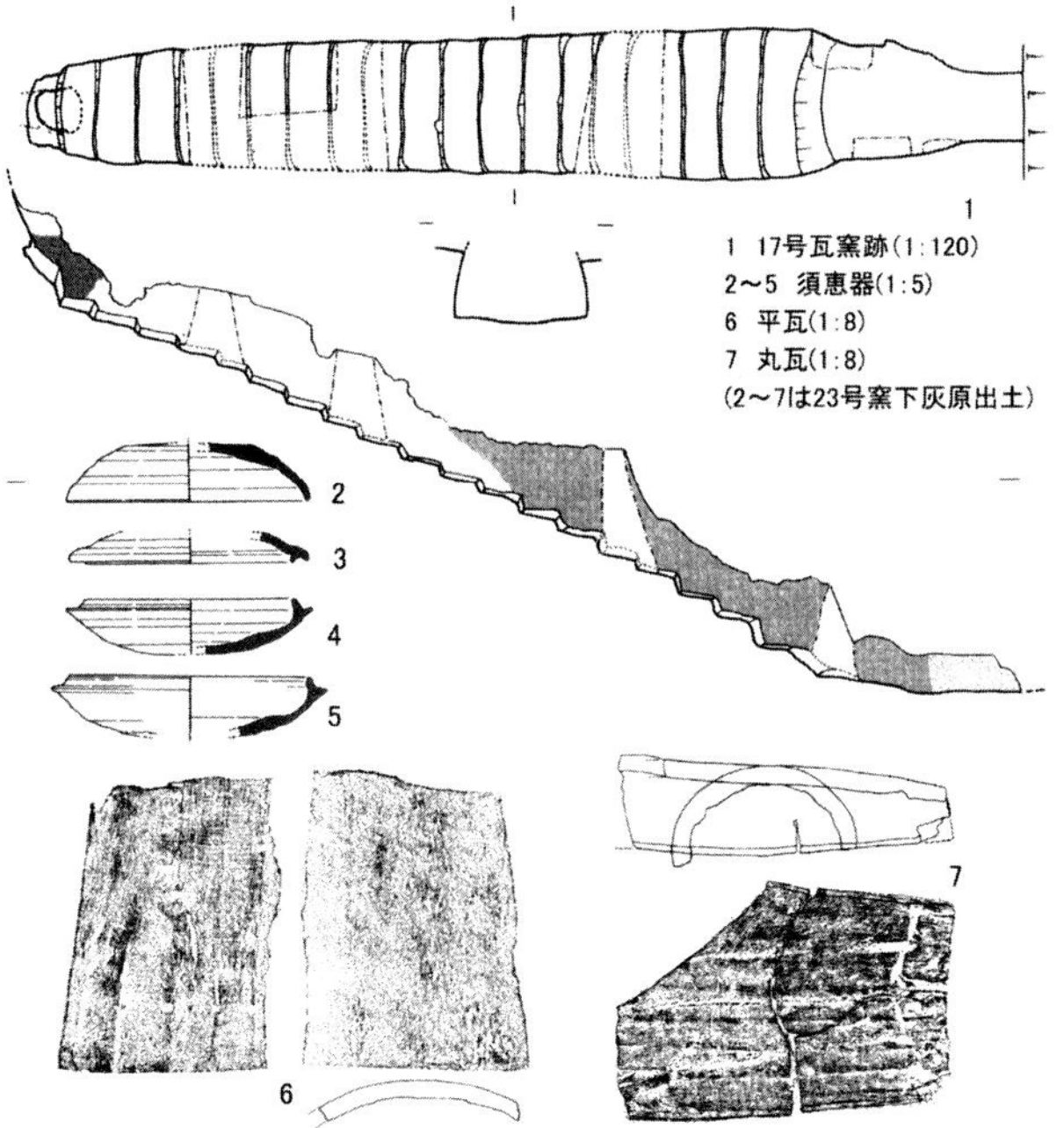

７世紀中頃の瓦窯とその製品

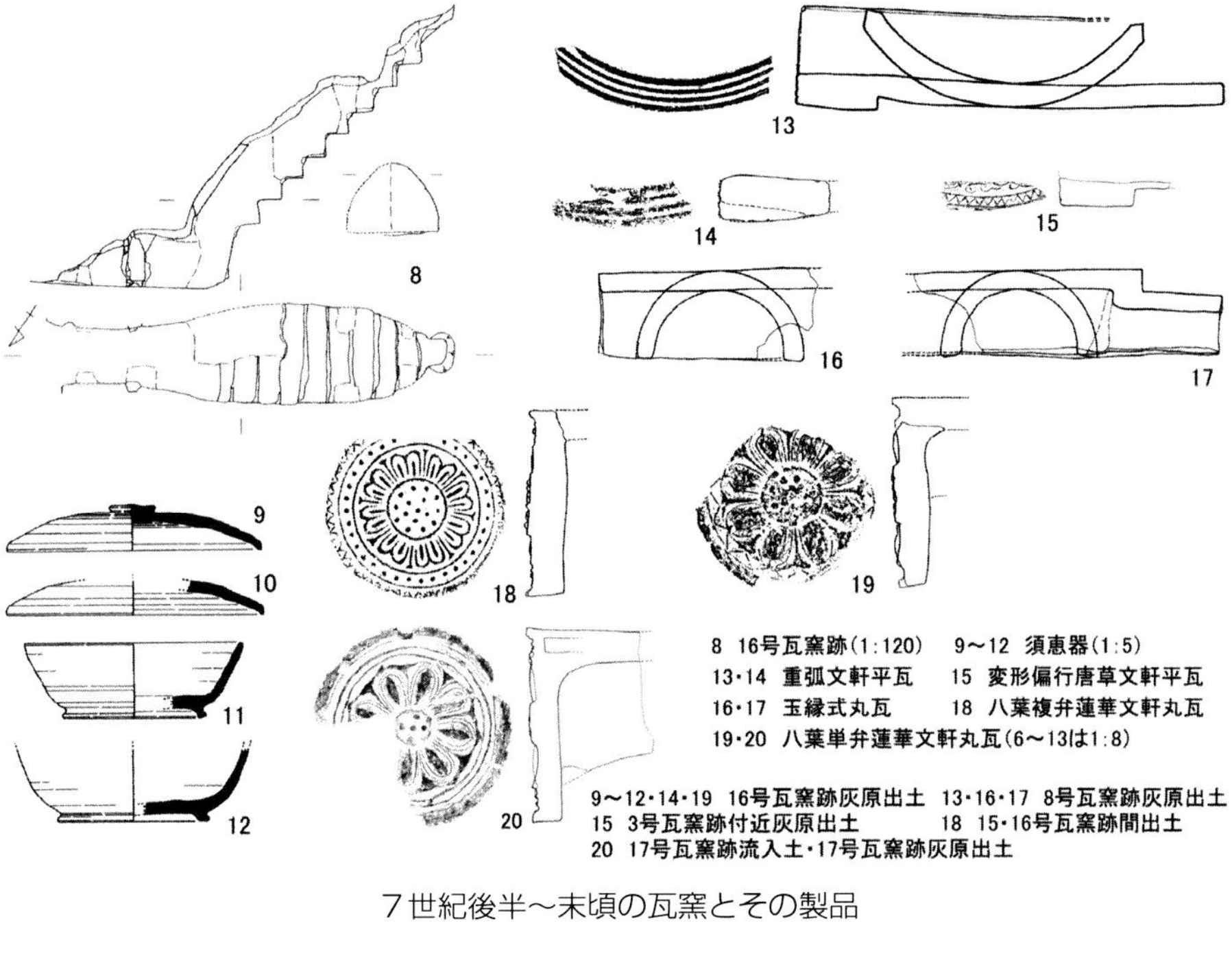

７世紀後半～末頃の瓦窯とその製品

# 讃岐に築かれた二つの古代山城

白村江の戦いで敗れた中大兄皇子（後の天智天皇）政権は西日本各地に古代山城を築かせた。その一つが高松市の屋嶋城《やしまのき》で、『日本書紀』天智六年（六六七）の条に「讃吉國山田郡屋嶋城」とその名が記されている。この記載によって、讃岐国には別の郡に山城が存在すること、『日本書紀』に記載されなかった山城が存在することを推測することができる。そしてこれが坂出市の城山城《きやま》である。この二つの古代山城は早くからその存在は知られていたものの、総合的な調査研究は、近年始まったばかりでその多くは謎に包まれている。この讃岐に築かれた二つの古代山城の特徴を整理し、その築城と廃城について考えてみたい。

瀬戸内海に突き出た屋島に築城された屋嶋城は、全長七キロメートルにおよぶ外郭線（城壁ライン）が標高二七〇メートル付近をめぐっている。城壁のほとんどが屋島に特徴的な断崖絶壁という天然の要害を最大限に活用しており、人工的な城壁が築かれた範囲は谷筋などのわずか一割ほどである。屋島は北嶺と南嶺の大きく二つの山によって構成されているが、城壁が築かれているのは南嶺で、城を構成する構造物としては城壁、城門、水門、貯水池などがある。しかし、近年までは、幻の城としてその所在が不明であった。大きな契機となったのが、平成一〇年（一九九八）の平岡岩夫氏による石積みの発見である。それ以後、約一〇年間におよぶ高松市教育委員会による発掘調査によって、高さ六メートルの城壁と城門が確認された。その他に、南水門、南嶺北斜面の城壁などの調査も実施され、城を構成する多くの施設の位置づけが行われた。

特に、城門は、幅五・四メートル、奥行き一〇メートルにもおよぶ国内最大級の規模であるとともに、高さ二・五メートルの段差をもつ懸門《けんもん》構造であった。日本で初めての事例として注目を集め、その後、岡山県鬼ノ城の北門、福岡県大野城跡の北石垣城門でも同様な門が確認される契機となり、非常に重要な成果であった。加えて、城門の奥には、城内への敵の侵入を困難にする甕城《おうじょう》と呼ばれる小規模な土塁をめぐらしていたことも判明した。このような懸門と甕城といった施設は、朝鮮半島に系譜を辿ることのできる築城技術で、『日本書紀』の大野城等の築城記事にあるような、百済からの亡命高官の関与を想像させる貴重な遺構である。また、屋嶋城の城壁として早くから注目を集めてきた浦生地区でも、七世紀後半の土器が出土し、屋嶋城築城時に築かれたものであることが判明した。このことで屋嶋城も複

屋嶋城跡の城門地区の石垣（写真提供・高松市教育委員会）

郭構造をなすことが確認され、現在も調査が継続している。

ここ一〇数年の考古学的調査成果によって、名実ともに日本の古代山城を代表する山城となったことは言うまでもない。

一方、城山城は『日本書紀』には直接的な記載がないものの、既述のとおり、その存在は明らかで、所在する山の名からも、城であったことが古くから認識されていたことが分かる。遺構は明瞭に残っているものの、その調査は未だに進んでおらず、謎の古代山城である。

讃岐城山城のホロソ石（門礎）（筆者撮影）

外郭線は、標高四〇〇メートルと標高三〇〇メートル付近に全長四・二キロメートルに渡って、二重の城壁が築かれており、内郭が石塁、外郭が列石をもつ土塁である。このような複郭構造は大野城のみで関連が注目される。城壁以外には、城門、水門、ホロソ石やマナイタ石と呼ばれる門礎が確認されている。特に門礎は瀬戸内の古代山城に共通するコ（凹）の字型の刳り込みをもつもので、七か所に放置された状況で、途中で築城をやめてしまったことを物語っている。また、讃岐国府に隣接しており、大宰府と大野城のような位置関係にあることも注目されている。

より詳細な構造的比較は現状では困難であるが、この二つの古代山城には次のような共通点と差異を挙げることができる。

この二城は古代山城の中では、標高の非常に高い位置に城壁を巡らし、石積みを多用する点、石積みは割石や自然石を使用し布積みを基調とした積み方で横長の石材を多用するなど城壁構築技術における共通点が多い。一方、屋嶋城では見つかっていない門礎が城山城では多数見つかっていること、城山城は城壁の一部を割石の列石をもつ土塁によって構築していること、城門の石積みの一部に敲打による加工を行った石材を使用していること、屋嶋城は『日本書紀』に記載があるが、城山城はないなどの違いがある。

今後の城山城の発掘調査への期待が大きいが、城壁構築技術の類似性から屋嶋城と城山城は近い時期に築城されはじめたのではないだろうか。城山城は石材加工や門礎など屋嶋城より新しい要素が認められることから、やや長く築城（増築）が続いた可能性が考えられる。一方、廃城時期は出土遺物からは検討できないため困難な問題ではあるが、城山城が途中で築城をやめている点、大宝律令成立とともに高安城が廃城になる点を重視すると、大宝律令の制定による中央集権に基づく地方支配の確立する段階、すなわち、地方行政の成立（讃岐国府の成立）とともにその役目を終えたと考えておきたい。このような点は、屋嶋城の廃城の契機を考える上でも重要で、今後の調査研究に期待するところである。

（渡邊　誠）

# 阿野郡における南海道と河内駅家

高松市西部の国分寺盆地から讃岐国府が所在する坂出市府中町にかけての南海道の路線については、五色台山塊南部の綾坂峠を越えるルートとするのが有力視されているが、その根拠は明確ではない。南海道のルート及び河内駅家の可能性について考えてみたい。

坂出市府中町前谷地区東部の坂出市と高松市国分寺町の行政界は、五色台丘陵の南部に位置する蓮光寺山の山頂から稜線を東南に下り、関ノ池の西側を直線的に約一三度西偏して走り、国分寺町の西端にある関ノ池の南西で方位を変え等高線に沿うように空路地区の集落中心部を迂回し、野上池の東岸を経て鷲ノ山山塊の北部の標高二五一メートルの頂部を結んでいる。

関の池周辺の地形は低平な鞍部で緩やかな微高地となっており条里地割痕跡は確認できない。県道三三号周辺の行政界は国分寺側へ食い込むが、北端の蓮光寺山裾と近世丸亀街道の旧道の間の行政界は、関ノ池西側の行政界線の延長線上に位置する。

また、行政界が西へ方向を変える関ノ池南西部では直線行政界の延長上に小道が直線的に東西の旧道（唐渡往還）まで延びる。

真北から西へ一三度偏る関ノ池西側の直線行政界は真北方位をとる国分寺盆地の条里地割痕跡とは異なるものである。

『さぬき国分寺町誌』によれば、前谷入作と呼ばれる地名が残り、前谷地区からの入植で耕作された土地とされる。こうした行為は現在小道として残る箇所がかつては直線行政界であった可能性を示すものかもしれない。

国分寺町空路地区には唐渡往還とよばれる讃岐往還の名残の旧道が東西に走る。この唐渡往還は関ノ池の東南部三ノ池の西から丘陵裾を西南西方向に延び、その後国分寺町空路地区東部で西へ方位を変える。

空路地区には唐渡往還の南に西に延びる別の旧道が国分寺町空路公民館の南側を走る。この旧道はそのまま緩斜面を直進して西に下り、その延伸部の北側を中心として、これに直行するような条里地割坪内の直線分割に類似した水田小区画が存在する。

この直線小区画水田は前谷地区の他の自然地形に制約された水田区画の有り様とは明確に異なるもので、その分布域の南端部は概ね空路地区を南西に貫く旧道の延長と一致し、さらにこのラインを西へ延長すると府中町新宮で讃岐国府の南限を限る綾川に達する。

関ノ池西岸の直線行政界は、この空路地区の直線旧道と直交し、前谷地区の直線分割水田区画の南北筆界線と平行しており、その基準は本来的には同一のものに拠っていると考えられる。

香川県埋蔵文化財センターが讃岐国府跡探索事業の一環で実施した地名調査では明治時代の検地帳から、前谷地区で「大道」や「道」という筆名がのこる水田があることを確認した。

地名の分布状況をみると、北の綾坂の東西と南の前谷地区の谷筋沿いで点在し、瀬戸内海歴史民俗資料館が『歴史の道調査報告書』で示した丸亀街道・伊予街道の両街道ルートとほぼ一致する。

確認された大道等の名称はここでは古代南海道の遺称地名と直結するものではないと考えられるが、前谷地区の谷筋が古くから道として利用されていたことを示すものである。

直線行政界や空路地区の旧道や直線区画水田が相互に関連したものであることを見てきたが、これらの一連の関係性は何に起因するものであるかが問題となる。

香川県では直線行政界が平野部の条里地割と関連し、郡界、大字界などに認められる。余剰帯の存在から条里地割は南海道を基準として設定されていることが明らかであり、前谷地区の直線区画水田

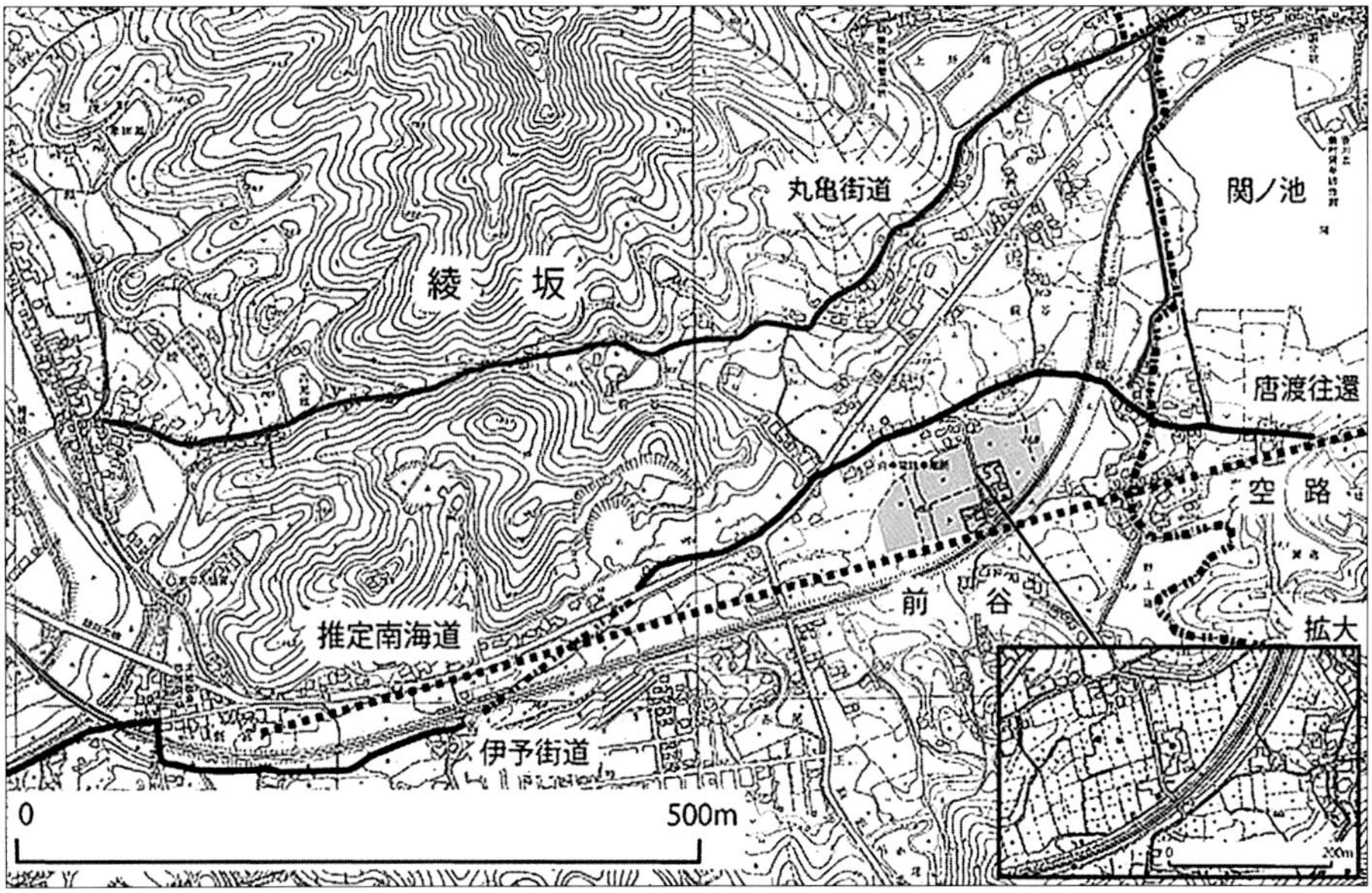


阿野郡の推定南海道と関連地割

やそれと一致する旧道及び直線行政界設定の基準となったのは南海道であると考えられる。

南海道は綾坂方面へ延伸することなく、国分寺町空路地区で約一三度南へ方向を変え、前谷の谷筋を国府方面へ直進した可能性が高い。

阿野郡甲知《こうち》郷（坂出市府中町）に所在するとされる河内駅家の所在地は確定していない。

前谷地区の小谷筋に形成された直線区画水田は坪界は明確ではないが、東西二三〇メートル、南北で最大一二〇メートルほどの範囲で認められ、田令駅田条に規定されている小路の駅田規模二町と矛盾しない。

前谷地区は讃岐国府中心域に向かう谷筋の奥にあり、両者の距離は二キロメートルほどである。

駅家の古代の呼称である「マヤ」が転化したとされる「マエ」を音に含む「前谷」が、この地区の大字名であることも注目される。南海道推定ルートに接する小区画水田域に近接して河内駅家跡が存在する可能性が考えられる。

いずれにしても南海道、駅家の最終的な確定には発掘調査による検証が必要であることは言うまでもない。

（藤好　史郎）

# 讃岐の中世墓点描

讃岐の中世墓は、特定地域に偏ることなく発見されている。その中でも西讃・中讃地域の平野部や沿岸部に比較的多く分布している。四国の他地域と異なり、火葬墓が少なく土葬墓が主流を占めていることが特徴として挙げられる。

讃岐における中世墓の開始は、一二世紀前後である。塚墓は一二世紀前半～一三世紀中葉、集石墓は一三世紀前半～一四世紀前半から確認できる。その後、屋敷墓、骨蔵器を用いた火葬墓なども順次揃う。讃岐の中世墓の要点を纏めると、①屈葬して埋葬された墳墓の多くが西向き側臥屈葬である、②埋葬頭位はその多くが南北の軸線を指向（北枕）しているが、例外もあり地形を優先した形で埋葬される、③副葬品の埋納位置は、頭位を意識しつつ被葬者の右側全体に埋納することが多い、などが挙げられる。

これらの様相は、畿内と同じ傾向を示す部分と異なる部分の両方が存在する。讃岐の中世墓から顕著な地域性は見出せないが、細部で在地色を抽出することが可能である。小稿では中世墓の諸課題のうち、屋敷墓と集団墓地に絞って検討する。

屋敷墓とは、中世以降に屋敷地内に営まれた墳墓のことである。造墓を契機として、祖先（屋敷創設者）祭祀を行うことによって屋敷相続の正当性、つまり屋敷所有の強化・自立の象徴としての機能を担うものと定義されている。

讃岐では、一二世紀から一六世紀にわたり、屋敷墓が造営されるが、一四世紀前半で屋敷墓の造営を中断する。畿内では屋敷墓の終焉について、惣村の発生により屋敷の所有権が村落共同体によって保証・強化されたため、屋敷墓の存在意義が失われたためと解釈されている。しかし、讃岐では惣村が発達しないにも関わらず、畿内とほぼ同時期に終息する。このことから、別の要因が存在した可能性が推測できる。屋敷墓は、あくまでも屋敷所有の継承という経済的側面から発生した墓制であり、政治的規制を受けた墓制ではない。ゆえに一律的な規制の元で造られた墓制ではなく、当時の地域間交流や物流状況、あるいは屋敷墓を受容する環境などが反映された結果と解釈したい。

このように中世前半に一旦姿を消した屋敷墓だが、一五世紀前半以降に再び造営されるようになる。この現象は、屋敷墓が消滅した畿内とは様相が異なる。中世後期の屋敷墓については、中世前期と同様に屋敷の所有強化・自立の象徴機能を担わせるために存続したのか、あるいは別の意義や機能を付与するために造営されたのかが課題となる。前者の可能性を補強する事象の一つとして、四国では講や一結衆などの銘文が入った石造物が極めて少ないことが挙げられる。地域紐帯が他地域と比べて脆弱であったため、屋敷墓を継続して営む必要があったと推測できる。一方、後者の可能性としては、屋敷神への変容が挙げられる。讃岐では現在でもなお屋敷地内に、祠や墳墓、石造物を屋敷の守護神たる屋敷神として祀っている事例が散見できる。これらは祖先や氏神を祀っているとの伝承が多い。中世後期の屋敷墓にも、屋敷神としての機能を付与されたという解釈は可能であろう。いずれにしても屋敷墓は、造営背景も含めて慎重な検討・評価が今後の課題と言える。

中世讃岐では、検出例は多くないが一一世紀代から集団墓地が存在する。一三世紀代の空白期を経て一四～一五世紀に小規模な集団墓地が散在する。多くが土葬墓で火葬墓主体の集団墓地は、高松市高松城東ノ丸下層遺跡のみである。讃岐の集団墓地の特徴はその規模である。中世を通じて数基～一〇数基程度の小規模なものが大部分である。讃岐の集団墓地は、平野単位などの地域単位ではなく、最小単位である一族墓と呼称される血縁的単位の墓地であった可能性が高い。

現在も残る屋敷神（仲多度郡琴平町）

さらに集団墓地の成立を考える上で非常に示唆的な遺構が、まんのう町の中寺廃寺跡に所在する。この遺跡では、一辺約一～一・六メートルの平面方形状の集石遺構を合計三七基検出した。四方の側壁はほぼ垂直に人頭大の角礫を積み、内部には拳大の角礫を充填する。この集石遺構は、集団墓地中で確認される集石墓と、群構造・規模・形状・構築法などが非常に類似している。集石遺構の密集している景観は、普遍的な集団墓地景観そのものと言えよう。中寺廃寺跡集石遺構については、類似遺構がある山岳寺院との比較などから、塔の可能性が指摘されている。塔は本来釈迦の遺骨である仏舎利を祀る施設なので、たとえ遺体や遺骨が埋納されてなくても墓と認識されていた。また同様の集石遺構としては、経塚の上部遺構に集石を伴う事例がある。この時期には塔や経塚、墳墓の機能が完全に分化しておらず、いずれも聖地・霊地における象徴的な装置の役割を担っていた。このように塔あるいは塔に伴う信仰や、聖地・霊場の重要な装置という位置付けから派生して、中世段階の集団墓地中に塔を模倣した集石墓や集団墓地の景観が形成されたという解釈も可能ではないだろうか。

讃岐の中世墓について、屋敷墓、集団墓地について検討した。讃岐の屋敷墓は、畿内と同時期に造墓を中断するものの中世後期にも存続する。その理由は、中世後期にまで屋敷の所有強化・自立の象徴機能をさらに担わせる必要性と、近世以降の屋敷神との関連を指摘した。集団墓地については、小規模なものしか存在しないことについて、屋敷墓と同様、地域紐帯の脆弱さに理由を求めた。

いずれの課題についても精緻な分析に基づいたとは言い難く、憶測を重ねた内容となった。葬制の違いや石造物との関係など、論じ切れなかったことも多い。今後の課題としたい。

（海邉　博史）

# 万葉の島「沙弥島」

坂出沖に位置する沙弥島は番の州埋め立てにより陸続きとなった今も、孤島の時代の歴史的遺跡も多く、住民の希望もあって「町」を名乗らず、「沙弥島」の名称を残している。

沙弥島には旧石器の出土を見ており、縄文期には前期から晩期にかけての遺跡が存在する。弥生時代には弥生土器はもちろん緑泥片《りょくでいへん》岩《がん》製磨製石器の出土があり、後期には土器製塩も始まっている。師《し》楽《らく》式土器製塩は古墳時代を通じて行われ、土器破片層は厚く、製塩炉址も発掘されている。製塩が盛んであった頃にはこの狭小な島に係わらず、相当な人口密度を保っていたと思われる。なお、輸送路に関しては海上交通が重要な役割を果たしていたことはいうまでもない。この時代には「孤島」と言うより重要拠点であったに違いない。古代に歴史上記録（『万葉集』）として登場したことは頷ける。

沙弥島南西隅、吉野山西端頂上に古墳時代中期に比定されている「千人塚」がある。千人塚は東西約一四メートル、南北約一二メートル、花崗土を高さ一メートルほどに盛った方墳で、大正一五年（一九二六）八月八日、台風で松の木が倒壊し、墳頂東よりに竪穴式石室がわずかに現れ、其処から長さ三五センチメートル、幅四センチメートル内外の鉄剣が一口出土している。穴は間もなく埋められていたと言う。

この千人塚は、聖宝《しょうぼう》・理源大師《りげんだいし》の母「綾子姫」の墓と言う伝承があり、島にある大師堂は「理源大師」をお祀りしている。聖宝は天長九年（八三二）生まれで、生地については判然としないが、母君が塩飽島に流刑の折の誕生とされ、塩飽諸島の本島が有力地ではあるが、沙弥島も塩飽諸島の一島であるからの伝承であろう。

この千人塚の西と南（今は埋め立てられて地続きになっている）は急崖となって、下は岩場の海である。ここより南、対岸を見れば聖通寺山が聳え、その西麓に聖宝の学問所といわれている「聖通寺」がある。其処から西へ眼をやると、鵜足の津、古代の港といわれる那珂の津、さらに塩飽諸島西部を見渡すことが出来る。東方を眺めれば、番の州埋め立て以前は綾川河口から雌雄山塊（松山の津関連山塊）を臨むことが出来た。風光明媚な沙弥島が万葉集に登場するのは「歌聖」柿本人麻呂の歌によってである。あまりにも周知の歌なので一部を引用したい。

　讃岐の狭岑の島にして、石の中の死人を見て、柿本朝臣人麻呂の作る歌一首　併せて　短歌

　玉藻よし　讃岐の国は　国柄か　見れども飽かぬ　神柄か　ここだ貴き　天地　日月とともに　足り行かむ　神の御面と継ぎ来る
　中の湊ゆ　舟浮けて　我が漕ぎ来れば　時つ風（略）
　をちこちの　島は多けど　名ぐはし　狭岑の島の　荒磯面に
（略）
　妻もあらば　摘みて食げまし　作美の山　野の上のうはぎ　過ぎにけらずや

柿本人麻呂は生没年未詳であるが、役人としての出仕の事情や詠

まれた歌の内容等から天武・持統・文武天皇の御世に活躍していることが分かる。人麻呂は長歌の中で讃岐の国の美しさ、尊さを讃え、

ナカンダ浜西隅に建つ柿本人麻呂の歌碑（坂出市沙弥島）

「をちこちの　島は多けど　名ぐはし狭岑」と沙弥島を褒め、その上で荒床に打ち上げられた孤独な水死人を悼む、さらに反歌で家で待つ妻へ思いをめぐらせている心情を感じとることが出来る。ただ、当時としては死人の霊魂を恐れ慰めるとともに、後の航海の安全を願う祭りの「うた」の意味も含まれているであろう。

陸路が南海道であった時代、輸送や人の移動には海路、ことに沿岸航路が重要な働きをし、沙弥島がその時期の重要拠点であったことは、島に残る多くの横穴式石室を持つ古墳群からも察せられる。当時、「島」としては認知されていたが、同じ人の歌の中で狭岑＝さみね、作美＝さみと扱うなど、固定した名称でなく一般的な呼称で通じていたと思われる。なお、隣の瀬居島には神功皇后が潮待ちをした伝承地はあるが、遺跡は乏しい。

一方、「中の湊」の中は丸亀市中津付近が比定されている。那珂とも書かれ、仲多度郡の前身であり、その初見は『続日本紀』慶雲四年（七〇七）五月二六日の条にある。天智天皇二年（六六三）我が国から百済への援軍を送ったが白村江の戦いに敗れた。援軍の一人として出兵していた讃岐国那珂郡の錦部《にしごりの》刀良《とら》らが唐の捕虜として四〇余年労役に服していたが、遣唐使粟田《あわたの》朝臣《あそん》真人《まひと》の仲介で帰国できた記事である。讃岐からの出兵は複数いたと推測される。敗戦の後、国家事業として朝鮮式山城が九州北部から瀬戸内地方に多く造られた。屋嶋城がその一つであり、城山城も同時代のものである。

讃岐の国が万葉集に登場する長歌と反歌がもう一つある。「讃岐の国安益郡に幸す時、軍王、山を見て作る歌」がそれである。安益は国府の置かれた阿野郡であるが、時期に諸説あり、軍王の読み方も「いくさのおおきみ」、「こにきしのおおきみ」の両説がある。歌中の「網の浦」にも諸説あり、「焼く塩の」場所の確定も難しい。

（井上　勝之）

## 天平時代の「国の華」讃岐国分寺跡

天平一三年（七四一）聖武天皇は、国ごとに国分寺・国分尼寺を建立し、国分寺に僧二〇人、国分尼寺に尼僧一〇人を置くことを定めた「国分寺建立の詔」とされる詔勅《しょうちょく》を出している。讃岐国分寺もこの時に建立された寺の一つである。

この詔の背景には、それまでの天変地異や凶作、疫病（天然痘）の流行、前年に藤原広嗣《ふじわらのひろつぐ》の反乱が起きるなど、不穏な出来事や政治的不安が続いたことが背景にあり、仏教の力で国の安定を図り治めていく鎮護国家思想にもとづいた政策であった。

建立する場所には、人家の塵や臭いが及ばぬ場所であるとともに、人々が集散しやすい良い場所を選ぶこととし、讃岐では、現在の坂出市東部・高松市国分寺町・綾歌郡綾川町一帯にあたる阿野郡に建立されている。阿野郡は讃岐のほぼ中央に位置し、その中でも造営を監督する国司が政務を執る讃岐国府から北東約二・五キロメートルの場所に国分寺を建てている。

寺院造営は、莫大な費用と労働力を必要とし、諸国に完成を急がせる督促が出されるなど、容易には進まなかったようである。

讃岐国分寺は、天平勝宝八年（七五六）聖武天皇が崩御した一周忌のため、灌頂幡《かんじょうばん》等が配られた二六か国の内に含まれており、この時点で主要な建物がおおよそ整っていたと考えられる。

創建から一二五〇年余りを経て当時の建物は失われているが、残された礎石《そせき》や昭和五〇年代より進められてきた発掘調査によって、創建時の伽藍《がらん》について多くのことが明らかとなっている。

寺域は、東西二二〇メートル、南北二四〇メートル、伽藍は中門・金堂・講堂が南北一直線上に並び、中門と金堂を結ぶ回廊で囲まれた区画の東側に塔を置く「大官大寺式」の配置であったことが確認されている。讃岐以外にも筑前・筑後・肥前の国分寺跡も同様の配置であり、讃岐の場合はその配置が中央ではなく西寄りに集中している。

伽藍の主要部分は、四国八十八ヶ所八〇番札所白牛山千手院国分寺の境内地にあり、発掘調査は行われていないが、多くの礎石が残されている。

中心となる金堂跡は、現本堂前に三三個の礎石が整然と並び、桁《けた》行《ゆき》二八メートル（七間）・梁行《はりゆき》一四メートル（四間）の建物と推定される。これは奈良の唐招提寺金堂と同規模である。現本堂の位置が講堂跡であり、本堂を支えている三〇個の礎石は、従来の講堂の礎石を動かし、転用していると考えられる。塔跡では、一五個の礎石が残され、心柱を支えていたひときわ大きな心礎中央に、約四〇センチメートルの枘《ほぞ》穴が穿たれていることが確認されている。この心礎の上には鎌倉時代末期の作といわれる凝灰角礫岩《ぎょうかいかくれきがん》の石塔が置かれている。

特に僧房跡は、遺構の保存状態がよく、礎石間には地覆《じふく》石や唐居《からい》敷《しき》といった柱間装置が規則的に残り、僧房内部の構造が詳細に復原できる全国の国分寺の中でも珍しい例である。建物の規模は、東西八四メートル（二一間）、南北一二メートル（三間）ほどあり、全国でも最大級のものといえる。僧房内の間取りは中央の方三間をはさんで東西に三室ずつ六つの房室を設け、房室は三間四方で一房の形態をとっており、それぞれに南側に開口部を設けている。房室の南側一間分を一部屋とし、中央と北側の二間分は一間分の通路をはさんで、さらに一間四方の個室に仕切られていたことが復原できる。この個室に対して一人の僧侶が生活していたと推測され、二四部屋あることから定められていた定員の二〇名を十分に満たす規模であったことがわかる。

史跡公園への整備が行われた讃岐国分寺跡全景（高松市国分寺町／写真提供・鎌田良博氏）

発掘当初、僧房跡は確認した後に埋め戻し、修景的整備を行なう計画であったが、覆屋《おおいや》をかけ、出土した礎石をそのまま見学することができるようにしている。覆屋内東端部には、内部構造を立体的に再現し、僧侶の生活を具体的にイメージすることができる。このほか、寺域を画していた築地塀《ついじべい》を東西各三〇メートルずつ復原し、創建時の伽藍配置を一〇分の一で復原した石の模型を設置するなど史跡公園として整備が行なわれた。

史跡を訪ねる人の学習施設には、発掘で出土した遺物を常設展示する讃岐国分寺跡資料館がある。

全国に六八か所の国分寺跡が知られているが、そのうち特別史跡に指定されているのは讃岐のほか遠江（静岡県磐田市）・常陸（茨城県石岡市）の三か所のみであり、讃岐国分寺跡は、全国の国分寺のなかでも非常に重要な史跡である。今後は、平安期〜中世以降の国分寺跡の資料は少ないが、歴史的な変遷の解明、伽藍の主要部の調査などの研究が進むことが期待される。

近年、国分寺跡の東約二キロメートルに位置する国分尼寺跡では尼房跡が発見されるなど、尼寺との関係も気になるところである。

（仁木　智恵）

# 律令を伝えた讃岐びと

古代と呼ばれる時代、とくに八世紀以降の歴史を学ぶための基本的な文献史料に「律《りつ》」と「令《りょう》」がある。古代国家、いわゆる律令国家を考えていく、またその国家と社会との緊張関係を読み解き古代社会について考えていく際には、まず律令についてポイントを押さえておくことが前提となる。この律令、ことに行政法である令を現代に伝えた「恩人」に、平安時代に生きた二人の讃岐人がいる。

私たちは、律令について、「浄御原《きよみはら》令」、「大宝令」、「養老令」と呼んでいるが、そもそも、現在、令そのものは伝わってはいない。令文の字句は、令の注釈書を通じて知ることができるのである。この令の注釈書、『令義解《りょうのぎげ》』と『令集解《りょうのしゅうげ》』という注釈書の編纂に二人の讃岐人が関わっている。

まず、養老令の公定注釈書である『令義解』からみていこう。

天長三年（八二六）、時の明法博士（法律学者）の額田今足《ぬかたのいまたり》が、学者たちによって様々に立てられた律令の解釈について、統一する必要性がある旨を上申した。これをきっかけとして、国家的事業として現行法である養老令の解釈文の編纂が進められた。右大臣清原《きよはらの》夏野《なつの》をはじめ、菅原清公《すがわらのきよきみ》（道真の祖父）、小野篁《おののたかむら》といった文人政治家や、興原敏久《おきはらのみにく》といった明法家たち一一人が編纂者として名を連ねており、単なる法律解釈だけでなく文章としても範たるものを目指していたことがわかる。天長一〇年一二月一五日に上表され、翌承和元年（八三四）に施行された。

そのスタイルは、令文を掲出し、注釈の必要な部分に「謂《いうこころ》、…」として解釈が付けられる。例えば、『戸令《こりょう》』の「造計帳条」について、「（前略）責所部手実　謂、手実者、戸頭所造之帳、其戸籍亦責手実也　（後略）」と表記されている。これは「責所部手実」という令文の「手実《しゅじつ》」について、戸頭（＝戸主）が作成する帳簿であり戸籍を作るときにも提出させるものである、と注釈をしているのである。こうしたスタイルによって、『令義解』のなかに養老令の本文がいわばパックされ、今日にその文面が伝わっているのである。

さらに後世には、『令義解』そのものが「令」と認識されるようになる。こうして、私たちは養老令の姿を知ることができるのである。

この『令義解』編纂者の中に、従六位下の位階をもつ明法博士、讃岐永直《さぬきのながなお》がいる。当時五一歳。後に「律令の宗師」と文徳天皇から称される大学者となるが、この時は、額田今足の後任として、明法博士となり編纂に携わったと考えられる。

注目すべきは、『令義解』施行二年後にあたる『続日本後紀《しょくにほんこうき》』承和三年三月戊午（十九日）条の記事である。

「外《げ》従五位下大判事明法博士讃岐公《きみ》永直、（略）、改公賜朝臣。永直是讃岐国寒川郡人。今（略）改本居貫附右京三條二坊。（後略）」

もちろん、明法博士として大学に勤めている役人であるため、居住地は都ではあるが、この時に至るまで、彼は讃岐国寒川郡に本貫を置いていた「讃岐人」であった。つまり「讃岐人」讃岐永直が、養老令文を伝える『令義解』編纂に一役かっていたのである。

さて、続いて『令集解』である。古代に編述された様々な書物についての目録である『本朝書籍目録』に、「令集解　三十巻　直本撰」とあり、古くより惟宗直本《これむねのなおもと》という人物が編纂したと伝えられている。

この『令集解』は、字のごとく、令についての様々な解釈を集め編纂したものである。そこに引用されている解釈の説としては、『令義解』をはじめとして、天平年間（七二九～四九）に成立した「古記」、平安時代初期の「令釈」、またさきほどの讃岐永直の説をまとめた「讃記」などがある。

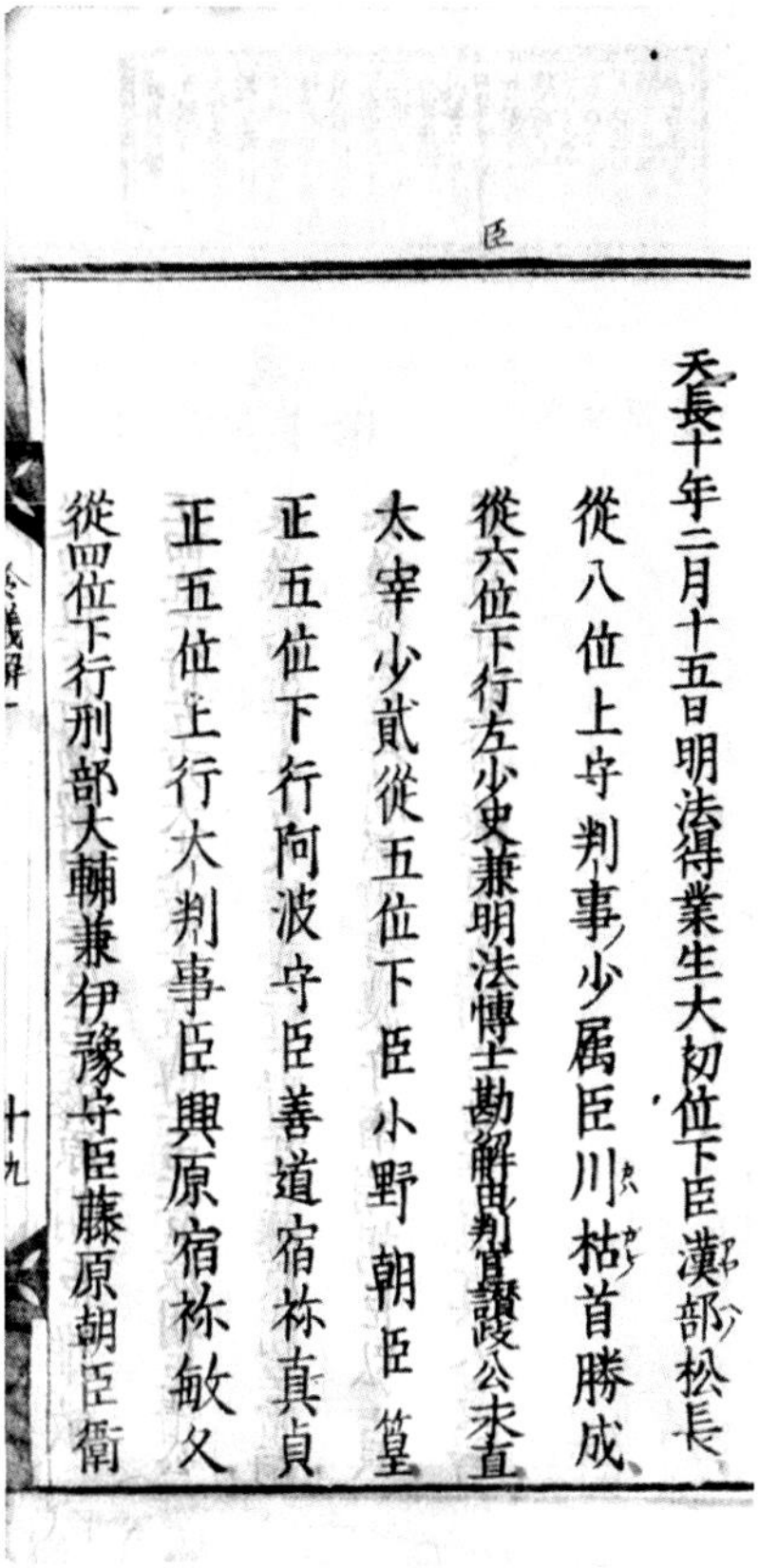
天長十年二月十五日明法得業生大初位下臣漢部松長
従八位上守判事少属臣川枯首勝成
従六位下行左少史兼明法博士勘解由判官讃岐公永直
太宰少弐従五位下臣小野朝臣篁
正五位下行阿波守臣善道宿祢真貞
正五位上行大判事臣興原宿祢敏久
従四位下行刑部大輔兼伊豫守臣藤原朝臣衛

『令義解』序文に編纂者
讃岐永直の名が見える
（香川県立ミュージアム蔵）

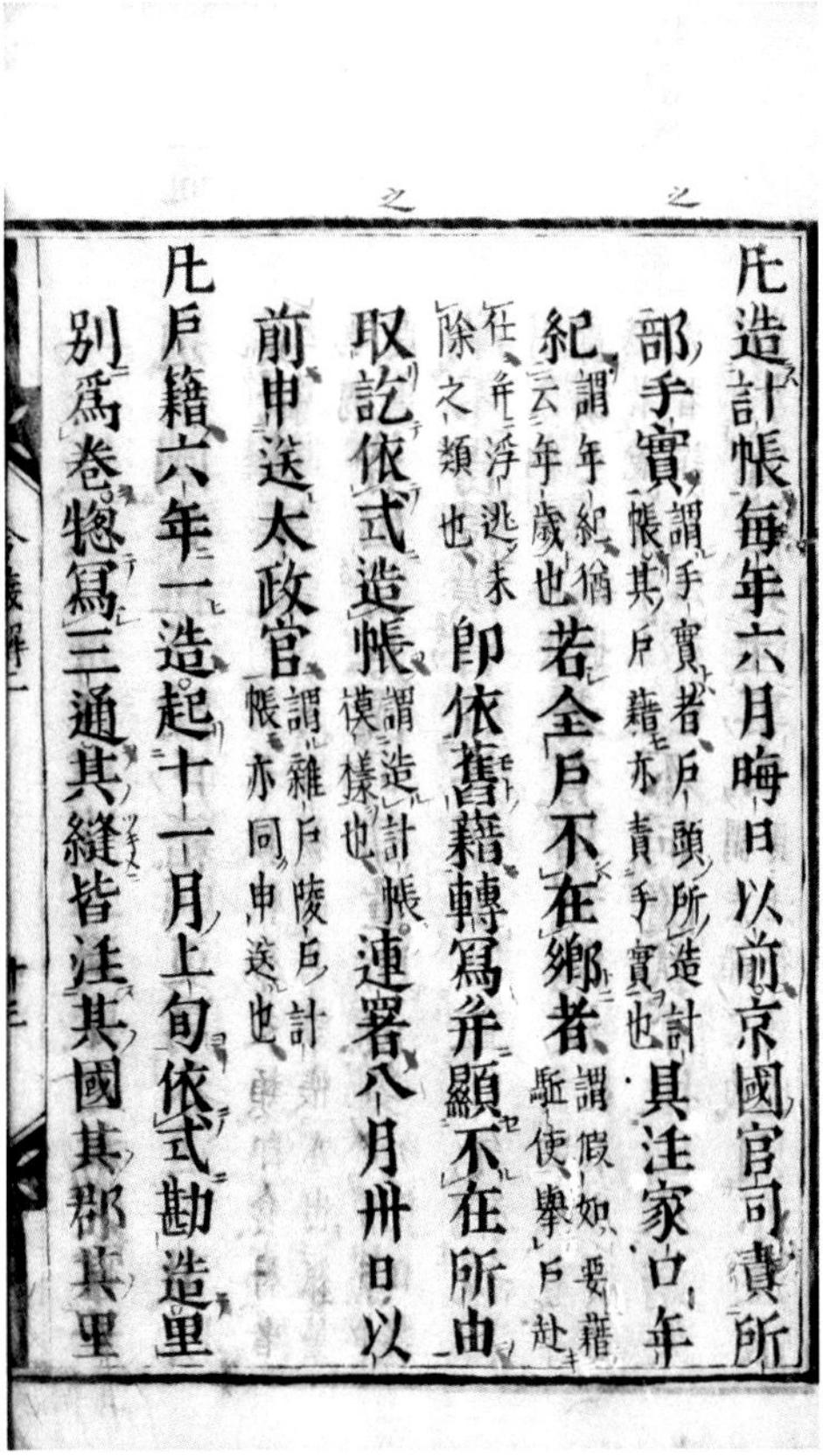
凡造計帳毎年六月卅日以前京國官司責所部手實謂手實者戸頭所造計帳其戸籍亦責手實也具注家口年紀謂年紀猶云年歳也若全戸不在郷者謂假如要籍駈使舉戸赴任并浮逃未除之類也即依舊籍轉寫并顯不在所由收訖依式造帳謂造計帳模様也連署八月卅日以前申送太政官謂雜戸陵戸計帳亦同申送也
凡戸籍六年一造起十一月上旬依式勘造里別爲巻惣寫三通其縫皆注其國其郡其里

『令義解』大字が養老令の本文
（香川県立ミュージアム蔵）

このうち、「古記」は当時運用していた大宝令についての解釈であり、この「古記」に引かれている令文から、私たちは大宝令の本文を知ることができるのである。

編纂者とされる惟宗直本は、もとは秦公《はたのきみ》直本といい、『日本三代実録』に二つの記事が見える。元慶元年（八七七）一二月二五日に兄とともに本貫を讃岐国香川郡から左京に移し、同七年に姓を秦公から惟宗朝臣に改めた。当時、右衛門少志《うえもんのしょうさかん》という若年の法曹官僚が任じられる官職にあり、その後、明法博士となった。生没年は不詳であるが、これらの記録から類推するに、『令集解』は、四〇歳以前の、まさに駆け出しの法曹官僚が、諸先行解釈をまとめて自らのものにするために編纂したものといえよう。そして、移貫記事からわかるように、編纂当時の直本は、「讃岐国香川郡人」の「秦公直本」であった。つまり、「讃岐人」だったのである。

このように、平安時代の「讃岐人」が法曹界で重要な役割を果たし、私たちに古代史研究の鍵を伝えてくれたのである。

（渋谷　啓一）

## 讃岐国最古の写経が物語るもの

「天平十六年歳次甲申三月十五日
　讃岐国山田郡舎人国足」

出土文字資料を除けば、その時代に書かれたものとしては、讃岐国最古の天平一六年（七四四）という年紀をもつ資料である。この奥書をもつ瑜伽師地論《ゆがしじろん》という経典が、現在、石山寺をはじめとして各所に伝わっている（別表参照）。経文中には平安時代前期、九世紀に東大寺周辺で書き込まれたと推定される白字の書や訓点があり、国語学的にも注目される。また、同様の訓点が付される類似性から、奥書はないものの石山寺所蔵の巻第一三、二六、五二も一連の写経と考えられる。このうち巻第六一については香川県立ミュージアム所蔵となっている。

巻六一は、縦二三・六センチ、横一〇〇三・三センチ。折本に改装した際に地が若干切断されている。一紙幅がおよそ五六・七センチ。一八紙。折本のままであり、表紙の朱刷雲竜文も石山寺旧蔵時の姿と考えられる。右上がりで癖の強い字は、巻第六五（京都国立博物館所蔵）や、個人所蔵の巻第六四、六七と共通している（巻六四は『東京古典会古典籍入札』（一九九八年）、巻六七は『弘文荘敬愛書図録』（一九八二年）の写真図版を参照）。正倉院文書から判明する奈良時代の写経工程では、一人が一〇巻分を担当して書写しており、巻第七〇まで同筆の可能性がある。

一方、巻第八四（石山寺所蔵）や巻第八九（奈良国立博物館所蔵）は、比較的均整のとれた文字で書かれており、巻第六一とは異なる筆である。これらから、この瑜伽師地論は奥書に共通している舎人国足《とねりのくにたり》が発願し、複数人によって書写された写経、いわゆる結縁《けちえん》経《きょう》、知識経《ちしききょう》と考えられている。

舎人国足という人物は他の史料には見えない。「舎人」姓の例としては、天平二〇年に写経所で校経に従事した舎人眞万呂という人物がおり、ほぼ同時期に、写経所に出仕した同姓者ということで注目される。

また次に掲げる長岡京跡から出土した木簡の記載から、舎人国足と同じ讃岐国山田郡（高松市東半部）に舎人氏の存在が判明する。

（表）「讃岐国山田郡□田郷舎人□」
（裏）「延暦十一年八月七日」

山田郡の中で二字目に「田」がつく郷は、『和名類聚抄《わみょうるいじゅうしょう》』によれば、植田郷・池田郷がある。両者とも現在の高松市南東部の地名として遺存しており、舎人国足の本拠地の可能性がある。

「舎人」という姓に注目してみよう。舎人とは、天皇や皇族・貴族に近侍し警備や雑用に従事していた集団である。律令制下では、舎人を経験した後に官人として登用され、また地方出身者は在庁官人や郡司となった。舎人を姓とする例では、金刺舎人《かなさしのとねり》氏や他田舎人《おさだのとねり》氏などが見えるが、これらは「大王宮の名＋舎人」（金刺宮＝欽明天皇、他田宮＝敏達天皇）という姓の表記であり、律令制以前に、個々の王宮に近侍し警護する集団に対して、姓が与えられたと考えられている。一方、舎人国足の場合、姓に宮号がついていないため、大王宮が飛鳥地方に固定化し個々の大王による宮名が用いられなくなった七世紀代以後に、（父祖らが）舎人として出仕し姓となったのではないかと想像できる。

ところで、讃岐国山田郡に関する史料では、『日本書紀』天智六年（六六七）十一月是月条「倭国高安城、讃吉国山田郡屋嶋城、対馬国金田城を築く」がある。天智二年の白村江敗戦後、中大兄皇子が主導する政府は、唐軍の侵攻に備えて九州北部や瀬戸内海沿岸に山城を築く。なかでもこの記事に挙げられた三つの城は、新羅《しらぎ》《シルラ》と

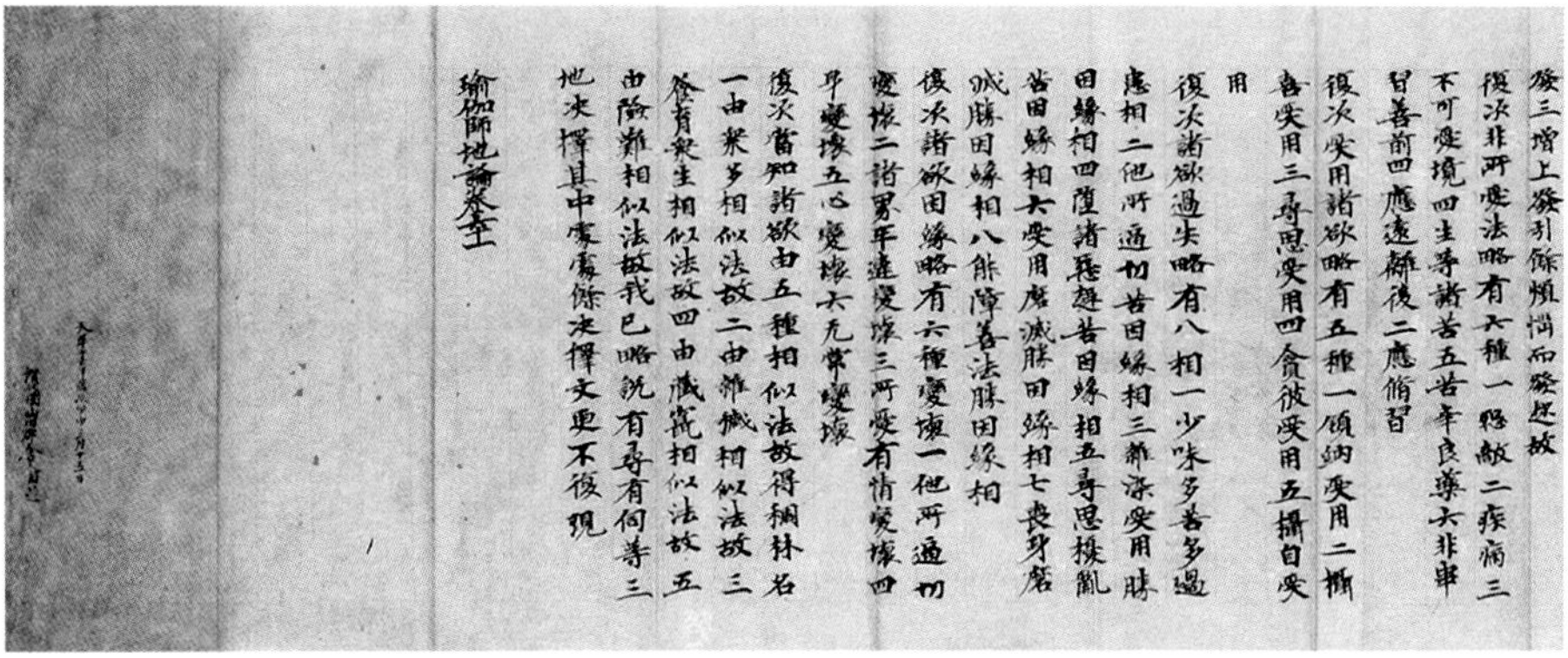

瑜伽師論　巻末（香川県立ミュージアム蔵）

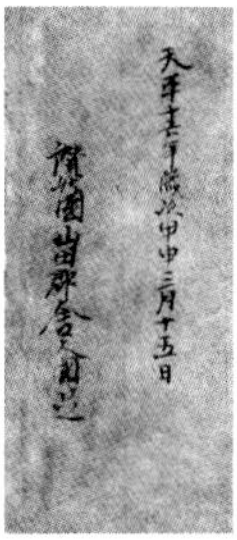

天平十六年歳次甲申三月十五日
讃岐国山田郡舎人国足

瑜伽師論　奥書
（香川県立ミュージアム蔵）

（表）舎人国足願経『瑜伽師地論』
現存状況

| | 巻数 | 所蔵先 | 備考 |
|---|---|---|---|
| 1 | 巻13 | 石山寺 | ※奥書ナシ |
| 2 | 巻14 | 石山寺 | |
| 3 | 巻36 | 石山寺 | ※奥書ナシ |
| 4 | 巻41 | 唐招提寺 | |
| 5 | 巻42 | 天理図書館 | 「元興寺印」あり |
| 6 | 巻52 | 石山寺 | ※奥書ナシ |
| 7 | 巻53 | 個人 | |
| 8 | 巻59 | 唐招提寺 | |
| 9 | 巻61 | 香川県立ミュージアム | |
| 10 | 巻64 | 個人 | |
| 11 | 巻65 | 京都国立博物館 | |
| 12 | 巻66 | 個人 | |
| 13 | 巻67 | 個人 | |
| 14 | 巻68 | 石山寺 | |
| 15 | 巻70 | 石山寺 | |
| 16 | 巻71 | 石山寺 | |
| 17 | 巻72 | 石山寺 | |
| 18 | 巻74 | 石山寺 | |
| 19 | 巻77 | 石山寺 | |
| 20 | 巻79 | 石山寺 | |
| 21 | 巻84 | 石山寺 | |
| 22 | 巻85 | 天理図書館 | |
| 23 | 巻86 | 石山寺 | |
| 24 | 巻88 | 石山寺 | |
| 25 | 巻89 | 奈良国立博物館 | |
| 26 | 巻90 | 石山寺 | |
| 27 | 巻91 | 石山寺 | |
| 28 | 巻92 | 石山寺 | |
| 29 | 巻93 | 石山寺 | |
| 30 | 巻94 | 石山寺 | |
| 31 | 巻95 | 石山寺 | |
| 32 | 巻96 | 石山寺 | |
| 33 | 巻98 | 石山寺 | |
| 34 | 巻99 | 石山寺 | |
| 35 | 巻100 | 石山寺 | |

の国境、王宮（飛鳥板蓋宮《いたぶきのみや》）への入口、そして王権の存立基盤である畿内と瀬戸内海の要衝という、重要ポイントを防衛する一連の策として築城されたと考えられる。屋嶋城を含む讃岐国は、王権の喉もとに通じる瀬戸内海の制海権を掌握するための重要な地域であった。

「讃岐国山田郡舎人国足」の周辺をさぐってみると、七世紀後半の国家的危機に際し、朝廷—王宮を防衛する役割を担う土地から、王宮を警護する人々＝舎人が出仕したという歴史が垣間見える。

やがて、唐に対する軍事的緊張も解け、仏の力で国を守る鎮護国家の時代となる。書写された場所は讃岐国と断定できないものの、前代から王権や宮都とつながりがあった場所、その地域出身の人物が抱いた先進的な文化への憧れの一つの形として、この写経事業は位置づけられようか。

（渋谷　啓一）

# 伝説と地方史研究

根拠がなく、推測や仮定に基づく意見は憶説として退けられてしかるべきであるが、それを伝承や伝説と混同して紹介することは間違った歴史を教えることになる。

崇徳上皇の暗殺説というものがある。保元の乱に敗れた崇徳上皇は配流となり八年後に讃岐で崩御するが、死の原因を暗殺とするものである。

まず、崇徳上皇と関連のある坂出市の松山地域の歴史を編んだ『綾・松山史』を見てみよう。暗殺説は『讃州府誌』という書物にあり、上皇の悲運の最後を綴った数少ない史伝とし、人間的な悲劇性から生まれた庶民伝承としている。

しかし、本当に庶民の間で伝え受け継がれてきた話なのであろうか。出典とする『讃州府誌』は、『讃州府志』（以下『府志』という）が正しいが、それを開けば暗殺説には原典があることがわかる。

『府志』は、大正四年（一九一五）に刊行された史書である。この書は江戸時代の『翁嫗夜話《おうのうやわ》』（以下『夜話』という）を基礎として諸書により補記したもので、暗殺については「本書原本ノ記スル所ニ依バ」と前書きがあるとおり『夜話』の内容をほぼそのまま踏襲したもので、伝承を採録したものではない。

『夜話』は延享二年（一七四五）にできた讃岐の地誌・史書である。原本と考えられている高松松平家伝来本（香川県立ミュージアム保管）によって該当箇所を読み下すと次のようになる。

　長寛二年八月二十六日帝二条院陰に讃之士人三木某者に勅して讃岐院を戕せしむ。三木氏驄馬に騎りて鼓岡を襲う。讃岐院急に之を避く。その路の傍に柳樹あり。大きさ合抱にしてその後ろは朽ちて孔をなし僅かに以って身を容れるべし。廼ちその中に匿れ気をふさぎ息もせず。三木氏これを索むに甚だ務め遂に執らえてこれを害す。

暗殺の様子が具体的に記述されているが、根拠は示されていない。また語り伝えられてきた事とも書かれていない。仮に口承なり史料が伝わっていたならば『夜話』以前の史書・地誌等で触れられておかしくないが、それも見当たらない。

『夜話』は、著者菊池武賢の父増田正宅の見聞録を武賢の兄である増田休意《きゅうい》が増補し、その記録を基に武賢がまとめ直したものである。休意が別にまとめた『三代物語』にもほぼ同じ文章が載せられている。また両書から約百年後の『全讃史』にも同じ内容が掲載され、内容に全くといっていいほど差がないのは、伝承としては不自然である。『夜話』や『三代物語』には、それ以前の讃岐の地誌・歴史書に見られない事項が、根拠なく史実かのように記述されていることが多々あることから、暗殺話も両書で形が整えられたのであろう。

右のとおり暗殺説は江戸時代中期の憶説とみなしてよいものである。これが大正時代に無批判に取り上げられ、現代まで生き残っているにすぎないが、最近坂出市発行の観光パンフレットには伝説、つまり人々から事実として信じられて語り継がれた話として紹介されている。これを取り上げた理由は悲劇性を増す内容であるとともに石碑の存在が大きいのであろう。

坂出市府中町のJR予讃線の線路脇に「柳田」と刻まれた石柱がある。現地に説明板がないため何の碑なのかはわからないが、パンフレットには写真入で上皇の暗殺場所と説明されている。

碑が置かれたのは大正一〇年で、背景としては、大正二年九月に崇徳上皇第七五〇年忌が催され、大正八年には史蹟名勝天然紀念物保存法の制定に伴い、本県で史蹟調査が行われ、崇徳上皇関連地が指定候補に上げられたことなどが指摘できる。

石碑設置の必要性については、高松高等女学校教官などを務めた赤松景福が大正五年につぎのように力説している（香川新報「鼓岡霊蹟顕彰誌」・「府中史蹟」）。讃岐の史跡を語るならばまず府中村の史跡を探討すべきである。将来学生が修学旅行でここを訪れるのは学問に大いに資するところがあるが、施設がなくては益がない。まずは石標・石碑などの置き、訪問者によくわかるように便利を図ることが差し当たりのことである、と。

「柳田」の石碑（坂出市府中町）

これらに加え『府志』の影響などから「柳田」碑は設置されたと思われる。一般的に石碑などは、それが設置されるとそれにまつわる話が視覚化され場所の固定化が進む。そしてそれが「遺跡」と混同されてしまう恐れがあるため、設置やその後の利用に際しては充分な配慮が必要である。

ところで、伝説・伝承や憶説を地方史研究ではどのように扱うべきなのであろうか。

『香川県史2　中世』では、崇徳上皇の讃岐配流についてはほとんど伝承あるいは伝説に類するものであって、正しい史実を確定するのは難しいとして、暗殺説はもとより多くを記述していない。

事実に即して歴史が叙述されると、史実が確定できない部分は「空白」となり、そこに憶説が生まれ、年月が経つと本例のように伝承や伝説として安易に処理されてしまう。特に地方史研究は、地理的範囲が限定されることから、史実による叙述のみだと空白が多くなる。地域の歴史は自治体史という形で社会に示されることが多いことから、その叙述・編纂においては伝承・伝説と呼ばれるものにも注意を払っておかなければならないだろう。

『府中村史』では暗殺については「推測想像した話で、根本史料に出ていない」とさらりと退け、柳田という地名については「崇徳天皇が身を隠し遊ばれた大きな柳があったというので柳田と称する」と記すに留めている。

地方史の叙述に当たっては、空白をそのままにしておくのではなく、諸説を検証し、その結果を記しておく姿勢も必要であろう。

（大山　真充）

## 仁尾における飢餓の身売り

　香川県西部の荘内半島の付け根に位置する三豊市仁尾町は、中世・近世期において讃岐国の拠点となる港町の一つであった。中世前期の仁尾には、中央の貴族や大寺院の私的な領有地である「荘園」として、摂関家の九条家領である詫間荘仁尾村と、石清水八幡宮領の草木荘が存在していた。さらに、白河上皇が京都賀茂社へ御《み》厨《くりや》として燧灘《ひうちなだ》沖の大蔦島《おおつたじま》・小蔦島あたりを寄進したことから、大蔦島に仁尾賀茂社が勧請され、仁尾の住人は供祭所《ぐさいしょ》として、京都賀茂社へ魚介類や海産物を納めていた。

　荘園内には、それを管理する地頭や武士階級の支配層、実際に田地を耕作し税を負担する農民（有力百姓である名主《みょうしゅ》、作人とよばれる下層農民、下人《げにん》・所従《しょじゅう》とよばれる隷属的な身分の者など）と、職人（手工業者）や商人などが存在し、地域社会を形成していた。

　現在も仁尾には、覚城院・常徳寺・賀茂神社といった中世にまでさかのぼる寺社が存在し、そこには数多くの中世文書が伝来している。覚城院文書二五点・常徳寺文書一一点・賀茂神社文書二二点が三豊市有形文化財に指定されており、これらから中世の仁尾の様子をうかがい知ることができる。永享二年（一四三〇）の『覚城院惣末寺古記』には、覚城院の末寺として二三か寺の名が記されており、仁尾にはそれ以上の寺院が建立していたことがわかる。これらの寺社を建築する番匠や仏師、鍛冶などの職人も仁尾やその近隣に居住し、さらに僧侶や神官、神社に雑役を奉仕する神人《じにん》なども存在していた。また、賀茂神社の文書には、嘉吉二年（一四四二）の仁尾浦に五〇〇～六〇〇の家数があったと記されている。

　さらに賀茂神社には、鎌倉時代末期の人身売買に関する文書が一点伝来している。元徳二年（一三三〇）三月に、草木荘に住む藤六と姫夜叉女の夫婦が、その子どもで八歳になる千松を、詫間荘仁尾村の平地大隅という人物へ五〇〇文で売り渡した際の証文である。前半部には人名や売買価格が記され、後半部には次のようにある。

> 右件童《くだんのわらわ》、餓身にハつふられ候ぬ、身命たすけかたく間、加様ニ沽渡《うりわたし》進候、身命たすからんかためにて候、（中略）かやうに餓身ヲ助からんかためにて候上、此童も助かり、わか身ともに助かり候

そこには子どもを売り渡す理由として、「子どもが飢餓にて絶えてしまいそうであり、その命を助けられないので売り渡す、命を助けるためである」と記されている。さらに「飢餓から助かるための売り渡しであり、子どもも助かり、我が身もともに助かる」としている。

　中世においては、全国的な大飢饉が数十年毎に発生している。また、旱魃《かんばつ》や長雨による冷夏、台風・地震などの災害、農作物の疫病などによって、慢性的に各地で飢饉に見舞われていたようである。農作物の不作により、農民が飢えに苦しむ状況であっても、支配者である地頭は厳しい年貢の取立てを行っていた。このような飢餓に苦しむなか、子どもを身売りすることによって、その子どもは買主である富裕層の主人のもとで生活が保障される。そして子どもを売り渡した夫婦も銭が入ることから、一家で餓死せずに済むのである。

　子どもを売り渡した藤六と姫夜叉女の夫婦は、下層農民と思われる。異常気象による不作や疫病、労働者不足などの理由で田畑からの収穫が激減し、年貢を納められなかったのであろう。一方の子どもを買い取った平地大隅は、賀茂神社に伝わる元亨四年（一三二四）の文書にもその名が見え、そこから田地を所有してい

中世の古文書22点が伝来する仁尾賀茂神社（三豊市仁尾町）

た地域の有力者の一人とわかる。富裕層であった大隈は、子どもに住まいと食事を保障する代わりに、自らの下人として労働を課した。わずか八歳の子どもの労働力の乏しさと、飢饉という逼迫した状況から、五〇〇文という安値での売買となったのであろう。

当初幕府や朝廷は、人身売買を法律で禁止していた。しかし、寛喜三年（一二三一）の大飢饉の際には餓死者が続出し、飢えから逃れるために人身売買が横行したため、幕府は延応元年（一二三九）の追加法で、飢饉の際にはこれを認めるとした。この人身売買の証文中の「身命たすけかたく」「身命たすからんかため」「餓身ヲ助からんかため」「童も助かり、わか身ともに助かり」と、何度も助かるためであると繰り返す記述からは、その困窮の大きさや子どもを売る親の心情を感じ取ることができる。また一方で、この人身売買が飢饉という非常事態によるもので、幕府に公認された正当な行為であり、罰せられるべきものではないとする主張も見て取れる。

多くの寺社が建ち並び、港町として活発な経済活動を繰り広げていた仁尾において、飢餓から助かるために子どもを奴隷として売る貧困層と、それを買う富裕層がともに存在していたのである。

（芳地　智子）

## 南北朝の争乱と細川氏

元弘三年（一三三三）に鎌倉幕府が滅亡し、後醍醐天皇による親政「建武の新政」が開始された。しかし、性急な政治運営は混乱を招き、新政権の行く末は決して順風満帆とは言えなかった。また鎌倉幕府滅亡後も、各地で北条家残党による反乱が相次ぐ。建武二年（一三三五）には、北条高時の遺児時行が挙兵する「中先代の乱」が起こった。足利尊氏の活躍もあって反乱は鎮圧されるが、この過程で、後醍醐天皇と尊氏の不仲は決定的になった。翌三年（延元元年／一三三六）、尊氏は持明院統の光厳上皇を奉じて上洛する。後醍醐天皇の建武政権は二年半あまりで崩壊した。

そして同年、新たに光厳上皇の弟光明天皇が即位し、「北朝」が成立する。これに対抗する後醍醐天皇は、大和国吉野において大覚寺統の「南朝」を成立させた。これより、明徳三年（元中九年／一三九二）の南北朝合一までの約六〇年にわたり、両朝の抗争が続くことになる。

建武三年一一月、晴れて征夷大将軍に任ぜられた足利尊氏は、細川顕氏《あきうじ》を讃岐守護職に補任した。細川氏と四国との緊密な関係は、足利政権下の建武年間より始まる。顕氏は土佐守護職を兼任し、後に阿波・伊予守護職に補任される細川頼春と共に、細川氏一門を牽引した。

南北朝期における細川氏の活躍は、軍記物語『太平記』にも詳述されている。細川氏は四国内に勢力基盤を築いて行く一方、たびたび南朝方と合戦に及んでいる。康永元年（興国三年／一三四二）に、頼春は伊予国川之江城（愛媛県四国中央市）の南朝勢力を攻め、これに讃岐の国人である詫間氏・香西氏等が従ったとある。また忽那《くつな》家文書によると、貞和四年（正平三年／一三四八）四月、伊予南朝方の忽那氏によって塩飽島の城郭が攻め落とされている。これ以後も、伊予南朝方との争いは頻発した。

同年に顕氏が病死し、顕氏の息繁氏《しげうじ》が讃岐守護職を継承する。だが繁氏は、兵糧確保のために崇徳院陵を横領したことで、呪詛を受けて急死したと『太平記』に記されている。この後、康安二年（正平一七年／一三六二）の白峰合戦で戦功を上げた頼春の息頼之《よりゆき》が台頭する。頼之は香川氏・香西氏・詫間氏らの国人衆を統率下に置き、白峰山嶺（坂出市林田町一帯）で南朝方の細川清氏と対峙した。頼之率いる北朝方の勝利により、讃岐の南朝勢力は一掃され、讃岐守護に補任された頼之は宇多津に新たな守護所を構えた。

頼之は貞治六年（正平二二年／一三六七）に室町幕府の管領職に就任し、讃岐・阿波・伊予・土佐守護職を兼任したことから「四国管領」と称されたという。頼之が在京し、幕政の中枢に在るようになると、弟の頼有《よりあり》が守護代として領国経営を任された。とりわけ讃岐国においては、頼有が国人衆の被官化に尽力していた様子が細川家文書からもうかがえる。

一方、天授元年（永和元年／一三七五）に南朝方の忽那又三郎（重氏か）に対し、兵糧確保のため讃岐国生野《いかの》領家職・郡家内公文職が安堵されている点に注目されたい。かつて、生野郷（善通寺市善通寺町伏見・有岡、同市生野町一帯）は善通寺領ならびに大覚寺統の院御領であった。この時期、細川氏と対立する伊予南朝方の河野通《みち》尭《あき》（讃岐守通直《みちなお》）が、西讃地域に勢力を伸ばしつつあり、忽那氏の生野郷知行は、通尭の動向と無関係ではなかろう。南北朝期の讃岐国は、絶えず両朝方の勢力が混在する状況下に置かれていた。

康暦元年（天授五年／一三七九）閏四月、頼之は突如管領職を罷免された。いわゆる康暦《こうりゃく》の政変である。細川氏の領地侵攻に悩まされていた通尭は、頼之の失脚を契機に北朝方へ寝返り、替わって伊予守護職に補任された。そして同年九月、通堯は幕府より頼之追討を命ぜられる。四国へ下国していた頼之は、弟の頼有と共に伊予国周布郡佐志久原（愛媛県西条市）において通堯を迎え討った。その結果、通堯は討死にし、頼之の追討は中止される。後に頼之は赦免され、幕政に復帰した。

対立関係にあった細川氏と河野氏は、永徳元年（弘和元年／一三八一）将軍足利義満の仲介により和睦を結び、通堯の子通義が伊予守護職に補任された。これ以後、伊予守護職は、室町期・戦国期を通してほぼ河野氏の世襲となる。だが四国掌握を狙う細川氏は、たびたび河野氏の家督相続に干渉し、河野氏の内訌問題を生み出す一因となった。

明徳二年（元中八年／一三九一）には、頼之・頼有の弟頼元《よりもと》が管領職に就任する。頼元の系統は、「三管領」の一氏として幕府の管領職を務める家柄となり、細川「京兆家《けいちょうけ》」と称された。讃岐守護職は京兆家当主に世襲され、翌三年の南北朝の合一後も、讃岐国は細川氏一門と深い関わりを持ち続けていく。

（小林　可奈）

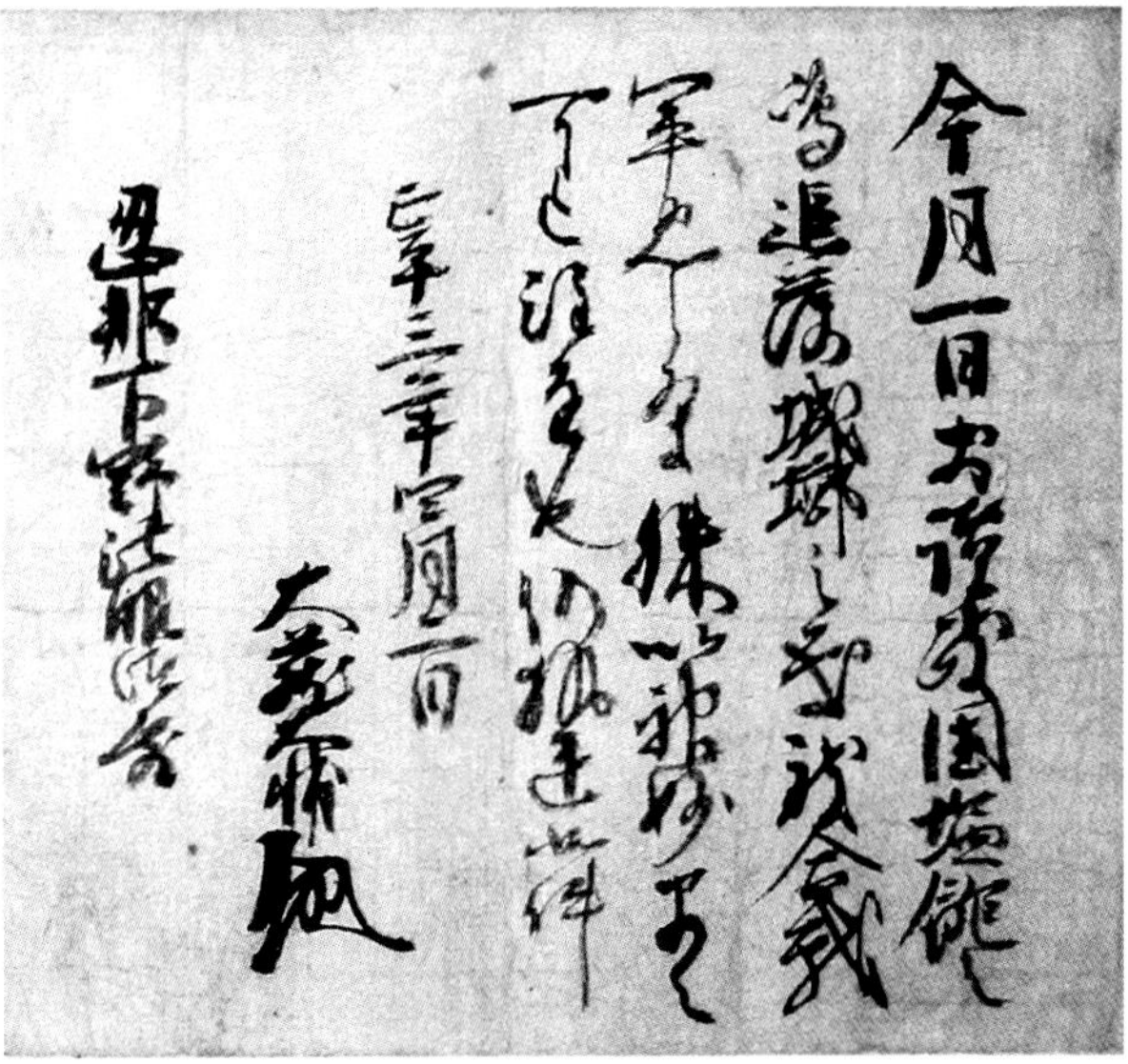

忽那義範が塩飽島の城郭を攻め落とした戦功に対する感状
（忽那家文書／個人蔵）

忽那又三郎を讃岐国生野領家職・郡家内公文職に任じた宛行状
（忽那家文書／個人蔵）

## 讃岐秋山氏の西遷と由緒

讃岐秋山氏は、三野郡高瀬郷（三豊市高瀬町・三野町付近）を本拠地とした一族である。同氏は「甲斐源氏」の鎌倉幕府御家人で、幕府の命により、弘安年中（一二七八～八八）に秋山光季《みつすえ》（阿願入道）が一族を伴い来讃した。

同氏一族の活動の軌跡は、秋山家文書や本門寺文書などの伝来により、断片的ではあるが今日にまで知ることができる。とりわけ秋山家文書は、総数九九通、一二四点に及び、鎌倉期から江戸期に至る文書から構成される。その中には、秋山氏自らの手による系図も残されており、同氏一族の由緒を明示しようとする意志が窺える。

寛永五年（一六二八）に秋山一忠が作成した系図によれば、秋山氏の祖は、新羅三郎義光に始まる「本国甲斐国青嶋之者」と記される。清和源氏流の「甲斐源氏」は、平安時代後期に源義光の息義清が常陸国から甲斐国八代《やつしろ》郡市川荘（山梨県西八代郡市川三郷町一帯か）へ入部し、甲府盆地一帯に勢力を拡大した。秋山姓は、義清の孫光朝《みつとも》が同国巨摩《こま》郡秋山（同県南アルプス市秋山）を拝領し、同地に拠点を構えたことから生まれたと考えられる。

平安時代末期、源頼朝が平家打倒を掲げ挙兵し、治承・寿永の乱が起こるが、惣領武田信義が率いる「甲斐源氏」一族は、その大半が勝者の源氏方に付いて戦った。秋山氏も源氏方として参戦するが、光朝の室が平重盛の娘であったことから、頼朝に冷遇され、秋山氏は一時的に没落した。しかし、光朝は承久三年（一二二一）武田信光に従い、鎌倉幕府方として後鳥羽上皇方と弓矢を交える。いわゆる承久の乱である。この戦功によって、秋山氏は武家としての名誉を回復した。

その後、光朝の嫡男光季は、子息泰長（源誓）・孫泰忠（日高《にっこう》）と共に讃岐へ西遷した。蒙古襲来に備え、幕府の命で安芸国へ西遷した武田氏と同様の処遇であったと推定される。讃岐来住後は、元徳三年（一三三一）秋山源誓から泰忠へ高瀬郷地頭職が相伝された。

南北朝の争乱期には、北朝方として活動する秋山氏の姿が史料上に見出せる。秋山家文書によれば、泰忠は建武三年（延元元年／一三三六）二月、足利尊氏より勲功の賞として高瀬郷領家職を宛がわれている。尊氏が後醍醐天皇方との戦に敗れ、京都から九州へ敗走後、再上洛する過程で発給されたものである。

翌四年に、泰忠は讃岐守護細川顕氏《あきうじ》から軍勢催促を受けたが、この年、三野郡財田（三豊市財田町）周辺地域では、南朝勢力による大規模な反乱が起きていたと考えられる。

そして観応二年（正平六年／一三五一）には、細川頼春から泰忠へ高瀬郷領家職が兵糧料所として預け置かれた。観応の擾乱《じょうらん》に伴う恩賞であろうか。秋山氏は総領泰忠が中心となり、讃岐守護細川氏の許で一定の武功を上げていったと推測される。

戦国時代を迎えると、秋山氏は西讃岐守護代の香川氏の支配下で活動するようになる。香川氏は西讃地域一帯を領有していたが、守護細川氏の影響力が弱まるにつれて、香川氏自らが在地支配を行うようになったのであろう。秋山氏は、鎌倉・南北朝時代までは地頭御家人として高瀬郷周辺に所領を形成していったが、細川氏が讃岐へ進出すると、高瀬郷の一部は細川氏御料所になるなど、所領維持に苦慮している。香川氏への帰順は、細川氏の支配から脱却して所領回復を図るとともに、秋山氏一族の命脈を保つ意図があったと考えられる。

このように西遷地の讃岐国で地歩を固める中で、秋山氏は自らの由緒とどの様に相対したのであろうか。同氏が本貫地とする「甲斐国青嶋」は、現在には地名が残されておらず、正確な場所は特定さ

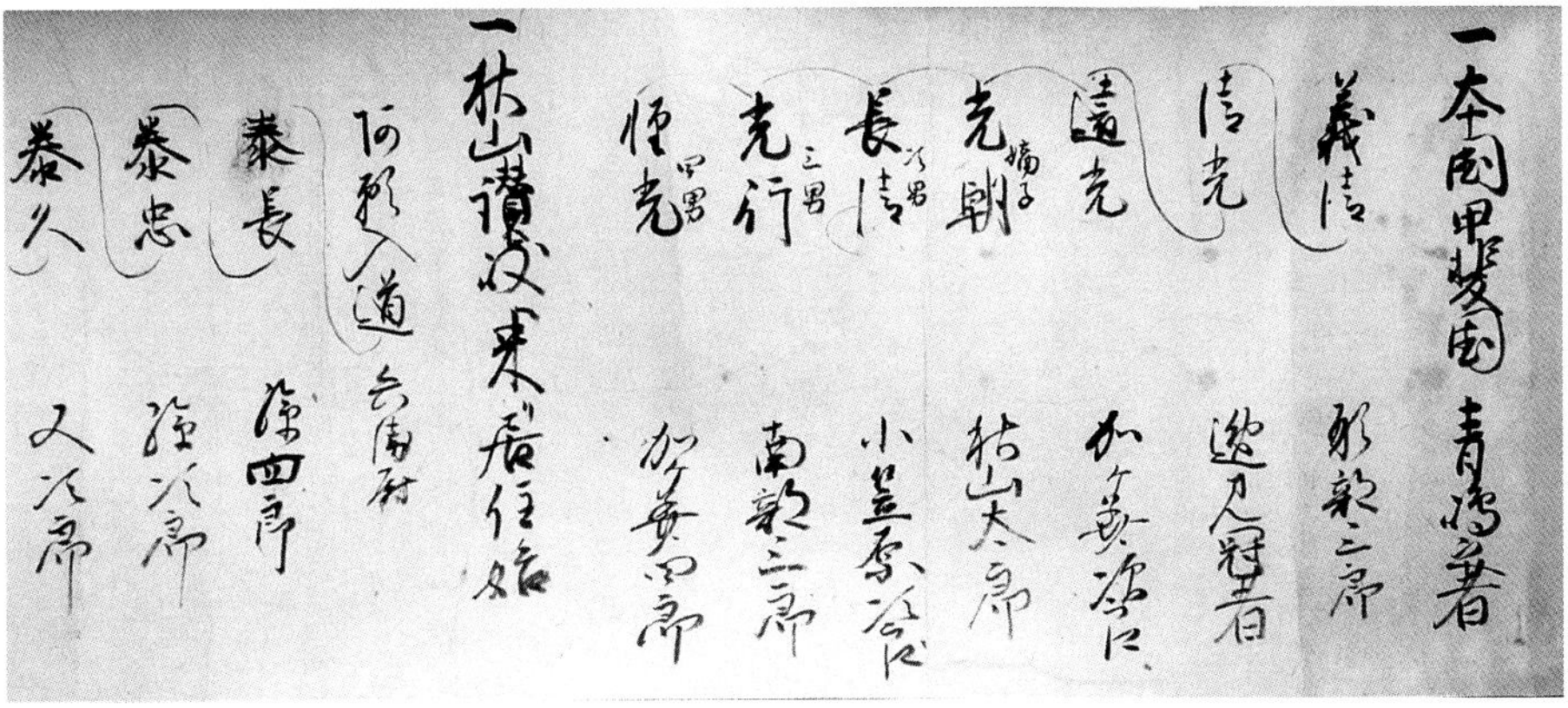

（巻頭）

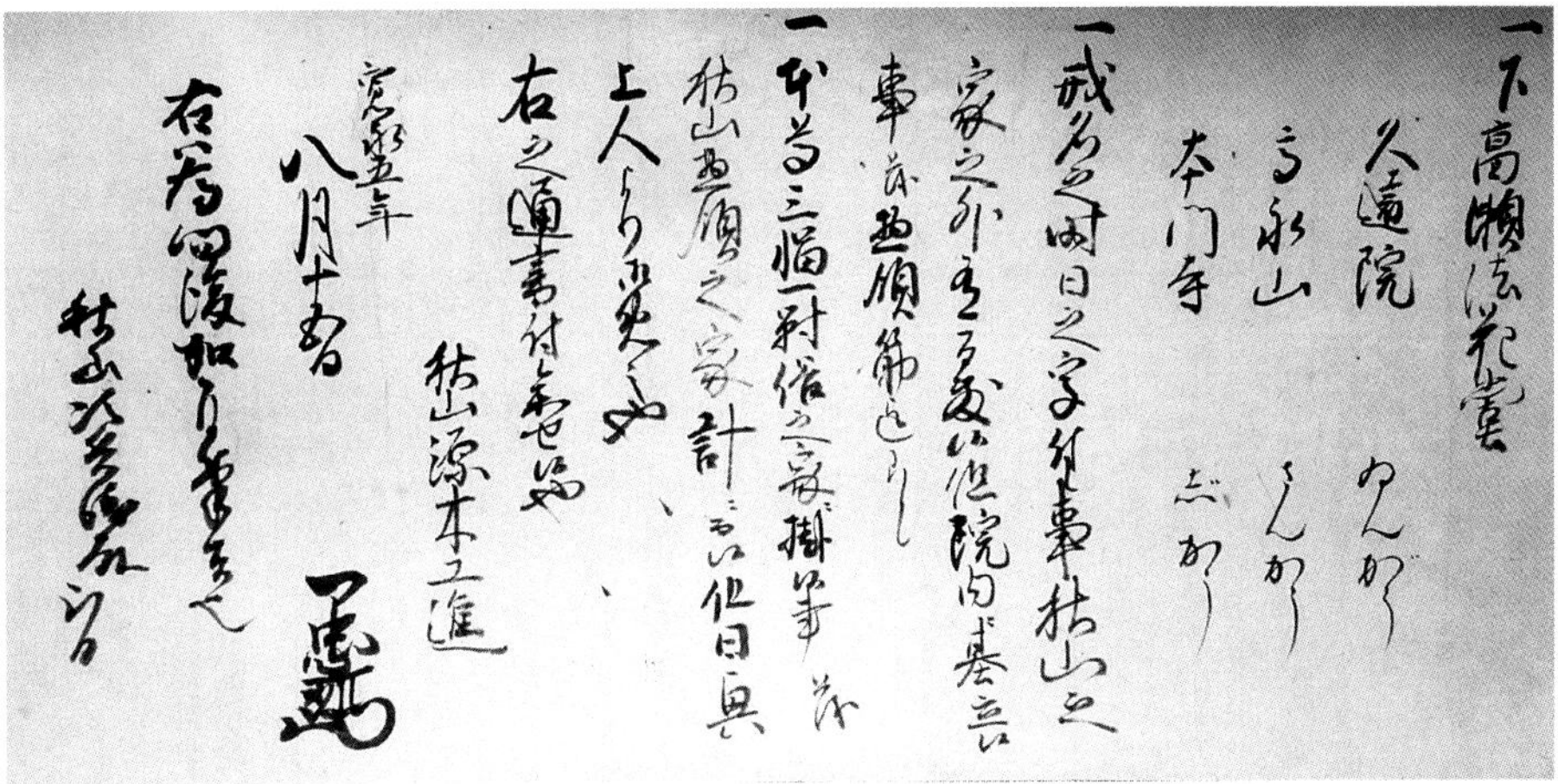

（巻末）

秋山一忠自筆系図（秋山家文書／個人蔵）

れていない。

少し時代は下るが、江戸時代に八代郡高田村（山梨県西八代郡市川三郷町）に「青島新田」という地名が存在したと『甲斐国誌』は記している。加えて、大聖寺文書は義清の入部先を「青島荘」としていることからも、「市川荘」と「青嶋」が同一である可能性は否定できない。

秋山家文書に明らかなように、讃岐秋山氏は「甲斐源氏」としての由緒を誇り、自ら系図に「本国甲斐国青嶋之者」と明記した。同氏が西遷した鎌倉期の「甲斐源氏」は、惣領武田氏を中心とする、とりわけ血族意識を強く持つ一族であった点に起因するのではなかろうか。讃岐秋山氏が自らの由緒を語る上で、「甲斐源氏」の血脈を継承する者だと明示する行為は、甲斐を離れた後も、非常に重要な意味を持っていたのであろう。

（小林　可奈）

# 讃岐戦国史における『南海通記』の検証

讃岐戦国史を語る場合、多くの人が『南海通記』に依拠している。『南海通記』は、香西成資が享保四年（一七一九）に編纂したもので、二一巻からなり、讃岐の古代から近世初頭にかけての諸家の興亡と戦いの歴史を中心に記述したものである。寛文三年（一六六三）に稿し、『南海治乱記』として刊行したが、増補加筆して最終的定本としたのが『南海通記』である。成資が古老からの聞き取りを集大成し、自らの意見を加えて著した。内容には重複した部分や人名・地名などに誤った記述が随所に見られるが、讃岐の戦国期の状況を記した諸書が他にないため、唯一の史料として活用されてきた。

　内容の精査をしないまま使用されたため、誤った史実が語られる場合がある。それゆえ他史料と比較しながら、綿密な検証を加えながら使用しなければならない。『香川県史』の刊行後、新たな史料が発掘されてきた。だがその史料が十分に活用されていない面が多分にある。

　二〇一二年八月、四国中世史研究会創立三〇周年記念として「四国をめぐる戦国期の諸相」と題したシンポジウムが香川県立ミュージアムを会場として開催された。その時「戦国の活力—東瀬戸内地域の視点から—」の演題で戦国史研究会代表が基調講演を行った。その講演での史料には『南海通記』は一切使用されていなかった。『南海通記』以外の史料から讃岐を見るという視点の違いをまざまざと見せつけられた。いつまでも『南海通記』に依拠するのではなく、脱却しなければならないことの重要性を痛感した。利用できる部分と訂正しなければならない部分の精査が必要となる。

　ここで『南海通記』の記述で誤った箇所を二、三例にあげ、訂正を図ってみたい。まず阿波三好氏の讃岐攻めに関して取り上げる。東讃を支配下においた三好実休は西讃の香川氏攻めを行う。その年代は永禄元年（一五五八）と記されている。写真に示した文書に「阿州衆乱入に付」と記載されており、三好氏と香川氏の攻防を示したものであることがわかる。この文書をもって『南海通記』の記事を裏付けるものとして扱われ、この文書を永禄元年に比定してきた。だが、香川之景《ゆきかげ》の元年と三年の花押を比較し、他の史料を検証した結果、永禄三年に比定できることがわかった。つまり『南海通記』で元年とされていたものが、三年であったことを示すものである。わずか二年の違いだといって済まされるものではない。このことは、之景の天霧籠城にも大きく関わってくる。

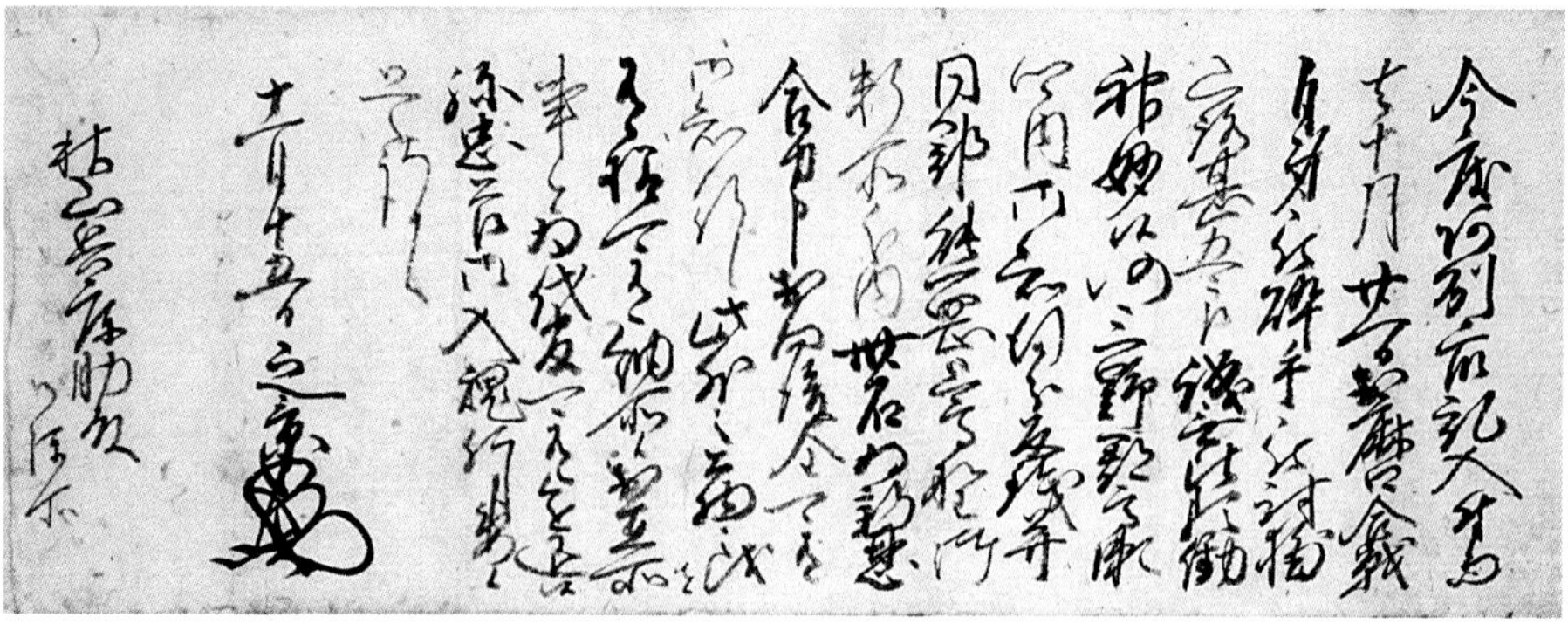

三好氏の讃岐攻めの状況を示す香川之景書状（秋山家文書／個人蔵）

『南海通記』には之景の名は見られず、香川元景《もとかげ》と称している。元景は之景の誤記である。そして天正四年（一五七六）に信長に臣従して信長の一字を拝領して信景《のぶかげ》と名乗ったと記している。これより先三年の記事に「香川兵部太夫信景」の記載がある。四年に改名したはずの信景の名が三年の段階に記されるように、整合性のない記述が随所に見られる。

また之景＝信景とするが、永禄八年以降史料上に之景の名は見えず、信景の発給文書の初見は天正五年を待たなければならない。永禄六年の天霧籠城以後、之景は讃岐から逃れたとの伝承がある。永禄年間の之景書状に五郎次郎と連署のものが何通か存在する。五郎次郎は代々香川氏の嫡子が名乗った名称である。逃亡後再度讃岐に帰国した後、五郎次郎が信景と名乗ったと考えるべきである。之景＝信景ではないことが明らかであろう。

元吉城跡（如意山）遠望
（善通寺市櫛梨町・仲多度郡琴平町）

信景が帰国後、大きな戦いが起こる。天正五年閏七月、毛利勢が讃岐へ進出してくる。そして三好勢及び三好氏の配下にあった讃岐惣国衆と戦う。これを元吉《もとよし》合戦と呼んでいるが、『南海通記』にはこの戦いが記述されていない。「三好存保《まさやす》攻北条香川民部少輔記」として、元亀年中（一五七〇～七三）に三好存保に率いられた讃岐諸将に香川民部少輔の居城西庄城が攻撃されたことを記している。そして香川民部は三原へ渡り、小早川隆景に帰国援助を求めた。そこで毛利氏の許にいた足利義昭は隆景に香川氏の帰国援助を命じ、小早川勢が讃岐へ攻め入り、西庄城へ押し寄せた。城番衆は城を明け渡し兵を引いたため、香川氏が入城して本領を還付された、と記す。元亀二年に足利義昭が毛利氏に讃岐出兵を要請した事実はあるが、その時に毛利氏は動かなかった。それが天正五年に讃岐へ侵入するのである。『南海通記』は二つの出来事を混在して記述しているのである。元吉合戦に係る讃岐での史料は無く、毛利方の史料から見るしか手立てはない。そのため十分検証しないまま書き記したのであろう。ここで見る地名もまちがっており、また元吉城の位置も明らかでない。毛利方の史料を検証すると、元吉城は善通寺市と琴平町にまたがる如意山（櫛梨《くしなし》山）に比定することができる。

以上のことから、『南海通記』は史料的に信憑性に乏しい面が多分にあることが理解できたであろう。ただ、東讃のことについては比較的詳細に記され、西讃のことは概略的な部分が多く、不正確な個所が見られる。これは、香西氏は東讃に居していたため、東讃の国人たちとの関係が親密で動向も的確に掌握できていたからであろう。今後は綿密な考証を加えながらの使用が求められる。

（橋詰　茂）

## 「四国渡海」と讃岐の土豪横井氏
### —天正一三年羽柴秀吉発給の新史料について—

本書は、（天正一三年）五月四日付け丹後守宛て羽柴秀吉書状案であり、讃岐国那珂郡今津村横井家文書中にあって、江戸時代後半期に同村庄屋を勤めた横井家の蔵に収められていたものである。

香川県立文書館で整理作業を終え、現在同館へ寄託手続きをするため目録作成中であるが、所蔵者の許諾を得て公開することになった。同家の先祖は代々香川郡東横井村（高松市香南町）に住し、讃岐守護細川氏の重臣であった尾池氏に属して戦国時代において土豪クラスの武士として長宗我部氏と戦っている。そのときの当主が横井丹後守元正で、本書の宛所の人物に比定している。すべての文書整理を終えた現段階で、残念ながら未だ原本は発見されていない。しかし、江戸時代末期頃までは、この原本が存在したことが同家の家記・系図類によってうかがい知ることが出来る。そして、案文である本書の外に、家記中にも同文の写があった。

さて、天正六年（一五七八）から讃岐侵攻を開始し四国制覇をめざす長宗我部元親は、同一二年六月、十河存保《そごうまさやす》の籠もる十河城を攻め落とした。城主存保は、かろうじて脱出したと香宗我部家伝証文所収文書に記され、この合戦以後の讃岐は、すべての勢力が土佐軍の下に制圧されてしまったとされている。そして、翌一三年春までに伊予を攻めた長宗我部勢は、河野氏をも破ってほぼ四国も掌中に入れたとされている。

はたして、土佐側史料の記述の通り讃岐も伊予も長宗我部氏によって完全に討ち滅ぼされ静謐《せいひつ》の状態であったのであろうか。伊予では、河野氏サイドの史料研究から道後地域を中心に中予地方における未制覇の事実が報告されている。そこで、讃岐における天正一三年の状況を本書を加味して再検討してみたい。

織田信長の後継者となった羽柴秀吉は、同一三年春から本格的な四国攻略に取り掛かり、小早川家文書によれば、同年四月一四日、秀吉は小早川隆景に近く自らの四国出馬を報じるなど万全の準備をさせている。そして、いよいよ五月四日付けで、来月三日を期して四国へ渡海するため黒田孝高《よしたか》をして淡路に渡航を、側近の一柳《ひとつやなぎ》（市介）末安には播磨国明石に出陣をするよう命じた。

そのときの市介宛て羽柴秀吉朱印状が伊予小松一柳文書に伝存しており、

「急度《きつと》申遣候、仍《よつて》長曽我部為成敗《せいばい》来月三日至四国出馬渡海候、就者《ついては》其方人数半分召連、至明石可着陣候、則船等申付候、不可有由断候也、」

とある。

本書も同日付けの秀吉書状である。こちらは、秀吉朱印でなく花押であるが、本文内容は一柳文書の如く「来月三日」の四国渡海による作戦開始と丹後守に具体的な作戦行動を指示したものになっている。すなわち、この頃までには小豆島方面に滞陣していたと見られる仙石権兵衛の四国渡海に合わせて、横井丹後守に対して仙石勢の案内役を命じている。

おそらく、長宗我部軍の下で雌伏《しふく》ないし抗戦していた横井氏など反長宗我部勢力の情報を、十河城落城以前から十河存保などを介して秀吉方は掴んでおり、すでに何度か情報交換もあって予め横井氏等に内応工作が整っていたものであろう。いよいよ時機到来し、横井氏はこの書状を受け取ると同時に仙石氏の讃岐上陸に便宜の地で待ち備えるための行動を開始したものと思われるが、仙石勢渡海の地は、引田方面ではなく屋島であった。

一方これらの動きに対して長宗我部元親は、松家龍市氏所蔵文書

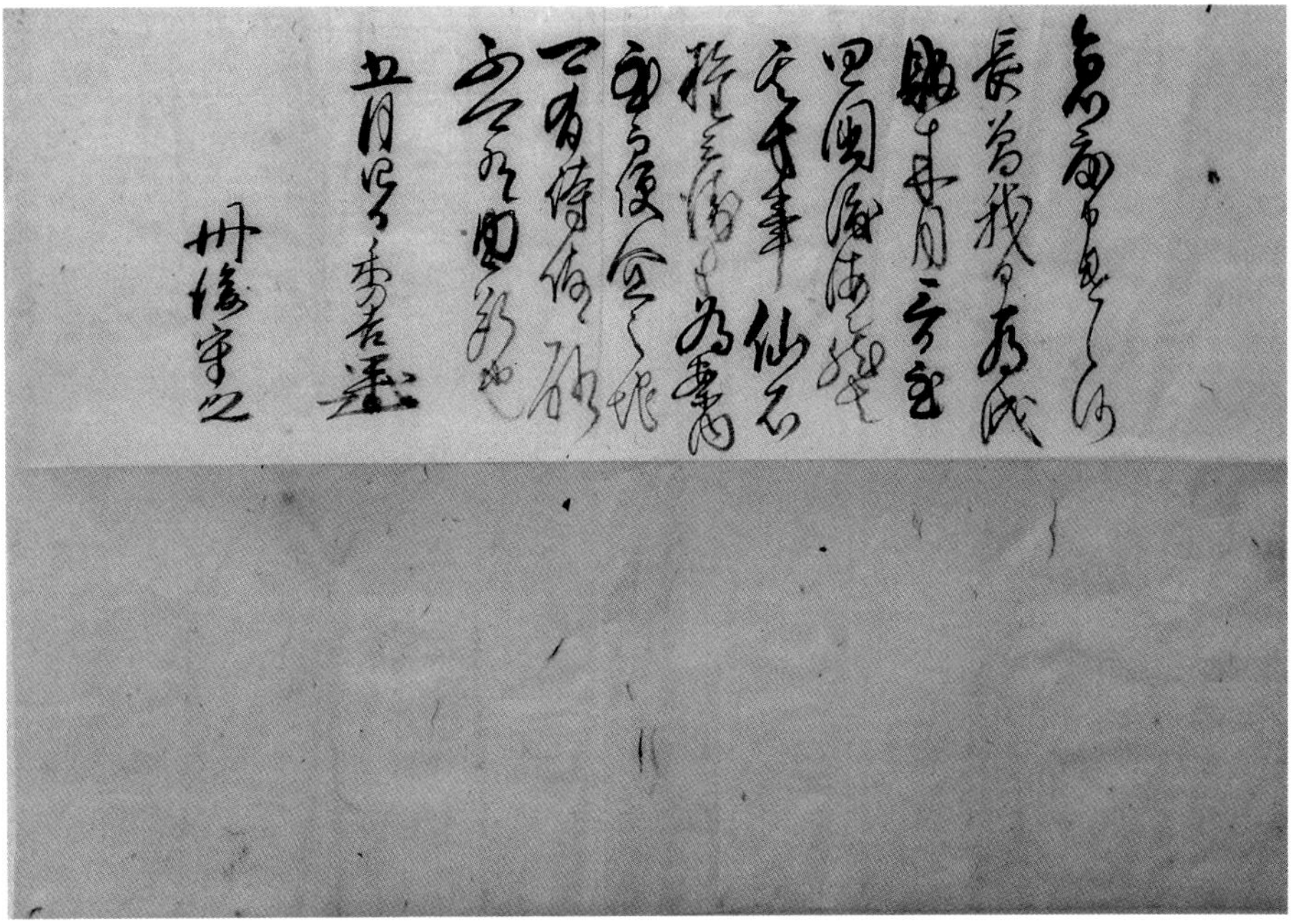

天正13年5月4日付け羽柴秀吉書状案（横井家文書／横井昭氏蔵）

によれば阿波岩倉に着陣している。ただ、長宗我部氏にとっては、秀吉軍が伊予と阿波及び讃岐の三方面から、しかも同時に攻め掛かってくるとの情報を掴んでおり、相当に緊張した局面を迎えていたものと思われる。

ところが、五月二〇日になって四国攻略の期日が、突然翌月一六日に延期されることになった。この理由は、結果的にどうやら秀吉のちょっとした病が原因であった。それに加えて、開戦後の七月三日に秀吉自ら四国出陣の予定であったのを朝廷・公家等から親征中止の要請があったことなどに拠るものであった。

やがて、秀吉は、決行直前の六月一四日には病が癒えて大坂に帰城し、ついに一六日、四国征討軍の総大将である弟秀長に総軍発進を命じた。事実、諸史料からは、阿波・讃岐・伊予の三方面からの四国総攻撃はいずれも六月一六日に開始されている。おして、あっけなくも八月六日の和議成立で四国攻めは終了する。横井丹後守の長宗我部氏に対する抗戦も勝利の旗が揚がり、雌伏の時を終える。

右のように斯くも短期間で長宗我部征討作戦が終了したのは、伊予における状況と同様に讃岐でも未制覇の状況があったためとみられる。確かに、西讃地方では、天正九年以降一三年に至るまで長宗我部氏による坪付《つぼつけ》が行われ、新たに土地給付された土佐方武将等による所領経営がなされたことは事実として認められる。しかし、東讃地方では、はたして坪付けに至るまでの状況になっていたのかはなはだ疑問に思われる。やはり、伊予の状況と共通する情勢であったとみるのが至当ではなかろうか。

（唐木　裕志）

## 土佐へ移った香川氏のその後

天正一三年（一五八五）六月、羽柴秀吉は長宗我部元親を討つため大軍を四国へと出陣させた。淡路から阿波へ、播磨から讃岐へ、中国筋から伊予へ三方面から大軍が攻め入った。伊予では小早川隆景が新居《にい》郡へ軍を進め金子氏と戦いそれを打ち破る。讃岐攻めは容易でなかったため、阿波へ入り羽柴秀長軍と合流して木津城を陥落させる。元親は秀吉軍の猛攻に耐えきれず、八月に和議を締結させ、三男親忠を人質として差し出し土佐へと退いた。この秀吉の四国攻めでは東讃以外では殆ど戦いが行われないままであった。西讃の天霧城に居していた香川信景《のぶかげ》は、元親の土佐引き上げにともない、五郎次郎親和《ちかかず》とともに土佐へと同道した。なぜ信景は元親に同道して土佐へと移ったのか。それは次のような経緯があった。

これより先、天正六年夏、元親は讃岐へと侵入してきた。これに対して聖通寺《しょうつうじ》城主奈良太郎左衛門を始めとする讃岐勢は藤目・本篠《もとしの》城をめぐる攻防を繰り返す。だが信景は援軍を派遣しなかった。そのため信景は元親に降ったと伝えられている。両者は和議により、元親は次男親和を信景に婿入りさせ、香川氏の跡継ぎとした。これは降伏というより姻戚関係を結ぶ同盟関係といえる。天正五年の元《もと》吉《よし》合戦以後、香川氏は勢力を回復する。再び西讃へ勢力伸長を図る三好氏に対抗するため、敵対している元親と結ぶのである。元親にとっても信景の協力が必要であり、利害が一致した。香川氏の所領は以前のまま安堵され、親和は香川氏の嫡子が名乗る五郎次郎と称した。以後、信景は親和の後見役として、西衆と称される西讃・東予の軍勢の統率者となる。

一方、三好氏は失地回復を織田信長に求めたため、それまで友好であった元親と信長の関係が破綻、元親は信長に対抗するため毛利氏と結ぼうとした。その仲介を果たすのが信景である。瀬戸内海を媒介として四国と中国を結ぶ南北ラインだが、これは信長の瀬戸内海西部進出防御ラインであった。この結果伊予進出が容易になるが、本能寺の変により事態は急変する。信長の後継者となった羽柴秀吉に、十河存保《そごうまさやす》は援軍を要請、援軍として派遣された仙石秀久を元親が引田で撃破するにより、両者は対立するに至った。元親は天正一二年六月、十河存保の籠もる十河城を陥落させ、讃岐をほぼ掌中におさめた。

さて、秀吉の四国攻めにかえってみよう。香川氏の土佐移住にともない、多くの家臣も同道したため、讃岐で長く続いた名族のいくつかは没落していく。土佐へ移った信景・親和父子のその後はどうなったのか。従来は香川氏の滅亡で全て終止符が打たれ、詳細は触れないままであった。近年、その後の動向を示す史料の発掘が進められ、ある程度のことが明らかになってきた。それは長宗我部氏の土地台帳である『長宗我部地検帳』の内容を検証した結果である。

『元親記』に「親父香川殿も、五郎次郎も供に浪人して当国へ越され、東小野と云う所に屋形を立て居給ふなり」と記されている。岡豊《おこう》城の西北に位置する東小野という所で屋敷をあてがわれ居住したのである。また『地検帳』に「東小野御土居」と見るが、これが五郎次郎の屋敷地である。『地検帳』から興味ある記事をいくつも見る。例えば天正一八年の「土佐国幡多郡山田郷地検帳」に一九か所にわたり「香川殿様分」「香五様分」「香五良様分」などと注記されている土地がある。「香川殿様分」は香川信景を、「香五様分」「香五良様分」は香川五郎次郎、すなわち親和を指す。香川氏父子は土佐へ移住したあと、元親から知行地を給付されていたことが明らかである。ここに記された土地は、いずれも山田郷を南北に流れる山田川の両岸域に位置している。またこれ以外にも土佐中村と宿毛《すくも》を結ぶ街道沿いにも何か所かある。

　さて、土佐へ移住したのは香川氏父子だけでなく、家臣も多く同道した。それらの家臣の給付地は五郎次郎の所領に近い地域に点在している。また讃岐だけでなく、伊予からも多くの者が土佐へやってきた。そこで注目するのは金子氏である。天正の陣で討ち死にした金子元宅《もといえ》の長男に所領が与えられている。元親が元宅に息子の保護を約束したが、まさにここで守ったことを示すものである。

　その後の信景の動向は不明である。親和は秀吉の元で人質生活を過ごし、元親の長男信親が死去したあと家督相続を考えていたが、四男盛親が後継者となる。他家を継いだ者が長宗我部家を継ぐことは許されなかった。親和は失意のもと労咳で病死したと伝える。

　ここで注目しなければならないのは、讃岐各地で元親に多くの寺社が焼き打ちされたという伝承をよく聞く。「元親悪者」とのイメージが強い。だが、戦いで敗れ逃げ落ちた者たちを温かく迎え入れた元親の人間性をここで見ることができた。史実を明らかにすることにより、「元親悪者」のイメージを払拭することも大切ではなかろうか。

（橋詰　茂）

香川信景伝居館地跡（高知県南国市）

伝香川親和の墓（高知県南国市）

## 讃岐中世石造物文化の系譜

讃岐の中世石造物の大多数は凝灰岩《ぎょうかいがん》が用いられている。そして、さぬき市火山《ひやま》の凝灰岩を使用した火山石製と、多度津町・善通寺市・三豊市に跨る天霧山《あまぎり》・弥谷山《いやだに》の凝灰岩を使用した天霧石製が讃岐を東西に二分して分布している。両者は石造物の形や盛行した種類が異なるが、それは石造物文化定着に至る系譜の違いに起因する。

火山石製は単制石幢《たんせいせきどう》・宝塔を盛んに生産する。単制石幢は八角・六角の塔身に基礎・笠部・宝珠が組み合った形態で、一二世紀に盛行した銅製経筒に系譜が求められる。宝塔は木彫毘沙門天が手にしたものが知られているが、火山石製に見る宝塔形態は一二世紀の経塚出土の土製・銅製塔に系譜が求められる。火山石製の単制石幢・宝塔はともに一二世紀の経塚関連遺物に系譜が求められるのである。石造物において単制石幢・宝塔の盛行は全国的にも珍しい現象であり、こうした展開に至った背景として火山石製石造物文化成立の早さが指摘できる。全国各地でよく目にする石造物は五輪塔・宝篋印《ほうきょういん》塔《とう》であり、五輪塔は一二世紀後半、宝篋印塔は一三世紀中頃に初期資料が見られる。一方、単制石幢・宝塔は一一世紀後半〜一二世紀前半には既に土製・銅製として初期資料が認められ、火山石製はいち早くこれらを石造化したと考えられる。火山石製は五輪塔・宝篋印塔も数多く造塔しているが、これらも出現期段階の古塔の形態をしている。火山石製石造物は中世を通じて古形態の伝統を固守しており、時代の流行に流されない伝統的な石造物文化を展開したのである。

一方、天霧石製は鎌倉時代後期に様々な地域からの影響の元に石造物文化を開花させる。層塔、五輪塔、宝塔が主に生産され、火山石製で盛行した単制石幢は極めて少ない。本来一石で作る五輪塔の空風輪を別々に作るのは伊予、宝塔の形態は備中からの系譜が窺える。また、層塔・五輪塔・宝篋印塔・下乗石《げじょうせき》は大和との関わりが指摘できる。

大和は西大寺律宗集団の拠点であり、関東や瀬戸内海の各地に西大寺律宗の活動を背景とした石造物造塔が指摘されている。大和の中世石造物は多くが花崗岩を使用している。瀬戸内海沿岸地域の中世石造物は花崗岩を使用した石造物地域と、凝灰岩・安山岩・石灰岩の花崗岩ではない石材を使用した石造物地域からなり、その中で花崗岩を使用した石造物地域には大和・京・近江のいわゆる関西系石造物との形態的な親縁性が窺える。中でも備中・備後では大和石工の石造物が認められ、大和石工の具体的な痕跡が残されている。

讃岐は大多数が凝灰岩製の世界であるが、極めて稀に花崗岩製が認められる。鎌倉・南北朝時代においては坂出・宇多津地域に点在して分布する。これらは瀬戸内海各地と同様に関西系石造物との形態的な親縁性が窺える。宇多津町円通寺にある鎌倉時代後期の五輪塔、白峯寺にある弘安元年（一二七八）の十三重塔が代表例である。宇多津町円通寺は守護所推定地、白峯寺は崇徳天皇陵が所在しており、関西との関わりの深い場に花崗岩製は造塔されている。そして、特に花崗岩製が集中して見られるのが白峯寺である。

白峯寺は鎌倉時代前期から石造物造塔を開始するが、初期段階から火山石製とともに花崗岩製が見られ、量的には火山石製を凌駕する。一三世紀前半は京・近江、一三世紀後半は大和の石造物と形態的親縁性が見られ白峯寺石造物の主体を担うが、一四世紀になると造塔は衰退する。一四世紀初頭は瀬戸内海各地で大和の石造物と形態的親縁性のある花崗岩製が姿を消し、京・近江の石造物と形態的親縁性のある花崗岩製に入れ替わる現象が見られる。白峯寺のこの時期にみる大和系の花崗岩製の衰退は、瀬戸内海各地で見られた大和系石造物の衰退と連動した動きといえる。

　こうして一四世紀、白峯寺では花崗岩製が衰退するが、花崗岩製と入れ替わるかのように白峯寺に造塔を開始したのが天霧石製であった。元応三年（一三二一）銘の下乗石、元亨四年（一三二四）銘の十三重塔が造塔された。白峯寺下乗石は塔身正面に円盤を組み合わせた特徴的な形態で、類例は奈良県談山《たんざん》神社にあり、嘉元二年（一三〇四）の年号が刻まれている。白峯寺下乗石は談山神社下乗石の模倣の可能性がある。白峯寺天霧石製十三重塔は、弘安元年銘の花崗岩製十三重塔の隣に造塔されている。笠部・軸部形態が類似することから天霧石製は花崗岩製の模倣の可能性がある。

　このように天霧石製は一四世紀初頭、それまで白峯寺に造塔していた大和の石造物と親縁性のある花崗岩製の造塔を受け継ぎ、それを模倣して白峯寺への造塔を開始した。こうして天霧石製に大和石造物の特徴が取り入れられていったのである。そして、この前後の時期に天霧石製は讃岐西半に広域流通の展開を開始する。一五世紀になると瀬戸内海各地に流通領域を広げ、広域流通と石造物の形態は近世になると豊島《てしま》石の石造物に継承されていくことになる。


（松田　朝由）

白峯寺の花崗岩製十三重塔
（坂出市青海町）

白峯寺の天霧石製十三重塔
（坂出市青海町）

## 北村美術館庭園にある旧白峯寺層塔について

京都市上京区の北村美術館庭園には北村謹次郎氏の蒐集された数多くの中世石造物がある。鶴の塔と呼ばれる旧妙真寺宝篋印塔《ほうきょういんとう》（元京都府所在）、旧宝満山出土五輪塔（元福岡県所在）、旧大日寺五輪塔（元鳥取県所在）など名品が多い。もと香川県にあったと見られる石造物も複数基あるが、その中に北村美術館の台帳や川勝政太郎氏よって元白峯寺頓証寺所在と指摘された宝塔、層塔がある。本稿ではそのうち層塔について取り上げる。

層塔は花崗岩製の五重塔で、相輪《そうりん》九輪《くりん》の七輪目以上を欠損するが保存状態は良好である。現在基礎下には滋賀県産の基礎が組み合っている。現状の総高一九二・五センチメートル。基礎側面は四面に輪郭を巻き、中に格狭間《こうざま》を作る。格狭間の形は肩部が張っている。初重軸部は縦長、また各屋根の軸部もやや高い。屋根幅は上位につれて約三センチメートルずつ逓減している。相輪は太く、伏鉢《ふせばち》・請《うけ》花《ばな》・九輪を分かつ括れは浅い。花崗岩の詳細な材質は、細粒の白色を基調とし、粒径〇・三〜〇・四センチメートルの長石・石英と〇・一センチメートルの雲母が見られる。白峯寺に所在する花崗岩製の多くと類似しており、かつて白峯寺に所在していた可能性は極めて強いといえる。

さて、香川県の中世石造物は大多数が在地色の強い凝灰岩製である。こうした中、鎌倉〜南北朝時代において坂出市・宇多津町地域に限り花崗岩製が点在し、白峯寺に特に集中して分布する。花崗岩製の形態は関西の石造物の形態に類似し、非在地色が看取される。白峯寺における非在地的な花崗岩製石造物の集中的な分布は、非在地的な存在である崇徳天皇、そしてその御陵との関わりが推測される。

現在、白峯寺には文永四年（一二六七）頓証寺石灯籠と弘安元年（一二七八）十三重塔の二基の花崗岩製の紀年銘資料がある。また、崇徳天皇陵前の花崗岩製五重塔は形態的特徴からさらに古い一三世紀前半から中頃が想定される。白峯寺には凝灰岩製も確認できるが、これらにも一三世紀中頃を遡る事例が複数基確認できる。瀬戸内地域において石造物生産が本格化するのは一三世紀後半からであり、一三世紀中頃以前における石造物の集中的な分布のあり方は特異であり、白峯寺石造物の特徴といえる。

さらに白峯寺石造物の特徴として層塔の多さが指摘できる。在地の凝灰岩製を含めると実に八基ある。他所では一基ないし二基の造塔が基本であり、八基もの数は全国的にも例を見ない。

白峯寺で最初に造塔された層塔は、形態的特徴から崇徳天皇陵前の凝灰岩の火山石製で、一三世紀前半が想定される。続いて同じ崇徳天皇陵前にある花崗岩製五重塔の造塔が想定される。その後は、紀年銘資料として弘安元年の花崗岩製十三重塔、元亨四年（一三二四）の凝灰岩の天霧石製十三重塔の造塔が窺え、他四基の花崗岩製も形態的に一四世紀前半までの造塔が想定される。このように白峯寺の層塔は約一〇〇年間、連綿と造塔され続けたのである。

北村美術館蔵五重塔は、縦長の初重軸部と太く括れの小さい相輪形態から一三世紀中頃の年代が想定される。弘安元年十三重塔との時期的な前後関係を断定するのは困難だが、初重軸部・軸部ともに十三重塔よりも縦長で屋根の傾斜が強い点はやや先行する可能性をもつ。このような北村美術館蔵五重塔を評価する上で注目されるのが、香川県指定文化財である白峯寺客殿の花崗岩製五重塔との関係である。客殿五重塔は完形で縦長の初重軸部と軸部、傾斜の強い屋根を有する。初重軸部が無地で基礎は四面に格狭間を有するなど、北村美術館蔵五重塔との類似点が多い。さらに法量は細部に至るまで類似しており、各部の法量差は三センチメートル以内におさまる。

　これらから、両塔はほぼ同時期に同一の石工によって製作されたと考えられる。さらに層塔は二基で一対となることが多い。つまり、両塔は本来セット関係にあった可能性がある。現在、白峯寺には二基一対の関係にある事例が二例あるが、当例は三例目の可能性を有しているといえよう。

（松田　朝由）

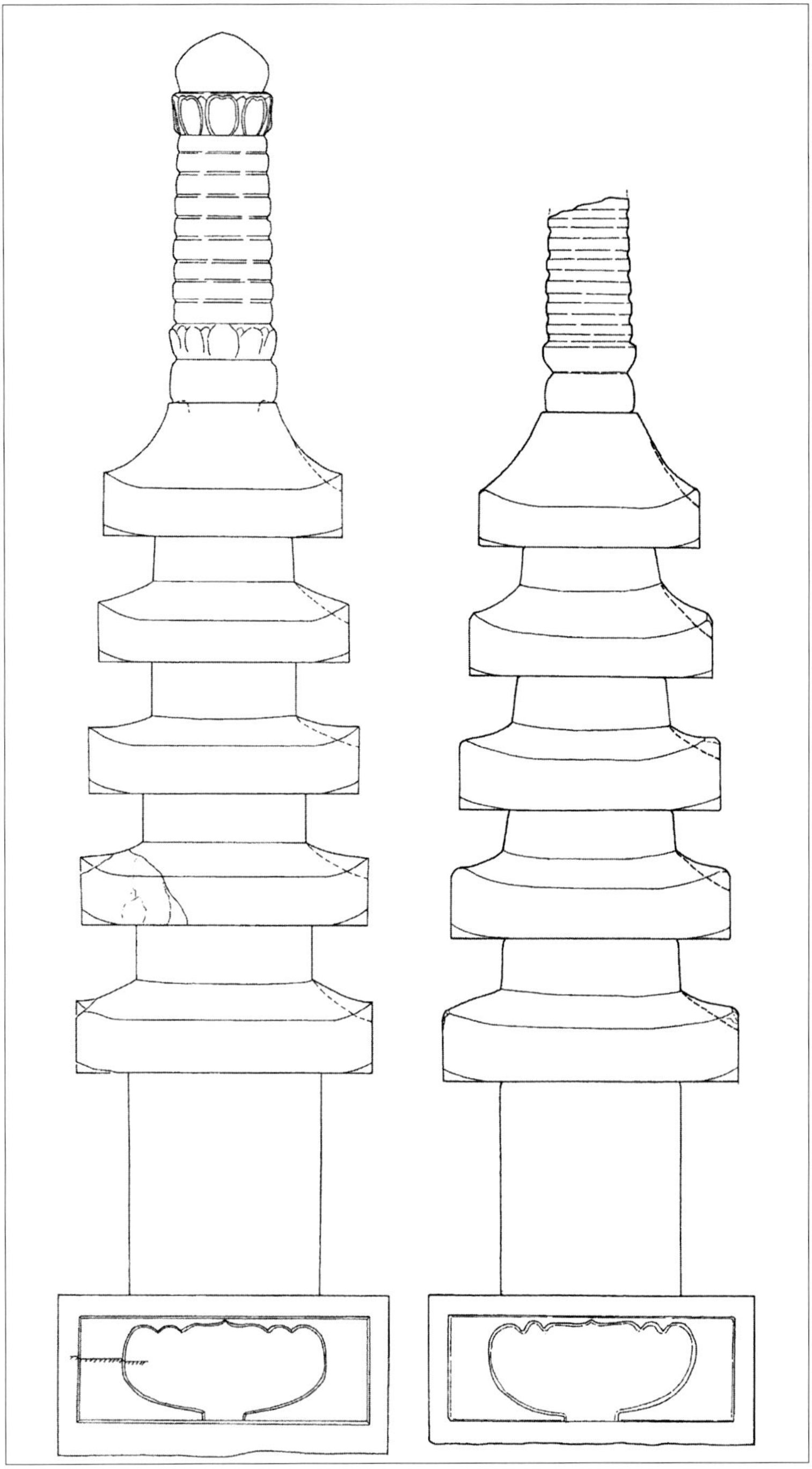

白峯寺客殿五重塔（左）と北村美術館旧白峯寺五重塔（右）（1/10）

# 小豆島に石丁場を求めた土佐山内氏

慶長二〇年（一六一五）五月、豊臣秀吉が権力と富の象徴として築城した大坂城は炎に包まれ陥落した。徳川家康の大坂城攻め、いわゆる大坂夏の陣によるものである。この戦いで、豊臣秀頼は母淀とともに自害、ついに豊臣家は滅亡する。

以後、徳川氏が完全に権力を掌握し、江戸幕府は揺るぎないものになっていく。豊臣氏滅亡後、大坂に松平忠明が封ぜられ、西国支配の要となる。やがて元和五年（一六一九）九月、二代将軍秀忠は、全国の大名に大坂城再建の命令を発した。翌六年から大坂城普請のため大名が動員される。大坂城築城は三期にわたり行われた。第一期は元和六年から同九年、第二期は寛永元年（一六二四）から同三年、第三期は寛永五、六年である。

幕府は、秀吉築城の城よりも大規模な築城を計画しており、大名たちは石垣普請用の石を大量に供給できる石丁場を求めていた。大坂周辺では生駒や六甲山麓に石丁場が切り拓かれたが、とうていそれだけで石を確保できず、瀬戸内海沿岸地域や島嶼部へも石丁場が求められた。その一つが小豆島である。豊臣秀吉の大坂城築城に小豆島から石が搬出されたという伝承が残されているが、これは早くから小豆島で良質の石が多く産出することを示したものである。当然徳川大坂城にも大量の石が小豆島から搬出された。塩飽諸島や備前犬島なども石の産地であったが、これは船での輸送が容易であったからである。

小豆島には、石を切り出した石丁場跡が、今も島内各地に残っている。例えば岩谷《いわがたに》には筑前福岡藩の黒田氏、福田に伊勢津藩藤堂氏、千軒《せんげ》・小瀬《こせ》に肥後熊本藩加藤氏、小海《おみ》に豊前小倉藩の細川氏、大部《おおべ》に豊後岡藩の中川氏、石場に筑後久留米藩の田中氏である。とくに、黒田氏の丁場跡は国史跡に指定され、巨大な石が今も残されている。その石のひとつひとつに黒田家を示す刻印が刻まれている。小海に残る石は残念石と呼ばれ、昔は波止場に並べられていたが、今は道の駅が作られ、そこが石の記念公園となり、整然と並べられている。西国大名はこぞって島に石丁場を求めた。小豆島は、秀吉時代から天領であり、徳川の時代になっても継続され、元和四年から小堀政一（遠州）により統治された。小堀は同六年から大坂城作事奉行に登用されるが、大坂城築城を重視した島統治であった。

岩谷丁場跡に残る天狗岩
（小豆郡小豆島町）

さて、小豆島に石丁場を求めたのは西国大名だけではなかった。そのような中で、土佐山内氏が小豆島に石丁場を求めたことはほとんど知られていない。次にそれを示す史料を掲げてみよう。由比五左衛門尉から岩崎又右衛門尉宛てに出された書状である。年紀が記されていないが、内容から大坂城築城に関わる文書であることに間違いはない。当初山内氏は、飯森・御影《みかげ》（兵庫県川西市・神戸市）

に石丁場を持っていた。だが、石材の需要が多く、大量の石を確保する必要に迫られるのである。そこで小豆島に石丁場を求めようとした。すでに多くの大名が石丁場を拓いているが、庄屋のかくし丁

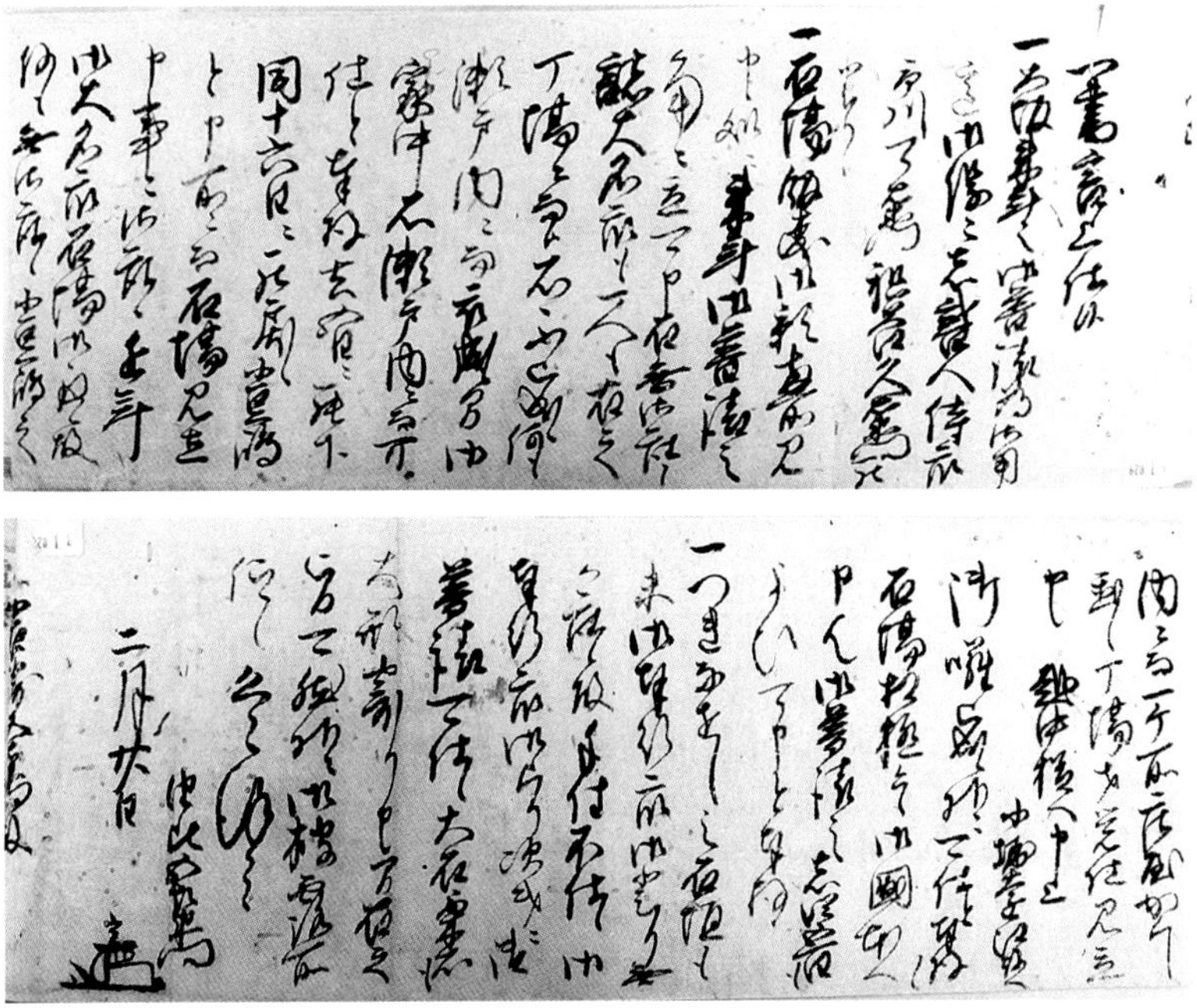

小豆島に石丁場を求めた文書（土佐山内家宝物資料館蔵）

場を知りそれを確保しようとしたのである。小倉藩主細川忠利を介して小堀へ話を求めようとしている。小堀の許可無く、勝手に小豆島で石丁場を持つことは認められなかったのであろう。

　由比は大坂城普請奉行の一人で、石の必要性に迫られ、国元の重役へ達したものである。その結果どうなったかは明らかでない。第二期工事では、山内氏は石垣普請を免除され、石に替わり材木を拠出した。山内氏にとっては、材木は豊富にあり、石拠出よりも容易であった。そのため小豆島での石丁場は不要になったのであろう。三項目に「つきなをし之石垣」と見え、第一期工事で築いた石垣が不完全であったため、つき直しが命ぜられたことを知る。以上から、本文書は第二期工事の開始前、元和九年と考えられる。

　ではなぜ山内氏は小豆島に石丁場を求めようとしたのであろうか。その大きな理由は石船の確保にあったと考えられる。築城工事開始頃に、藩主忠義から石船を三〇艘建造するよう百姓に申し付ける旨の指令が出されている。これは石を搬送する船が無く、急遽建造しようとしたものだが、土佐で建造した石船を瀬戸内海へ回送して、石を搬送させるなど並大抵のことではなかった。小豆島では古くから多くの船と水主《かこ》が存在しており、それらを活用する方が無駄なく輸送できる。江戸城普請の際に、土佐から石丁場のある伊豆まで船を回送するに困難を極めている事例がある。このことからも、石船確保の理由で小豆島に石丁場を求めようとしたのであろう。

　小豆島の石は大坂城築城に用いられたことばかりが強調されているが、それ以外にも各地に利用されたことを知る人は少ない。江戸城普請、京都五条橋石や大坂住吉大社鳥居など、多くの石が搬出されている。「石の島」として、江戸時代を通じての供給地であったことを再確認しなければならない。

（橋詰　茂）

## 生駒時代の讃岐国絵図

生駒時代の讃岐国を描いた絵図として、もっとも著名なものは、寛永一〇年（一六三三）三月の年紀をもつ「寛永国絵図」である。裏書きによれば、本絵図は、同一七年に生駒高俊の命により製作され、金毘羅大権現（現在の金刀比羅宮）に奉納されたものである（以下、奉納本と呼ぶ）。製作時期からみて、幕府巡見使派遣に伴って作成された国絵図が原型となった絵図と考えられる。「寛永国絵図」については、奉納本の写《うつし》とみられる絵図が県内に複数存在している。

丸亀市立資料館にも「寛永国絵図」が存在する。「寛永国絵図」は正保以降の国絵図とは異なり、各郡の石高を示した郡付が別紙に記載貼付されているところに一つの特徴が認められるのであるが、同館所蔵本は奉納本と同様に別紙全体が貼付され押紙となっており、記載内容、表現、色遣いも酷似する。奉納本と同系統のものとみてよい。

同館にはこれとよく似た一点が存在する。郡付は別紙の上端のみが貼付され付箋となっている。記載内容、表現は奉納本に似るが色遣いが異なる。

「寛永国絵図」と大きく異なる点は、丸亀城の天守閣が記載されていること、香東川の流路が一本化後の姿で描かれていることである。同本は、公益財団法人鎌田共済会郷土博物館の複製の注記から京極家に伝来されたものであることが知られる。「寛永国絵図」との関係については更に検討を要する。

これらの「寛永国絵図」とは別系統の国絵図と推定されるものに高松市歴史資料館蔵の「讃岐国絵図」がある。

本図は、高松城近辺の野原東浜を野原東原と、また丸亀城近辺の津森を津木村と記すなど、しばしば地名を写し間違えていることから、原本ではなく写本と考えられる。

本図原本の製作年代について、まず手がかりとなるのは、那珂郡の満濃池があるべき位置に丸形で囲んで「池内」と記載されている点である。

他の地名表記の例から、この「池内」は村名と判断される。満濃池は、元暦元年（一一八四）の洪水により決壊し池の跡は五〇〇石ばかりの山田となり「池内村」と呼ばれていたという。満濃池が生駒家の重臣西島八兵衛の改修により復興されるのは寛永八年のことであるから、本図の原本の製作年代は同年以前に遡ることは間違いない。

また、鎌田共済会郷土博物館には、各種の国絵図の原本や写本が所蔵されている。

慶長年間（一五九六～一六一五）の情報が記された「四国古図」（原本）や「讃岐国之図」、「讃岐国之絵図」はその一部である。

これらの国絵図にはいくつかの共通点が認められる。

その第一は、生駒時代に築城されたことが明らかな引田・高松・丸亀三城についての情報が記されている点である。

順に上げれば、高松市歴史資料館蔵の「讃岐国絵図」では、「城」（引田城）、「高松城」、「圓亀古城《まるがめ》」（丸亀城）、鎌田共済会郷土博物館蔵の「四国古図」では、「古城」（引田城）、「高松城」、「古城」（丸亀城）、「讃岐国之図」では、「古城」（引田城）、「高松」、「古城」（丸亀城）、「讃岐国之絵図」では、「大（古）城」（引田城）、「高松」、「古城」（丸亀城）となっている。

いずれの国絵図においても、丸亀城が古城（廃城）とされていることから、記載情報の時期的な上限は、「綾北問尋抄《あやきたもんじんしょう》」に記されている、生駒正俊が家督を継ぎ丸亀城より高松城へ移った慶長一五年

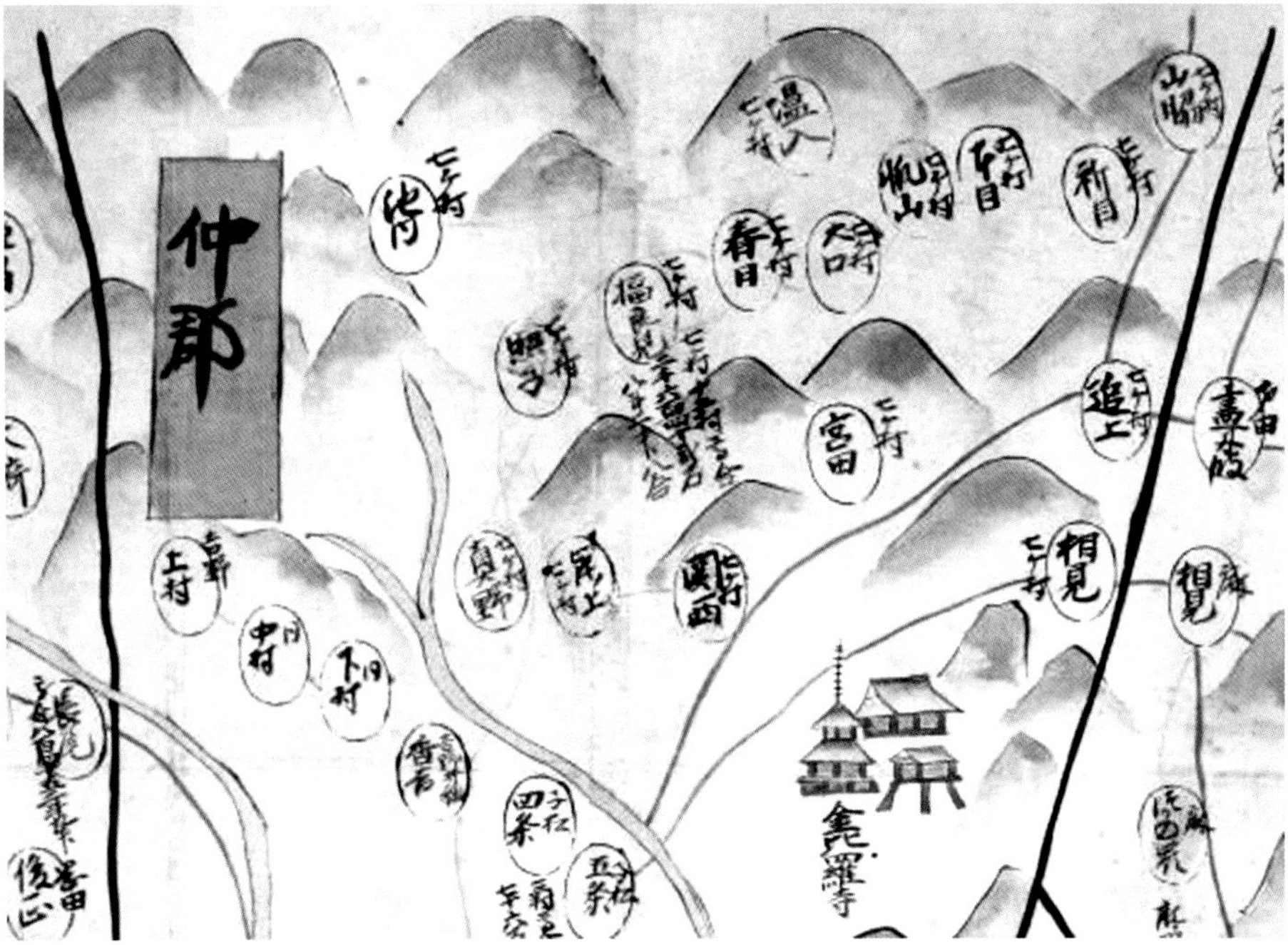


「讃岐国絵図」に見える池内村（高松市歴史資料館蔵）

（一六一〇）に求められる。

その下限は、「讃岐国絵図」において、引田城が「城」と記されていることから、一国一城令が出された慶長二〇年に求められるので、これらの国絵図は、慶長年間末の情報を記したものと判断される。

共通点の第二は、海岸線の表現である。「寛永国絵図」と比較すれば明らかなとおり、出入りが激しく描かれている。また、荘内半島がほぼ南北に描かれるなどの共通点がある。

その第三は、「四国古図」以外の国絵図において共通した誤記が見られることである。

いずれにおいても高松沖の男木・女木両島の島名が現在のものと逆になっている。このことは、「讃岐国絵図」、「讃岐国之図」、「讃岐国之絵図」の三点が、同じ系統に属することを示すものである。

これらの共通点からみて、以上に掲げた四点の国絵図は、「寛永国絵図」とは別の系統に属するもので、それ以前の情報を伝える貴重な資料といえよう。

これらの国絵図から知られる情報をもとに、慶長年間から寛永年間にかけての間においての新田開発に伴う海岸線の変化や、高松城築城に伴う街道の整備などを知ることができる。

（田中　健二）

# 松平頼恭と宝暦の改革

二〇一一年は、高松藩中興の名君として称えられる五代藩主松平頼恭《よりたか》の生誕三〇〇年の年であった。高松松平家に残された『高松松平氏歴世年譜』は、歴代藩主の言動や社会情勢を編年で綴った記録であるが、初代頼重（英公《えいこう》）と五代頼恭（穆公《ぼくこう》）の記録の量は群を抜いており、後世頼重と頼恭がいかに重要視されていたかを示している。

頼恭は、正徳元年（一七一一）五月二〇日、陸奥守山藩（福島県）二万石の藩主頼貞の五男として生まれた。実父頼貞は自ら剣術の新流派を創出するなど武勇に秀で、またその礼儀正しさは有名で、政治的にも本藩水戸徳川家の補佐や黒田・細川・蜂須賀家の仲裁などに活躍した。頼貞の跡を継いだ八歳上の実兄頼寛《よりひろ》は、若い頃から質素倹約と学問を重んじ、前編一六巻本編三六〇巻に及ぶ藩の歴史書『守山旧記』を編纂している。頼恭は、この二人の影響を強く受けながら育ち、兄とは後年に至るまで頻繁に行き来をしている。

高松藩と守山藩は、徳川御三家のひとつ水戸藩の支藩であり、それぞれ本家に対して、藩主の交替や補佐役という重要な役割を担っていた。高松藩では、元禄期頃（一六八八〜一七〇四）家臣団の整理や徹底的な質素倹約を励行した二代頼常《よりつね》（徳川光圀の実子）の時に藩財政の状況が好転するが、三代頼豊《よりとよ》の時に再び悪化し、人々の生活も華美になっていく一方で、享保一七年（一七三二）の大飢饉など天災による大打撃も被ってきた。この状況を打開しようとした四代頼桓《よりたけ》は、元文四年（一七三九）九月藩主就任後わずか四年二〇歳で他界し、ここに高松藩一二万石の五代藩主として守山藩から招かれたのが当時二九歳の頼恭だった。

頼恭は『穆公遺事附尾』によれば、中肉中背の骨太で健康に恵ま

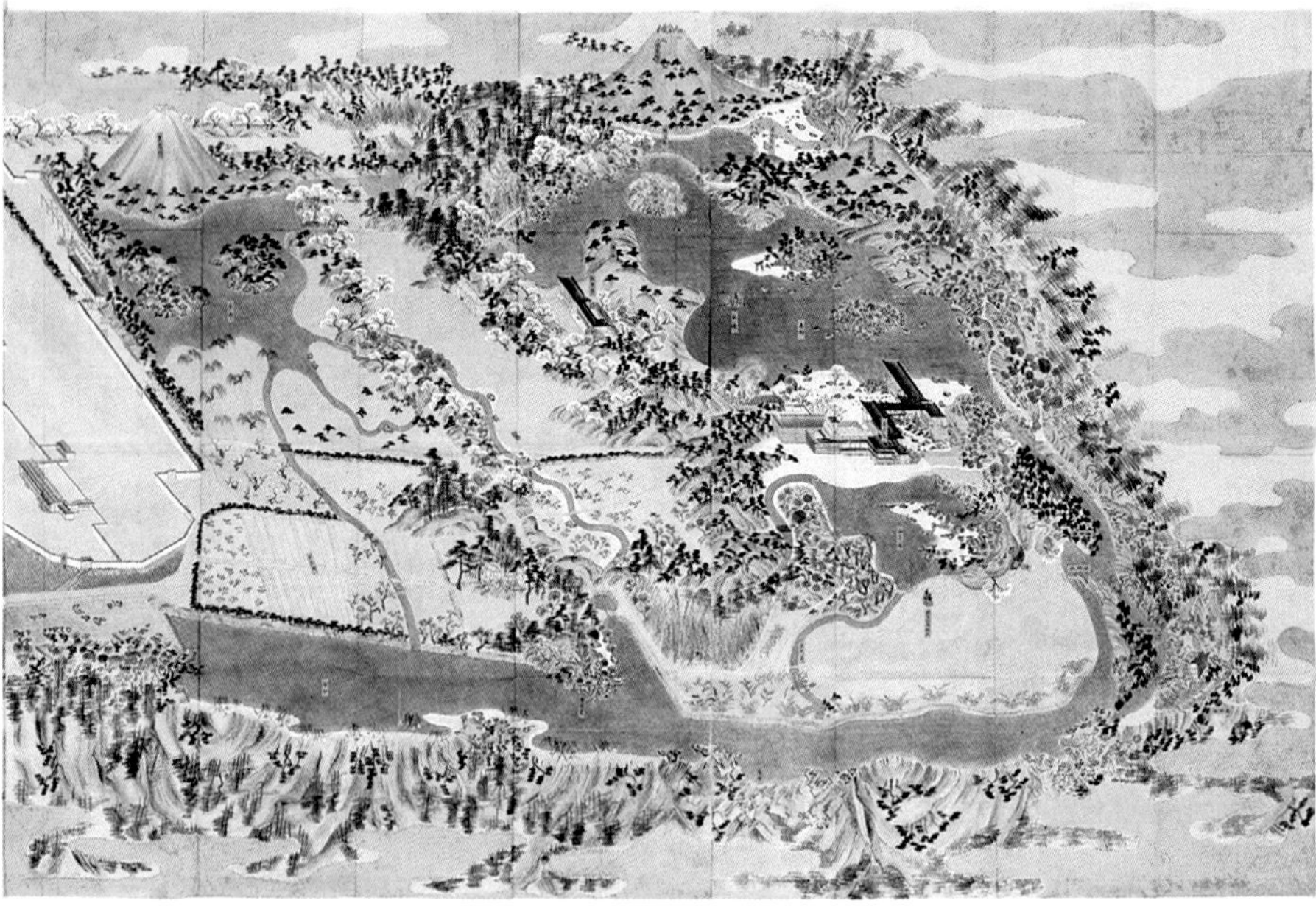

平賀源内に薬草研究をさせた栗林荘（香川県立ミュージアム蔵）

れ、酒・肉を好み、辛抱強くエネルギッシュであったという。父に似て文武両道に優れ、礼儀正しく、率先して質素倹約に勤めた。『歴世年譜』や『増補高松藩記』には、高松藩の家格の高さを笠に着て他藩士に無礼を働く藩士を諫める話や、自ら耕作し織造した木綿を近臣に賜う話など数々のエピソードが伝わっている。

藩主になった頼恭は、まず深刻な財政危機に立ち向かった。領内への御用金賦課、藩士の禄削減と藩札発行、殖産興業政策が展開された。塩田開発や新産業の育成、製糖の研究も始まった。

また、頼恭は入国するなり、まず藩士に「紅楼納涼」の題で漢詩集を作らせ、自らも序文と一首を寄せるなど文才にもあふれ、学問・教育に力を入れた。特に儒教振興をその中核とし、先代が復興した講堂（藩校）での講義を一層盛んにし、江戸屋敷内にも学問所を設け、人材の育成にあたった。講堂では一時期藩士子弟のみならず、医者・町人をも含めて講義が行われていた。儒臣には青葉士《し》弘《こう》・中村文輔《ぶんすけ》・後藤芝山《しざん》（柴野栗山《りつざん》の師）らを用い、自らも講義を受けるとともに、政治についても自由に献策させた。延享四年（一七四七）には記録所を設け、初代頼重から先代頼桓までの歴史を『歴代実録』として編纂した。この事業は明治維新期まで継続され、歴代藩主の記録が残された。

頼恭の業績で、今なお輝きを放ち続けているのは、博物学大名としての一面であると言える。殖産興業政策の一環として、足軽であった平賀源内を抜擢し、薬草等を採集研究させたり、自らも鉱物・石・骨角・羽毛などを収集し、支那・朝鮮・琉球・西洋などに分類して箱に収めて整理し、草木鳥獣は画工に写生させ、和漢名称比較を行った。頼恭の命で作成された魚類・鳥類・植物の博物図譜一三帖は、現在香川県指定有形文化財となっている。

この画帖は、さらに頼恭の交遊関係を通じて博物学大名の間に広まっていった。親しかった博物学大名には、正妻の兄である熊本藩主細川重賢《しげかた》、『歴世年譜』に頻繁な往来が記されている仙台藩伊達宗村・重村親子がいた。また、重村の実弟で若年寄となった堀田正《まさ》敦《あつ》が編集した『禽譜《きんぷ》』の一部には、高松松平家本の写や高松松平家本を参考にした細川家本の写《うつし》が見受けられ、高松江戸藩邸が大名達の文化サロンとなっていた様子がうかがえる。

頼恭は自らデータ採集も行い、狩猟に頻繁に出かけ、領内はもちろん参勤交代の途中でも鷹狩を行い、帰国すると必ず毎月三〜一〇日あまりも庵治や瀬居島へ釣りに行っている。単に武芸の一端や趣味にとどまらないこれらの行為は没する直前まで続き、頼恭のバイタリティーあふれる人間像を垣間見させてくれる。

頼恭は明和八年（一七七一）七月一八日、江戸藩邸で息を引き取り、藩主の中で最長の三二年間にわたる治世を終えた。就任直後から積極的に藩政改革に取り組んだが、社会の変化に加えて、相次ぐ天災、家格の高さゆえの将軍代参や先立勤務は出費を増大させ、藩財政を好転させることはできなかった。

しかし、頼恭が育てた諸産業は後代に目ざましい発展をとげ、明治時代にいたるまで讃岐国の主要産業として全国に名をはせていった。藩財政も頼恭の没年頃には回復し、登用した儒学者・科学者・画家達は後世に残る仕事を行った。頼恭は転換期の困難な時代に挑み、後世へ大きな影響を与えた、まさに中興の名君と呼ぶにふさわしい藩主であった。

（胡　光）

# 高松藩における御林と野山

日本の国土の大半を占める林野は、古来より公私共利のものとして利用されてきたが、中世末期から近世初期にかけての城下町の建設により、木材の需要が爆発的に増加した。それに伴い、各藩で山検地による利用権の線引きが行われ、藩の政策下において維持管理されるようになった。

高松藩では寛文四年（一六六四）と同一二年に山検地が行われ、この時藩有林である「御林《おはやし》」と私有林である「百姓自分林」が設定された。

さらに元禄一六年（一七〇三）にも山検地が行われて御林と自分林がさらに拡大された。

御林・自分林以外の林野は「野山」と呼ばれる百姓入会《いりあい》林で、百姓間の取り決めのもと利用されていた。野山は田畑に入れる刈敷《かりしき》用の草や薪・炭の原料採集の場であり、百姓の生活に欠かせない存在であった。

阿野郡南川東村絵図（図版）は、現在のまんのう町川東地区の御林（緑色の部分）と野山（赤色の部分）を色分けした絵図である。阿波との国境近く、土器川の上流域に位置する川東村は、川沿いにわずかな平地がある以外は村内の大部分が林野であった。

享和元年（一八〇一）に作成された、稲毛家文書「阿野郡南鵜足《みなみうた》郡御林畝数神生并御林守薪山御蔵米引高取払帳」によれば、川東村内の御林は五か所、面積は五一〇町歩余であった。

御林は国境に近い場所や、木材の伐り出しに便利な土器川および支流の前ノ川沿いに集中している。川東村に接する鵜足郡造田《そうだ》村や中通《なかとお》村（仲多度郡まんのう町）でも、土器川沿いに御林が続いていた。

御林は御林守によって管理され、領民の立入りは堅く禁じられていた。御林守は、日々御林を巡回して山火事の防止や、御林内での盗刈《ぬすみがり》や盗伐《ぬすみぎり》の取り締まりを行った。

前出の取払帳によれば、川東村には御林ごとに一〜四人、計九人の御林守が置かれていた。

御林守の中には、造田村の桧御林守西村家のように、御林内の樹木の枝打ちや手入れを一任されている場合もあり、桧や樅《もみ》・栂《つが》などの上木の林作りを御林守が行うこともあった。

御林内の樹木は普請の際には御用木として伐り出されたが、それ以外の伐採や枝打ちなどの「下し山」の作業は、入札によって落札者が請け負った。

下し山で得た下し付銀は藩の収入源でもあった。下し山は場所に応じて一〇〜二〇年ごとに行われるほか、枯木や転木ができた場合も入札により払い下げられた。街道沿いや川堤の樹木も御林同様に取り扱われた。

また下草については、年に一度希望する村は御林での下草刈が許された。別所家文書によれば、香川郡東では村内に林野の少ない平野部の村々の多くが、毎年御林での下草刈を願い出ている。

一方、野山については、稲毛家文書によると、川東村には嘉永二年（一八四九）の時点で一三か所一二六五町歩の広大な野山があったが、その大半が近隣の枌所《そぎしょ》西村・中通村・勝浦村と入組となっていた。

田畑の少ない川東村では、炭焼を生業とする者も多く、また農耕用の牛馬を冬の間預る慣行があったことから、野山は飼草の供給地としても重視されていた。刈敷用の草は、新芽の出る頃から鎌留《かまどめ》をし、四月に日取りを決めて一斉に刈り取られた。

御林と百姓自分林が藩の管理下に置かれていたのに対し、野山の

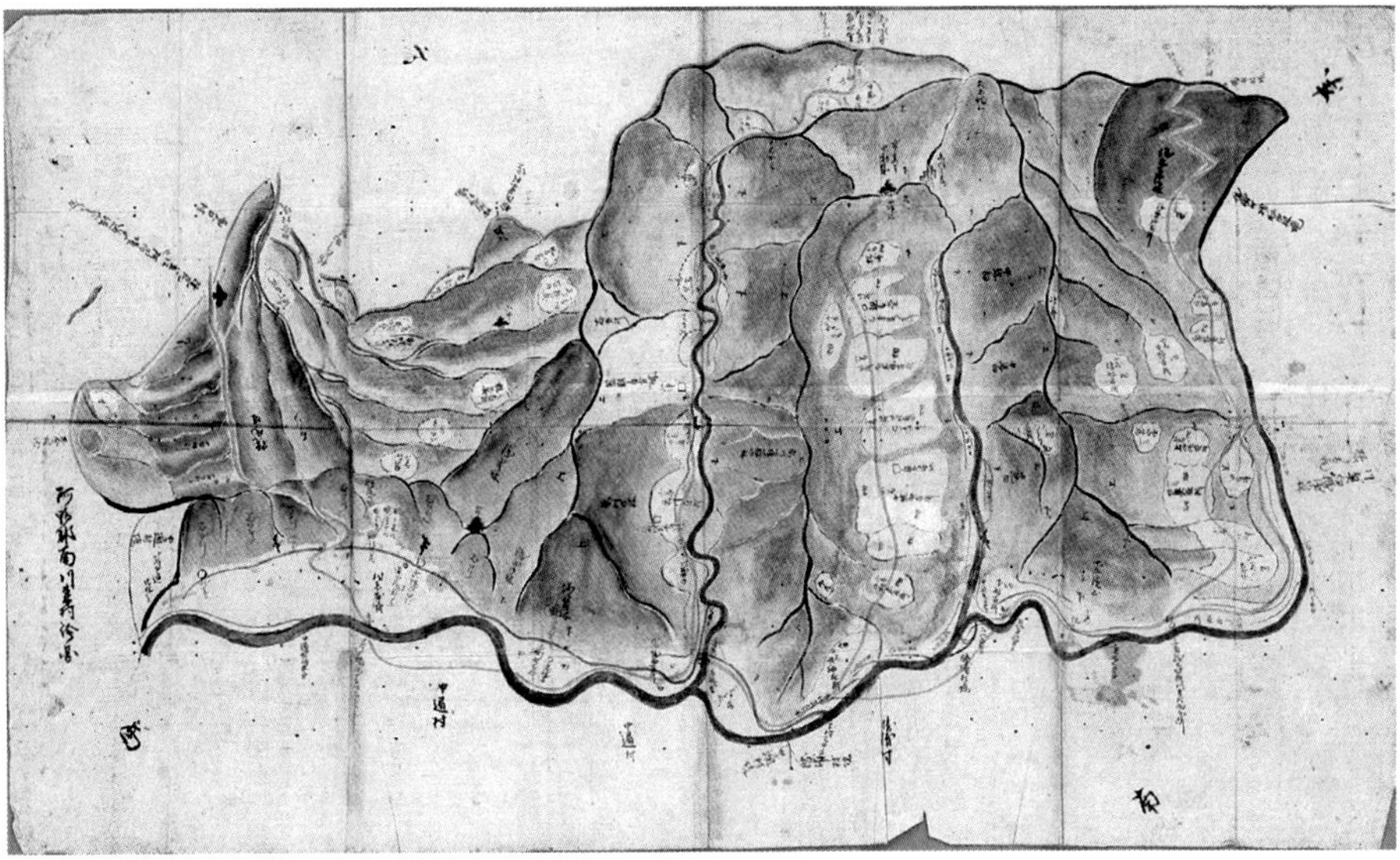

「阿野郡南川東村絵図」（稲毛家文書／香川県立文書館蔵）

利用は、基本的に百姓間の慣習に任されており、とくに山間の村々ではその森林資源に依存した生活が営まれていた。野山から生産される薪や炭は百姓の収入源であり、またそこから上納される運上《うんじょう》銀は藩の財源でもあった。

しかし一方、無計画な樹木の伐採は野山の荒廃を招き、残された山深くの野山の草や木を奪い合うようにもなった。川東村の猪鼻《いのはな》野山では、天保一三年（一八四二）に枌所西村との入組の権利争いから境界論争が起こり、百姓が徒党を組んで城下へ出奔する騒ぎとなっている。

とくに享和年間（一八〇一～〇四）以降推し進められた国産奨励政策により、高松藩では塩・砂糖の生産がさかんとなったが、これらを支えるための薪の需要が増え、領内での供給不足と価格高騰が問題化していた。

そのため藩は、「御趣意《ごしゅい》」として野山への松の植付を奨励し、郡ごとに目標を定めてその達成を目指した。生やし立てた野山は「御趣意林」と呼ばれ、その管理のあり方によって「郡林」「村林」とも呼ばれた。

御趣意林の下し山で得た収益は、管理する郡や村で道や橋などの修繕や難渋人の救済などに使うことが認められた。この政策は、従来認められてきた、野山の自由な利用を制限するものであったことから、反発も大きかった。

林野から得られる資源は、現在の私たちが思うよりはるかに生活と切り離せないものであった。山地の少ない讃岐において、その重要性はより切実であり、海浜の塩田のことも山村の暮らしと無関係ではなかったのである。

（堀　純子）

## 高松藩の砂糖生産

近世において対外貿易による正貨の流出は深刻な問題であった。その打開策として八代将軍徳川吉宗は、享保改革の一環として輸入品の国産化を奨励したが、砂糖もその一つであった。

近世初期から薩摩藩で黒砂糖が製造されていたが、輸入砂糖の中心は白砂糖であり、その製糖技術の研究が求められた。やがて、いくつかの特産地で和製砂糖が製造され、輸入砂糖を凌駕していくことになる。

高松藩は、和製砂糖の一大産地として知られている。

五代藩主松平頼恭《よりたか》が藩医池田玄丈に砂糖生産の研究を命じ、弟子向山周慶《さきやましゅうけい》により寛政元年（一七八九）に初めて黒砂糖が製造され、同六年に大坂に白砂糖が積送られた。

文化元年（一八〇四）頃には、江戸でも良質な白砂糖の産地として知られるようになっている。生産量は和製砂糖産地のなかでも極めて多く、天保元～三年（一八三〇～三二）までの大坂市場廻着高は、五四・八パーセントを占めていた。この時の讃岐三藩の合計は六一・二パーセントで「讃岐三白」として知られる砂糖の生産の中心が高松藩であったことがわかる。その後、さらに生産量は増え、安政元年（一八五四）頃から慶応二年（一八六六）頃までが最盛期であった。

藩は砂糖を財政難解決の糸口とするため、文政二年（一八一九）に領内に砂糖会所《かいしょ》を設置し大坂への積出を目的とした流通統制に乗り出し、天保六年にそれまでの統制を集大成させる形で砂糖為替金趣法を実施し成果をあげた。

高松藩砂糖の領外積出の中心は白砂糖であった。砂糖生産は、甘蔗生産・甘蔗を砂糖車《さとうぐるま》で絞る白下糖生産・白下糖を押舟《おしふね》で圧搾《あっさく》し分《ぶん》蜜《みつ》する白砂糖生産の三工程に分けられる。先述の天保期の大坂市場廻着高の白砂糖と白下糖《しろしたとう》の比率をみても、白砂糖が九六・六パーセントと極めて高い。

しかし領内では、同一村内において甘蔗生産から白砂糖製造を一貫して行うだけでなく、近隣の村々や他郡と甘蔗や白下糖を売買して砂糖生産が行われていた。

文久二年（一八六二）の鵜足郡村々の砂糖類売捌《うりさばき》量をみると、製造された白砂糖の九九・二パーセントは大坂や他領に積送られているが、白下糖の八四・四パーセントが領内に売捌かれている。また、白下糖までしか生産していない村が四割を占めていた。製造された白下糖は村内で白砂糖にされなかった場合、領内に白砂糖の原料として売捌かれたことがわかる。

領内で流通したのは、白下糖に限られたものではなかった。高松藩では、甘蔗苗・甘蔗・砂糖類（白砂糖・白下糖・蜜）・砂糖車・製法諸道具等の砂糖生産に関わるものが、領内全域で盛んに流通されたのであった。藩も製糖技術保守のために、砂糖車や製法諸道具の領外への売渡は禁じているが、領内での流通は認めている。

これらの領内での流通を担ったのが砂糖仲買人という、許可制で冥加金《みょうがきん》を納め砂糖仲買株を下付された者であった。

慶応元年の阿野郡北一三か村の砂糖仲買人は一一四人にのぼる。そのうち、林田村は二六人、坂出村は一八人、乃生《のう》村は一四人と、特に多い。

史料は、安政四年に乃生村庄屋から郡大庄屋に宛て、乃生村新蔵への砂糖仲買人株の下付を願出たものである。同村は早くから甘蔗苗の産地として知られ、領内全域に売捌いていたが、砂糖生産が盛んになるにつれて、所々で甘蔗苗が植付けられるようになり、販路を確保する必要がでてきた。そのため砂糖製作人達が砂糖仲買人の

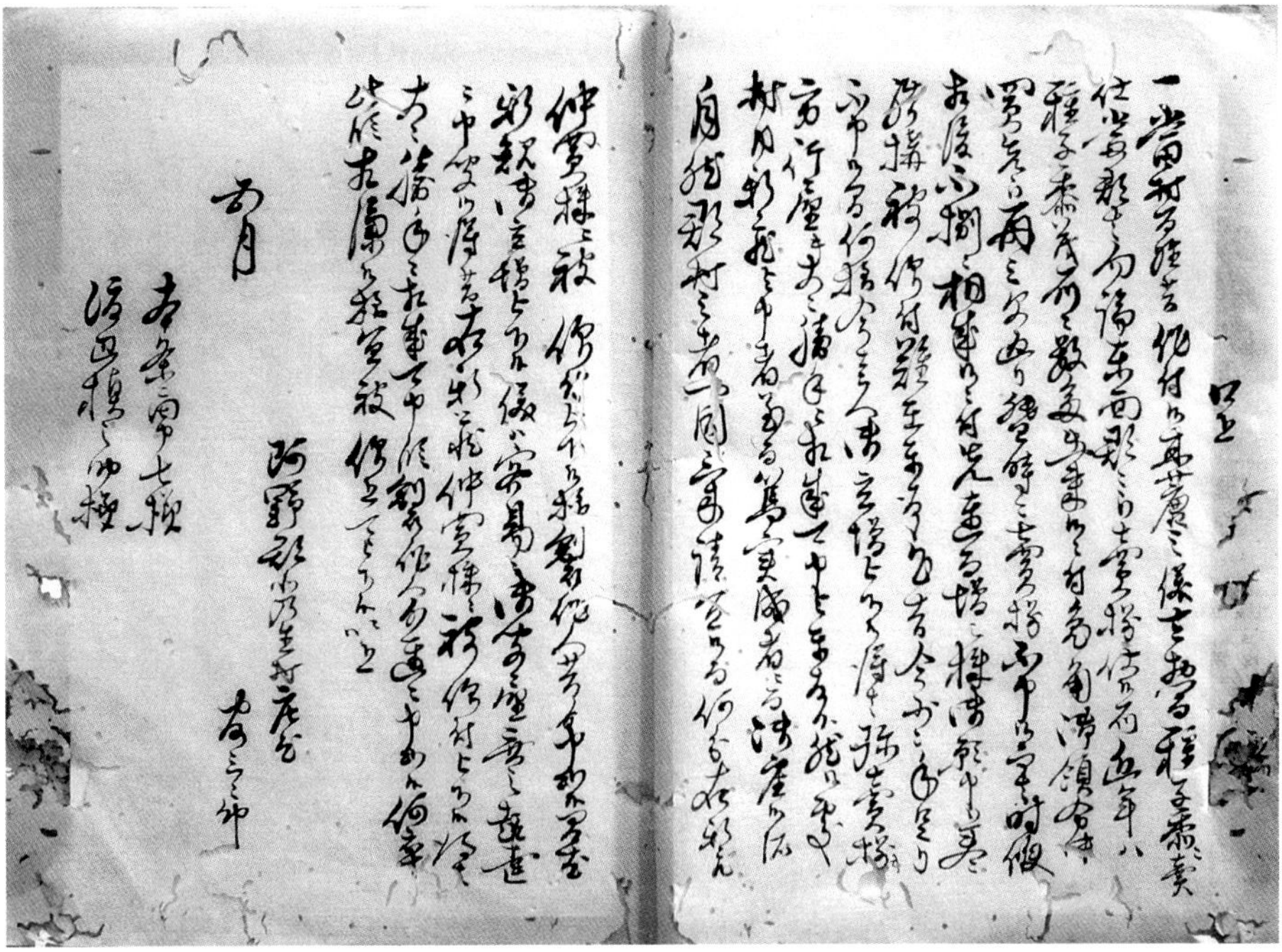

乃生村新蔵への砂糖仲買人株の下付を願出ている安政４年の「砂糖方一件日記」
（草薙家文書／高松市歴史資料館蔵）

増員を望んでいる。このことから、砂糖仲買人の存在が、砂糖生産に関わる領内流通を円滑なものにしていたことがわかる。

林田村は、元治元年（一八六四）には六六・五パーセントもの甘蔗作付率を示し一七〇挺の砂糖車を有する砂糖生産の盛んな村であった。

砂糖車の所持は、許可制で冥加金を納め砂糖車株を下付されたが、藩の砂糖生産最盛期にあたる安政三・四年には、砂糖車の譲渡や新車株などの株所得が顕著であった。株所得は、その年の甘蔗の収穫状況に合わせて行われるものであったようである。砂糖車株の譲渡とは、砂糖車の一式売渡しのことであり、村内だけでなく他村や他郡とも行なわれている。砂糖類だけでなく砂糖車株の譲渡にも砂糖仲買人の関与が推察できる。

また、坂出村は製塩業が盛んであり、甘蔗作付率は元治元年に二六・八パーセントとあまり高くないが、砂糖組船や砂糖仲買を多数有し砂糖積出地として栄えていた。そのため村内での砂糖生産高よりも領内から購入した砂糖の取扱高が圧倒的に多く、砂糖仲買人が必要であった。

近世後期の高松藩においての砂糖生産は、大坂市場を見据えて投機的要素の大きいものであったが、盛んな領内流通を背景に各村々の農民は村況にあった方法で積極的に砂糖生産に携わっていたことがわかる。しかし、その多くが安定した経営基盤を持たない小規模な農民であった。安政五年の開港により和製砂糖は衰退の途を歩むが、砂糖生産に携わる農民も、その影響を受けることになった。

（宇佐美　尚穂）

# 町宿考

## —讃岐国京極氏領那珂郡今津村庄屋横井家文書から—

「町宿《まちやど》」といえば、宿場町や城下町等にある旅宿のことを想起するのが通常だと思われる。しかし、丸亀京極家領の丸亀城下にあった町宿とは、江戸時代の江戸や大坂に多数存在したことで有名な「郷宿」と呼ばれたいわゆる公事宿《くじやど》と地方役人らの城下における郡村役所の出張所のような機能を併せ持つ施設のことである。

江戸には、御用懸り旅人引請宿という公事宿があった。盛時には、二〇〇軒余りの宿屋があって、その半数以上が公事宿だったといわれている。公事宿は、幕府の寺社奉行所や勘定奉行所など訴訟に関連する役所があり、訴訟関係者というのが多数集まり、その人々のための宿として発生した。しだいに、宿は、専門性を有するようになる。すなわち、必然的に宿の主人や使用人の中から訴訟の事務を代行したり、助言や斡旋・代書など様々のサービスを担うようになる。そして、大坂にも郷宿があって、四〇軒ほどあったという。また、郷宿は、江戸・大坂だけではなく、地方の代官所や城下町などにも必ずあったことが知られている。

丸亀京極領では、民間の訴訟は、大小の庄屋や組頭などが役所間を往復して解決する場合が多かったようで、郷宿の類いであった町宿も次第に地方役人等の、いわば城下事務所のような存在に特化していったようである。これについて、那珂郡今津村横井家文書中の町宿関係文書を抽出しながら概観を見ていきたい。

弘化三年（一八四六）五月、那珂郡町宿が再建された。再建を差配したのは、同郡塩屋村庄屋田中孫兵衛と今津村庄屋横井弥助であった。このときの再建手控が横井家文書に遺されていたので、図版のように復元することが出来た。再建は、大工清七によって造作がなされ、費用の総額は不明であるが、清七に手間賃一貫目五〇匁ほどが支払われている。手控《てびかえ》の図面に拠れば、二間四間に床の間、押し入れ、濡れ縁付きの瀟洒《しょうしゃ》な建物と想像できる。

この町宿の表記は、豊田郡の大庄屋である大喜多家文書にも散見され京極領内の郡村がそれぞれ専用の町宿を所有していたものとみられる。那珂郡町宿では、どのようなことが行われていたのか、また、どのような使われ

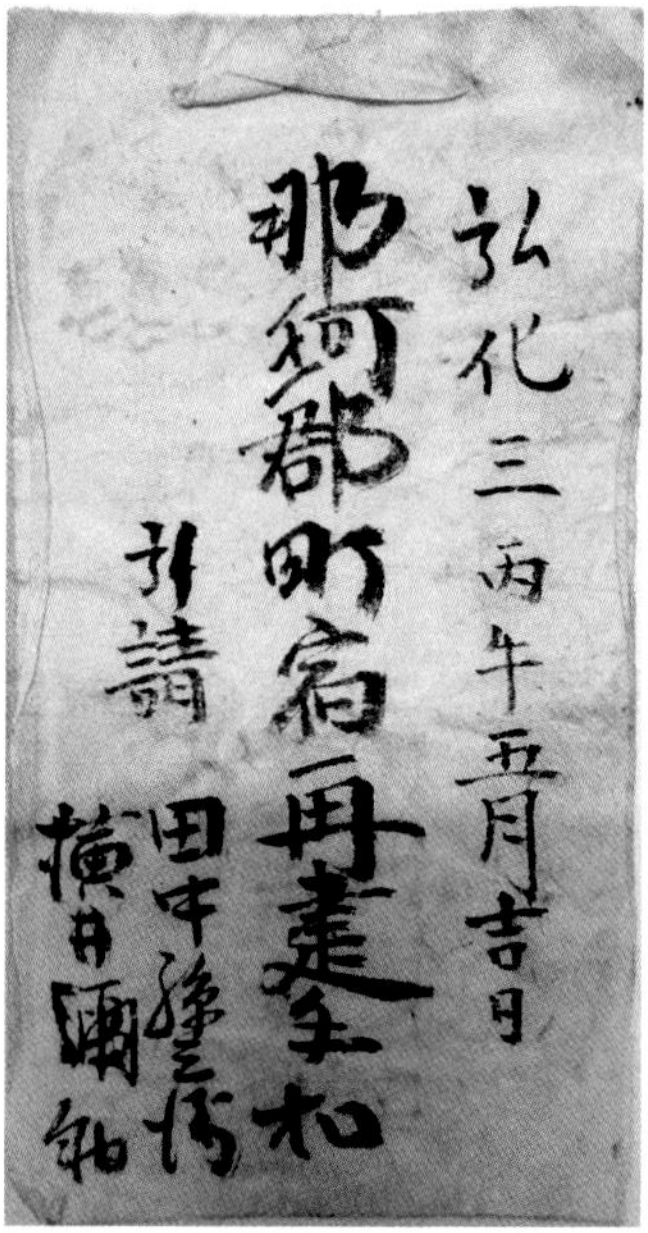


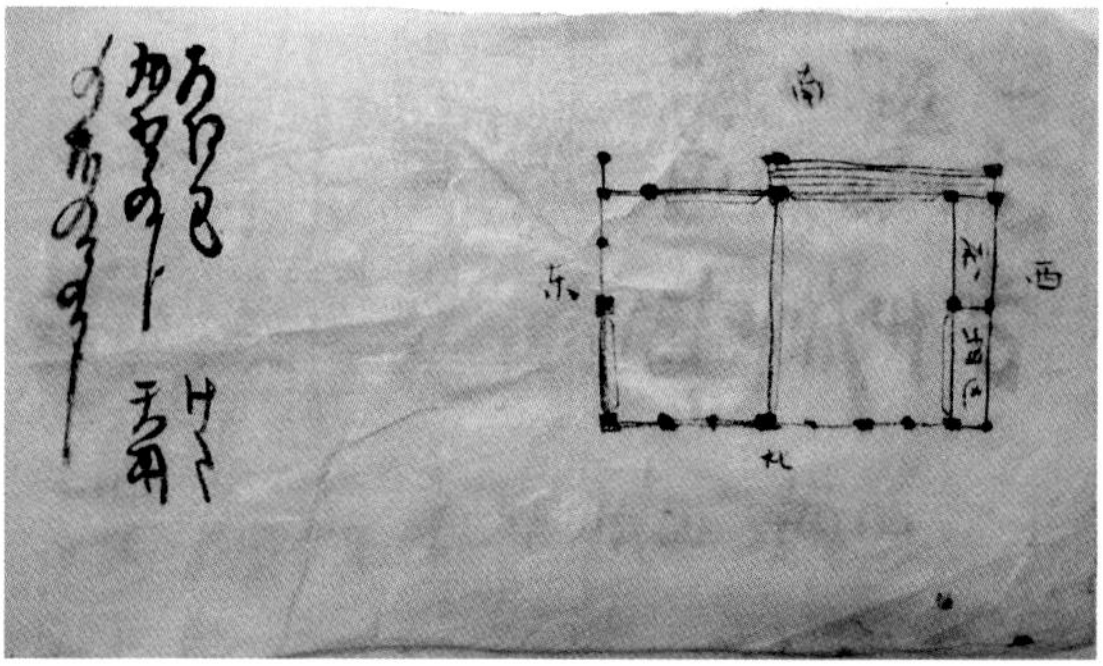


弘化３年「那珂郡町宿再建手控」　右は表紙、左は表紙裏部分
引請の相方田中孫兵衛は塩屋村庄屋（横井家文書／横井昭氏蔵）

方であったのであろうか。以下に横井家文書から○付き数字に文書番号と「」内に文言の一部を拾ってその概要を示していきたい。詳細は、県立文書館から横井家文書目録が順次刊行されるので参照されたい。

○四九七「(達)一　大庄屋庄屋共、御城下江出浮《でうかれ》候節、町宿ニ而　支度一菜限り、酒宴之義者、兼而旧極申達置候通、急度《きっと》可為無用事」とあり、これは、庄屋連中が、町宿で酒宴を張ることが多々あり、とかく豪奢になる傾向があったようで、改めてあったことを表現しており、肴は一菜にて行うことを達したものである。

○二三〇八「町宿へ御手代中御出張ニ而、双方申暮候時、…右ニ付、今日帰掛ケ立寄り、委細御咄《はなし》申度之条、御在宿可申候、以上　廿日横井小八郎様　松本庫之助」とあり、郷手代が町宿を訪問し交渉ごとがあって、そのため松本庫之助なる藩庁の役人が町宿を訪ねるので今津村庄屋である横井小八郎に対して町宿で待機してくれ、というものである。

○二五二一「覚　一　一貫三百二十九匁　右者御冥加献納綿代慥《たしか》ニ受取申候以上　町宿ニ而　寅六月三日　太兵衛　横井様」とあり、横井家支配又は今津村の綿生産に係る冥加金の授受を町宿で行っている。

○二七五一「寺送之義者、先立而於町宿、旦那寺徳行寺御聞糺《ききただし》之通ニ御座候」とあり、今津村人の葬儀に関してその檀那寺である徳行寺の僧侶が町宿まで出向き関係者に真偽を問い合わせている。

右の例以外では、宗門改を実施するために関係寺院を集めて事前の要領を説明する場所として町宿が使用されている。このように、公私にわたる用向きに町宿が活用され、かつ使用頻度も高く、比較的重要な行政的機能をも持っていたようである。丸亀藩における地方支配の一面を追加すべき内容が含まれており、さらなる追究が必要になろう。

（唐木　裕志）

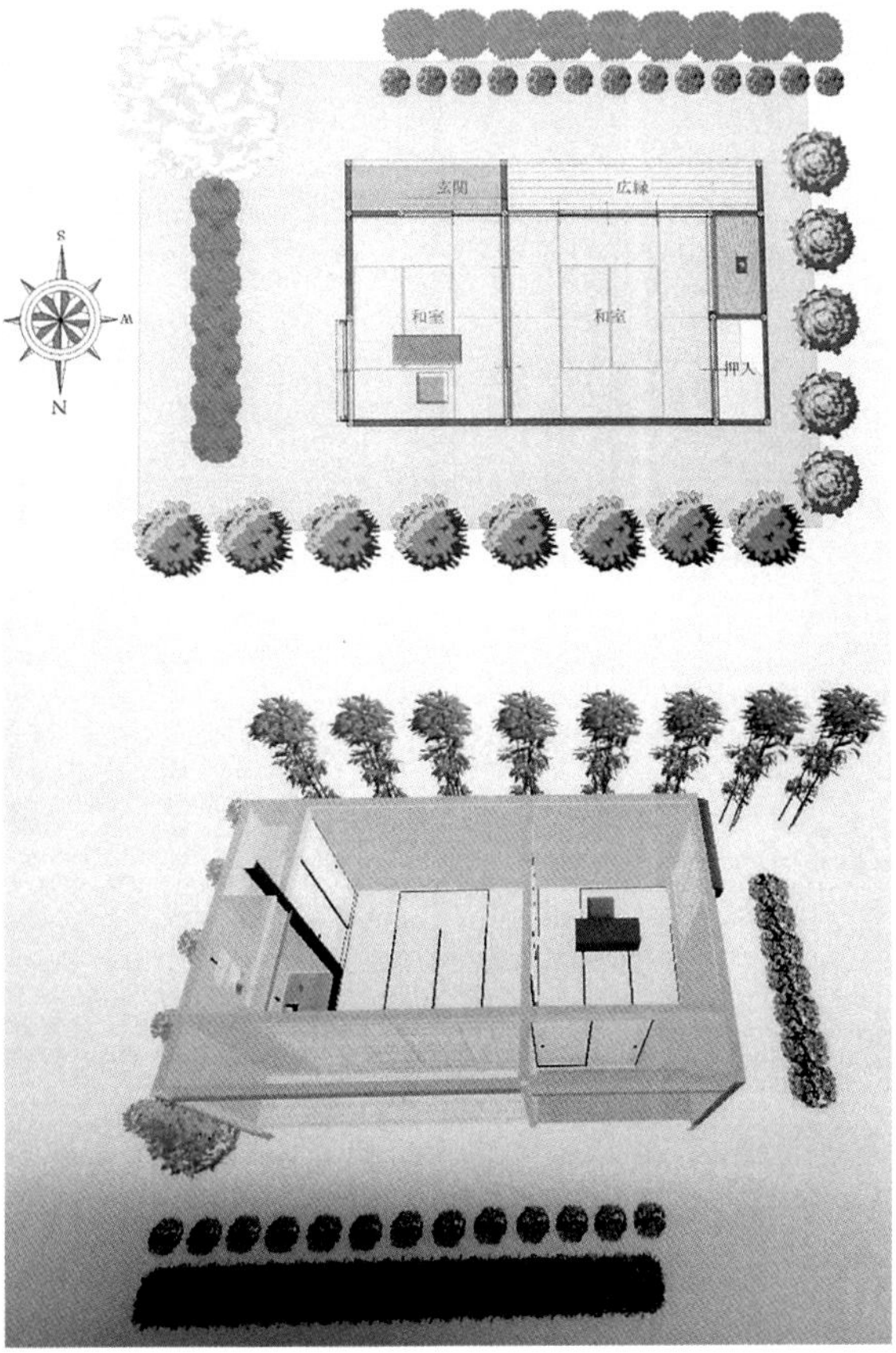

前頁の手控えを元に作成した町宿復元図。
調度品や周囲の植生は全く架空のものである
（作図・筆者）

## 奇才の科学技術者「久米通賢」と高松藩

久米通賢《つうけん》は、坂出塩田の開発や測量、武器開発、経済統制、港の改修や銅山の水抜き工事といった多彩な活動で知られる科学技術者である。ほぼ独学であるにもかかわらず、万事において高レベルな業績を残した奇才は、讃岐の東端に位置する港町・大内郡馬宿《うまやど》村（東かがわ市馬宿）の農家兼船頭の家に生まれ、通称を栄左衛門といった。手先が大変器用で、粘土細工が得意であった幼少の通賢の名声は、八代高松藩主松平頼儀《よりのり》のもとまで届き、その命によって土人形を造り献上したとされる。これは明治一六年（一八八三）に記された「久米栄左衛門通賢履歴」にみえ、その真偽の程は定かではないが、後の高松藩との関わりの深さを物語る逸話のひとつといえよう。

寛政一〇年（一七九八）に、通賢は一八歳で大坂の天文学者間重《はざましげ》富《とみ》に入門した。農民の出である通賢が、当時の最高レベルである間の門下生となるには、藩が何らかの役割を果たしたのかもしれない。幕府が在野の研究者である間重富らに暦を作らせ、全国の藩が天文方という役職を置くなかで、高松藩も通賢の持つ高い学力や素質を早くに認知し、その後の可能性に期待したのであろうか。通賢は大坂で高度な数学の知識が必要とされる天文学を学び、さらには、天文観測用機器を自ら製作するという技術をも獲得した。

四年後、父の死により馬宿に戻った通賢に、藩はすぐさま出仕を命じている。藩と通賢との関係が確認できるのは、この時からである。さらに四年後の文化三年（一八〇六）には、高松藩領の測量を命じられた。通賢は独自に開発した測量機器を用いて藩内の沿岸・島嶼部の測量を行い、詳細な地図を作成し提出している。幕府の命により全国測量を行っていた伊能忠敬の讃岐測量は、通賢の測量から二年後のことであり、その際には藩命によって伊能測量隊の案内役を務めている。翌六年には、これまでの藩天文方測量御用等の果たした功績により、二人扶持が給与された。

また、藩内の測量と同じ頃から晩年に至るまで、外国船の襲来に備え、武器類の開発にも関心を持って取り組んだ。様々な武器について論述した「武備機械鈎玄《ぶびきかいこうげん》」三巻を藩に提出し、文政六年（一八二三）には、九代藩主松平頼恕《よりひろ》の前で砲術の実演を披露した。その後も幾度となく、開発した大砲や武器を藩へ献上している。

一方、文政七年には、財政難に陥った藩の再建策を記した意見書を提出している。そこには藩の特産品である砂糖の生産流通と、坂出沖の塩田築造による収益方法が示されており、特に塩田開発は私費を投じ、一命をも差し出す覚悟であると記している。これは瀬戸内各地での塩田調査を踏まえ、坂出塩田の規模や開発に要する費用、塩の生産見込み量や江戸への船輸送、販売収益にいたるまで、あらゆることが計算された上での提言であった。藩は塩田築造費の捻出が困難であったが、藩主頼恕の英断により通賢の提言が取り入られた。その費用は藩主直轄の内証金と札会所の借用に拠ったという。

久米通賢肖像絵葉書
（香川県立ミュージアム蔵）

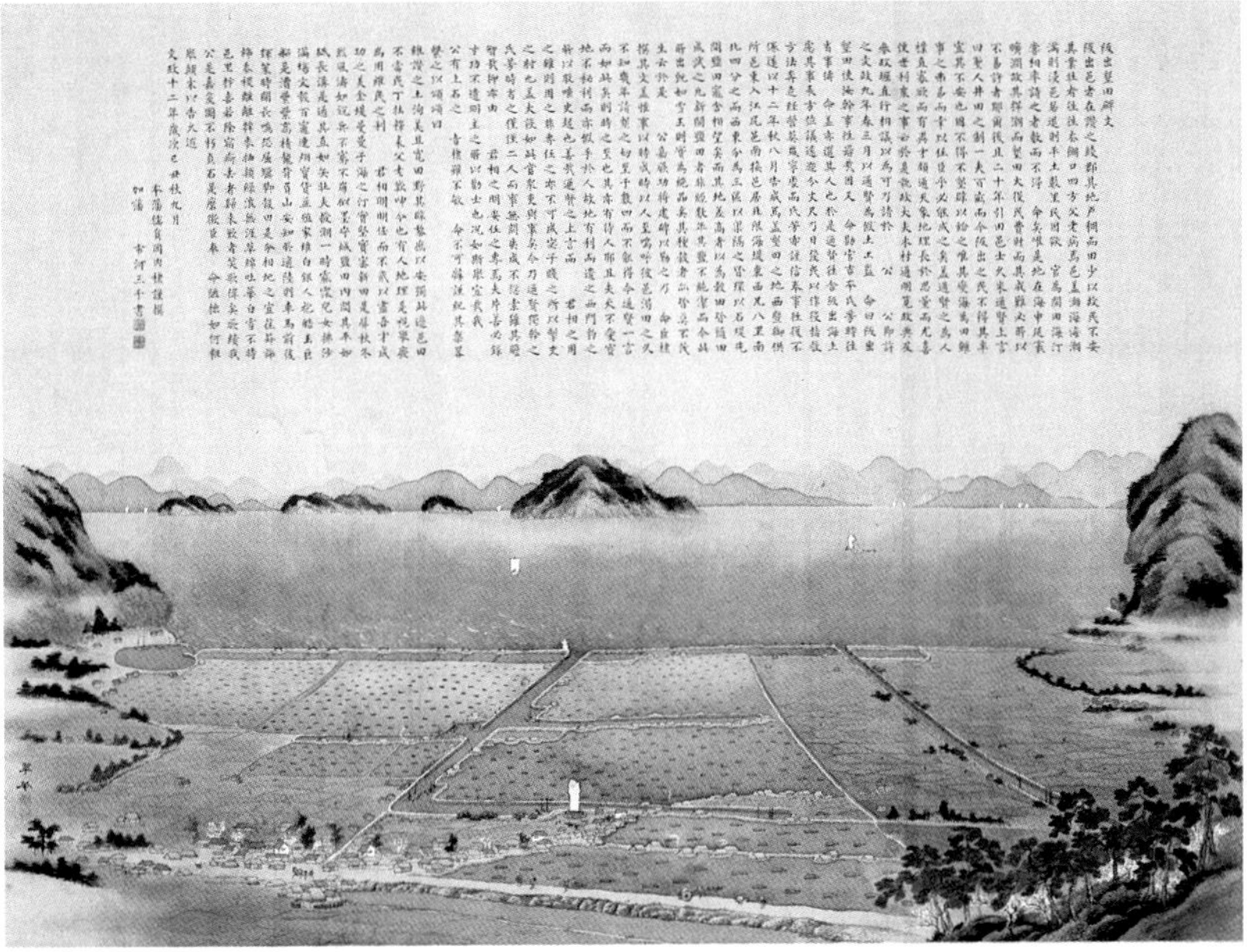

坂出塩田と中央に白く阪出墾田之碑を描いた「坂出墾田図」
（高松松平家歴史資料／香川県立ミュージアム保管）

通賢は科学技術のみならず、藩の経済政策にも深く関与したのである。

文政一二年に塩田の汐留《しおどめ》工事が完了すると、頼恕の命により「阪《さか》出《いで》墾田之碑」が建立された。石碑には坂出開墾の提言から工事完了までの概略が刻まれ、今も通賢の業績を称えている。さらに天保二年（一八三一）には坂出開地の功績により一〇石を給与され、特に藩主への拝謁も許された。また同六年には坂出塩田により藩に利益をもたらした功績により元締役を命じられた。

　通賢は測量や天文の観測記録、塩田や兵器の設計図、事業に関する収支記録等といった図や覚書の自筆資料を数多く残している。しかしこれらはメモや下書きで、著作やまとまった文章というものは極めて少ない。そのため、通賢の科学技術者としての思想や人間像ははっきりとしない。弟子を取らず、他の研究者達との積極的な交流もなく、自らの知識や経験、製作した道具等の技術を広く知らしめることがあまりなかったため、孤高の人というイメージを持たれることがある。しかし、広域の測量や塩田開発等には多くの作業人員が必要で、作業の計画や指揮を一人で行うのは不可能であり、そこには右腕となる協力者がいたと思われる。また、通賢はその業績を藩へ還元しており、それは地域経済の発展にも繋がっている。藩の理解と、その活動を支えた人々の影響や協力があったからこそ、通賢の偉大な業績が成し遂げられたのである。

　なお、掲載した絵葉書の通賢肖像画は、明治三四年頃に坂出高等小学校の図画教諭が、晩年の通賢を知る老人の話をもとに描き、小学校の校舎入口に掲示していたとされる。この肖像画は、明治四五年の「久米通賢居士遺品展覧会」で陳列され、大正一一年（一九二二）には香川県を行啓の皇太子殿下（後の昭和天皇）も台覧された。その記念に作成された絵葉書の内の一枚である。坂出の人々には馴染みの肖像画であるが、現在この原画は失われ、絵葉書や肖像画を部分接写した写真が伝わるのみである。

（芳地　智子）

# 井伊直弼と弥千代姫の悲話

幕末の大老・井伊直弼は、舟橋聖一の小説『花の生涯』をはじめ、多数の小説やドラマにも登場し、日本を動かす姿が描かれているが、家族思いの一面や高松松平家との親密な関係はあまり知られていない。直弼の二女弥千代《やちよ》の足跡と直弼の素顔を見てみよう。

開国か攘夷かで揺れる幕末政局の中心にいたのが井伊直弼と徳川斉昭《なりあき》だった。将軍家定の継嗣《けいし》問題と条約調印問題がからみ、有力大名が南紀派と一橋派に分かれる大政争となる。紀伊家慶福《よしとみ》を推し、条約調印を進める直弼らの南紀派は、溜《たまり》間《のま》に詰める御家門《ごかもん》・譜代大名からなり、斉昭の実子慶喜を推し、調印に反対する一橋派は、大廊下・大広間に詰める御家門・外様大名からなるというように、その動向は出自や親交に左右されていた。

井伊家文書によると、溜詰大名の中でも高松・会津松平の両家と直弼が、頻繁に連絡を取り合いながら、評議を行っていたことがわかる。混迷の政局を急展開させたのは、安政五年（一八五八）四月二三日の直弼の大老就任だった。直弼は、同年六月に日米修好通商条約を調印、安政の大獄と呼ばれる反対派の弾圧を行い、一〇月には慶福が一四代将軍家茂《いえもち》となった。急速な改革は、反体派を刺激し、安政七年三月三日登城途中の直弼は、江戸城桜田門外で水戸浪士らの襲撃を受け命を落とした。

弥千代の半生は、父直弼の重大事とともにあった。直弼は藩主にはなれない部屋住みとして、彦根城中堀の外にある埋《うもれ》木舎《ぎのや》と呼ばれる屋敷で青年期を送った。弘化三年（一八四六）

松平千代子家族写真（松平公益会蔵／香川県立ミュージアム保管）

正月一六日、ここで弥千代は生まれた。その一〇日後、嫡子である直弼の兄直元《なおもと》の死により、江戸への下向を命じる急飛脚が到来し、翌月には下向、同じく兄の一二代直亮《なおあき》の嫡子となった。そして嘉永三年（一八五〇）、直亮の死を受け、井伊家一三代を継いだ。

姫の誕生までに生まれた一男一女は、既に亡くなっており、姫は直弼の初子のようなもので、誕生後半月で愛娘と離れ、江戸へ旅立つ心情が思いやられる。埋木舎には今も御産の間と、安産の神様と呼ばれている稲荷社があり、誕生を願う直弼の姿が想像できる。しかし、主を失った埋木舎では、弥千代の母千田静江が体調を崩して実家に戻り、弥千代は遠く長浜の大通寺に預けられた。大通寺では、直弼の従姉妹、智明院が姫を慈しんで育てた様子がうかがえる。

その後、直弼は江戸から娘を案じる長文の書状を多数つかわしている。「娘弥千代が長浜大通寺へ預けられ、智明院が格別に世話してくれるのはありがたいが、次のことを頼む。智明院が甘やかして小児に食べ物を与えすぎる。寺に居ても城の奥と同じく武家風に育ててほしい。智明院が贅沢な着物を着せて、本堂へ連れ出している。彦根の縁者以外の里者へは会わせず、質素に育ててほしい。寺が心配して不要の物まで買うのは困る。武家の子は武家風に育ててほしい…」、一人の親としての直弼の横顔が垣間見られる。

誕生後の弥千代の足跡はほとんどわかっていない。弥千代が育った長浜大通寺は、彦根城下から約一五キロメートル北にあり、東本願寺別院として湖北の信仰を集め栄えていた。藩主井伊家とも、その一族を住職や内室に迎えるなど、深い関わりを持っていた。直弼も住職候補となり、直弼七女砂千代《さちよ》は内室に入っている。同寺には、直弼が作らせた砂千代の華やかな婚礼道具が多数伝来しており、井伊家との関係を物語っている。一方、姉弥千代の記憶は同寺内でも失われており、東本願寺文書の中に姉妹の世話は伯母にあたる智明院がしていたことをうかがい知るのみである。しかしながら、姫たちが過ごした居室や本堂は当時の姿を今に伝えている。嘉永四年には、弥千代が帯を初めて締める祝儀として、直弼から小袖等が贈られた。

井伊家を継いだ直弼は、会津藩主松平容敬《かたたか》と高松藩主松平頼胤《よりたね》に儀礼を学びながら、幕府の中核をなす溜詰大名として重きをなしていった。開国の衆議も大詰めの安政四年九月二六日、直弼の二女弥千代と頼胤の嫡男頼聰《よりとし》の縁組が決まる。一〇月一日、頼聰は彦根にて弥千代と初対面し、茶を点てた姫の姿が可愛らしかったと記録されている。二一日、二人の父親は、江戸城にて米国総領事ハリスと対面、公私ともにあわただしく過ぎていった。

一三歳になった弥千代は、後に最後の高松藩主となる二五歳の松平頼聰のもとへ、安政五年四月二一日輿入れした。婚礼道具の搬入は三回に分けて行われ、計一一一棹に及んだという大規模なものだった。しかし、花嫁の父直弼は、翌々日に大老就任をひかえ、婚儀に欠席する事態となった。さらにそのわずか二年後、桜田門外の変で父を暗殺された姫は、華やかな雛道具の飾られた高松松平家の江戸屋敷にて、その報を聞くことになる。変を起こす原因を作ったとして井伊家と松平家に謹慎などの処罰が決定した文久三年（一八六三）、姫は松平家を去り、井伊家に戻った。このため、本来松平家にもたらされた雛道具をはじめとする弥千代の婚礼道具は、井伊家に伝えられ、彦根城博物館に保管されている。

時代が移り、有栖川宮《ありすがわのみや》の仲介もあり、明治五年に復縁した弥千代は、頼聰との間に、頼壽《よりなが》をはじめ三男一女をもうけた。明治時代には千代子と名乗った弥千代は和歌をよくし、昭和二年八二歳の天寿を全うした。

（胡　光）

## 理兵衛焼と富田焼

江戸時代の高松藩の焼物に理兵衛焼と富田焼がある。理兵衛焼は高松藩のお庭焼《にわやき》で、御用焼物師の紀太理兵衛《きたりへえ》が焼いた陶器である。高松焼、御林焼《おはやしやき》などとも呼ばれていたが、近年では理兵衛が焼いたことから、理兵衛焼と呼ばれるようになった。富田焼はさぬき市富田西周辺で焼かれた陶磁器の総称で、理兵衛焼と密接な関係がある。

　高松藩に焼物師として仕えた紀太家には来歴を記した由緒書がある。これによると、紀太家での焼物師の初代は森嶋半弥重芳《はんやしげよし》で、信楽の人である。重芳の子である二代目の森嶋作兵衛重利は信楽から京都粟田口へ出て焼物を焼いていたところ、正保四年（一六四七）、高松藩初代藩主松平頼重に御用焼物師として召し抱えられた。作兵衛重利は慶安二年（一六四九）高松に転居を命ぜられ、町与力の格と紀太理兵衛の名を与えられ、御林（栗林公園）の北で製陶を行なった。紀太家では代々理兵衛を襲名し、御用焼物師として高松藩に仕えた。明治時代に入り、禄を失ったが、名を理平と改め、製陶に従事した。現在では一四代目が活躍中である。

　理兵衛焼の大部分は色絵陶器で、作風は京焼と類似する。碗・皿などの小型品や露盤《ろばん》・陶像・塔などの大型品が作られ、藩の什物《じゅうもつ》や贈答品、将軍家への献上品に使用された。理兵衛焼の献上開始時期は定かではないが、一八世紀初頭の武鑑には高松藩の献上品に「えん座」、「からすみ」、「まなかつを」とともに「茶ワン」がある。この「茶ワン」は御用焼物師の理兵衛が焼いた茶碗であろう。この時期の理兵衛は三代目重治《しげはる》であるが、茶碗の献上は長く続かなかった。享保七年（一七二二）になると将軍徳川吉宗が献上品の削減を令した。そのため、高松藩は茶碗の献上を中止し、四代目行高は京都に御用を命ぜられた。

理兵衛焼　栗林公園九重塔
（高松市栗林町）

由緒書によると、焼物献上の中止以後、紀太家は寒川郡との関係が深くなる。行高は享保一二年に焼物を再開し、藩命によって寒川郡神前村《かんざきむら》（さぬき市寒川町）の庄屋蓮井家の次男を養子に迎え、五代目弥助惟久《これひさ》とした。六代目も養子であったが、若くして病死したため、同郡富田西村の焼物師富永助三郎の弟子を養子に迎え、七代目とし、七代目の子である八代目理兵衛惟晴《これはる》は助三郎を焼方の後見とした。

　この付近には丸山という良質な陶土の産出地があり、燃料も豊富で、焼物生産には恵まれた環境であった。吉金《よしかね》窯跡、平尾窯跡、横井窯跡という三基の江戸時代の窯跡も見つかっている。この中の一つ吉金窯跡は五代目弥助惟久の実家である蓮井家のすぐ近くにある。この窯跡は昭和四三年に発掘調査が行われ、一八～一九世紀の全長四〇メートルの連房式登窯であることがわかった。窯跡からは多量の陶磁器片や理兵衛焼の印である破風《はふ》「高」のある土器片が出土した。この土器片は理兵衛焼の未製品である。未製品の出土は吉金窯跡でも理兵衛焼が焼かれたことを示しており、一八世紀以降になると高松の窯とともに吉金でも理兵衛焼を焼くようになったことがわかる。蓮井家はこの付近一帯を治める庄屋で、屋敷は『讃岐国名勝図会』に描かれるほどの名家であった。おそらく、吉金窯跡の築造や維持には蓮井家も関与していたのであろう。茶碗献上中止後、高松藩は紀太家と蓮井家を養子縁組させることにより、理兵衛焼の大量生産を目指したと想定される。

　吉金窯跡では理兵衛焼以外の日常雑器も焼かれていた。吉金窯跡やその周辺の窯で焼かれた陶磁器には「富田」の印銘があるものもあり、富田焼と呼ばれている。吉金窯跡で製陶した陶工は理兵衛の他に志度の赤松松山《しょうざん》、民山《みんざん》、富田西村の富永助三郎等がいた。赤松松山の実家である赤松家は志度で元文三年（一七三八）から製陶を始め、創業者の子の赤松清兵衛は筑前加須屋郡末村《かすやぐんすえむら》（福岡県粕屋郡須恵町）の権兵衛から陶法を習った。清兵衛の子の松山も志度で製陶をしていたが、天明元年（一七八一）被災のため、富田に移り、「藩公の窯跡」で権兵衛の孫の権助とともに製陶を行った。この「藩公の窯跡」は御用焼物師の理兵衛が陶器を焼いた吉金窯跡を指すと考えられる。赤松家に陶法を伝授した権兵衛や権助の出身地には黒田藩窯の須恵焼がある。吉金窯跡から出土した一八世紀の陶磁器の中には形態や文様が須恵焼と類似するものも多く、須恵焼が富田焼に多大な影響を与えたことがわかる。また、一九世紀になると、八代目惟晴の焼方の後見でもある富永助三郎が吉金窯跡や平尾窯跡で信楽焼を模倣した日常雑器を焼いたことが出土遺物からわかる。

　明治時代に入ると、吉金周辺では土瓶を中心とした陶器を生産し、その製品は吉金土瓶という名称で呼ばれていた。また、大正一一年（一九二二）には香川県製陶株式会社が設立され、茶碗や皿などの日常雑器を生産したが、会社は昭和初期に解散した。その後、藤田広一や向《むか》井《い》南陽《なんよう》等が富田で作陶を行い、昭和五〇年代になると紀太理光が富田焼を再興した。

（森下　友子）

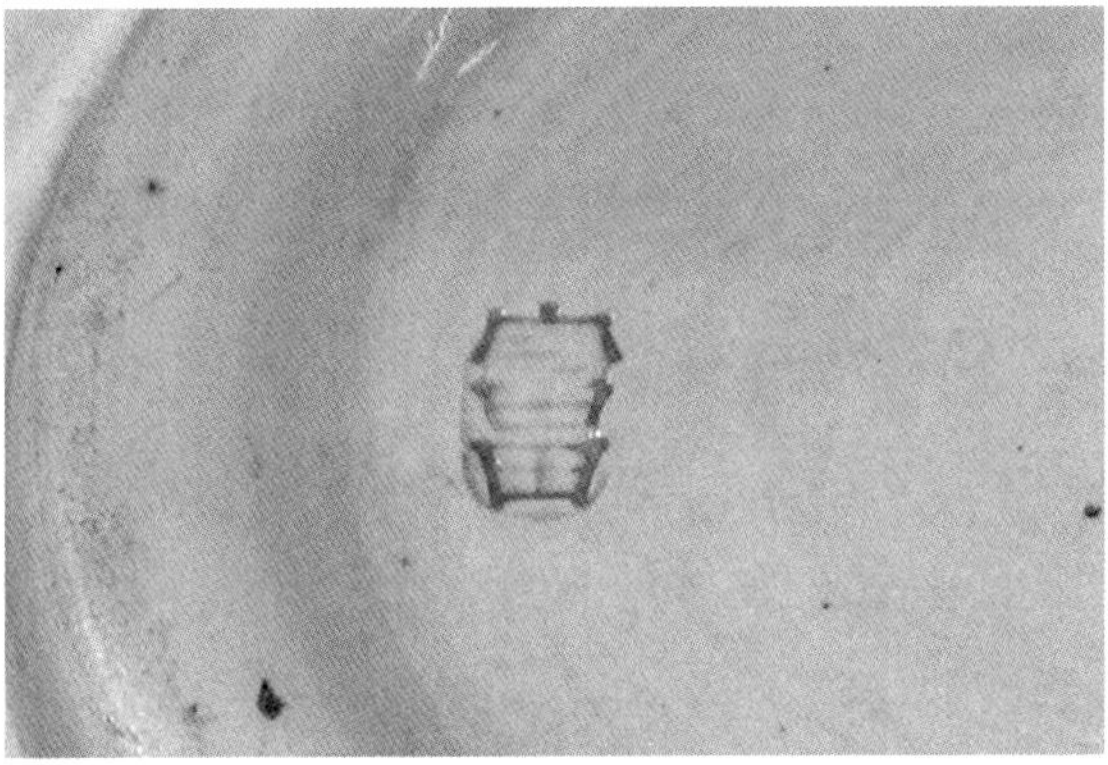

富田焼　陶器鉢
（高松松平家歴史資料／香川県立ミュージアム保管）

## 「かんかん石」の名称

香川県で「かんかん石」は、良い音の鳴る石として親しまれ、お土産にもなるなど身近な存在である。全国に「かんかん石」と呼ばれる石はいくつか存在するが、その中で、香川県で産出する石はいつごろから「かんかん石」と呼ばれていたのであろうか。

岩石学上は、頑火輝石《がんかきせき》に分類され、非常に緻密な輝石安山岩であり、硬質で風化に強い石である。

旧石器時代から長い間、良質な石器の材料となり、県内に留まらず広い地域に流通していたことがわかっている。石器の材料ではなく、良い音のする石として広く知られるようになるのは、江戸時代になってからであると考えられる。

宝暦年間（一七五一～六四）のころになると、江戸や京都などで盛んに物産会が催され、特に石に興味を持った人たちが奇石会《きせきかい》という交流会を開いている。奇石とは、不思議で奇妙な石や変わった石のことで、会では参加者が石を持ち寄り、展覧や交換などが行なわれた。

この奇石会を催した木内石亭《きのうちせきてい》は、近江国で生まれ、一一才のころから石に興味を持ち、八五才で亡くなるまで、日本各地から様々な奇石珍石などの石を集めている。「石の長者」とも呼ばれた人物で、平賀源内とは同門であり、後藤芝山《しざん》とも交友があったことが知られる。

石亭が収集した石の総数は二〇〇〇点を超え、これら石の集大成として安永年間（一七七二～八一）に『雲根志《うんこんし》』が出版された。

本書は前編（五巻）・後編（四巻）・三編（六巻）で構成され、霊異類・奇怪類・愛玩類・像形類・光彩類など現在のような鉱物学や岩石学の分類とは違い、いわれの面白い石や見た目の違いなどにより分類し、産出する地域や質についても紹介している。日本で最初の石の専門書といわれ、諸国で奇石ブームが起きたとまでいわれている。

『雲根志』では、音の鳴る石は「鈴石」「鳴石」「鉦鼓石《しょうこいし》」「磬石《けいせき》」などに分類されている。その内の「磬石」の項目に摂津能勢郡大丸村に磬石があり鉦鼓のごとく叩けば、磬の響きがあり、「土佐幡多《はた》郡《ぐん》蹉跎《さた》岬（足摺岬）に鉦鼓石という大石があり、打てば声が数町に響き鉦鼓を打つに異なることなし。また安芸より磬石を出す、板のごとくへぎ裂きたる物なり。大きさ尺ばかり、予蔵す物五六寸也なりその声磬に異なることなし」とある。そして「讃岐国白峰より同物いだす色青く黒し」と述べ、「安芸讃岐は上品なり」と音の質が良いことを評価している。この白峰で産出し、よい音のする石がかんかん石のことであろう。

同様の石を「磬石」と記した資料はいくつか存在するが、「かんかん石」とはっきり記しているのは、明治時代になってからである。

ドイツの地質学者エドムント・ナウマン（H. Edmund. Naumann）が日本で行った調査の後、明治一八年（一八八五）にドイツで発表した論文「日本群島の構造と起源について」の中に「Kankanishi」の単語を見つけることができる。

ナウマンは、明治政府に招かれ、明治八年から同一八年まで日本各地の地質を調査しており、調査旅行で最高に興味深い火山岩と出会ったこと、産出する地域が限定的であり、讃岐の「Jusyama（屋島？）」や小豆島などで産出し、金属のように大変美しく澄んだ音を出すので、「Andesit‟ Klingestein‟（安山岩　響石）」という名に値すると述べている。そして、実際に瀬戸内海地域では、土地の人々からほぼ響石と同じ意味である「かんかん石」と呼ばれているとしている。

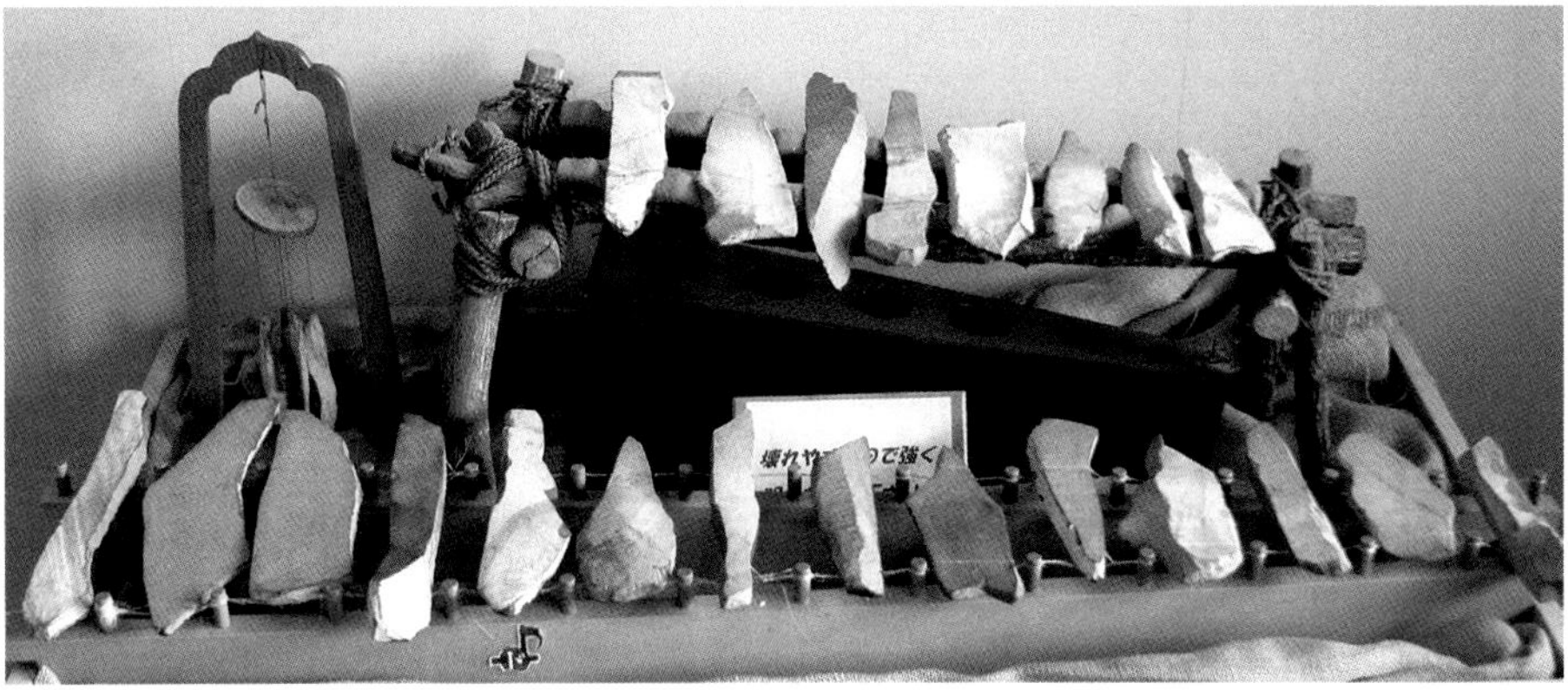

かんかん石で製作された石琴
（宮脇磬子氏製作／写真提供・高松市讃岐国分寺跡資料館）

かんかん石に興味をもったナウマンは、本国ドイツ、ミュンヘンの岩石学者ワイシェンク（E. Weinschenk）にこの石を提供し調査研究を依頼している。

研究の結果、明治二四年ワイシェンクは、産地の旧国名「讃岐」にちなみ、Sanukit（サヌキット）と命名、学会で報告する。これが英語読みのSanukite（サヌカイト）となり、世界的にも有名になる。日本でも「讃岐岩《がん》」の和名で知られるようになった。後に、東京大学教授で、岩石学・鉱物学・地質学と幅広い研究業績を残した小藤文次郎《ことうぶんじろう》が、サヌカイトに近縁な瀬戸内海地域の中新世火山岩をサヌキトイドと総称している。

多くの岩石は結晶粒が大きく、音波は吸収されてしまうが、かんかん石はガラス質で顕微鏡下においても微細な岩石であるため、音波の吸収が少なく、内部反射が互いに強まって余韻のある澄んだ音を出すといわれる。

現在、この音を活かした石琴などの楽器が製作され、演奏活動も行われている。楽器製作は、採取された石を自然石のまま、あるいは割ったり削ったりしながら音階にしていくが、一度加工すると二度と元にはもどらないという。このような困難な作業を経て、いにしえより響いていたであろう音を我々に伝えてくれている。

（仁木　智恵）

# 幻の解剖図医学書
## ―和田浜の名医 合田求吾・大介兄弟―

享保五年（一七二〇）の洋書輸入解禁後、長崎に遊学する医学者・科学者が急増する。讃岐国からも、宝暦二年（一七五二）古高松の久保桑閑《そうかん》を皮切りに和田浜（観音寺市豊浜町）の名医、合田求吾《きゅうご》・大介兄弟や平賀源内などが相次いで長崎を訪れた。

合田求吾は、享保八年一一月に生まれ、医業を継ぎ、初め同郡の合田又玄《ゆうげん》・高橋柳哲《りゅうてつ》に師事した。宝暦二年二月三〇歳にして京都へ至り、古医方の大家松原敬輔《けいほ》（一閑斎《いっかんさい》）に二年間学び、医術だけでなく、毎日論語孟子を読み立志徳身の心得を説かれるなど仁術の本旨も体得した。さらに宝暦六年江戸にて幕府医官で古経方の望月三英《さんえい》に師事し、遊学中には梶原平兵衛・元丈《げんじょう》・原雲庵《うんあん》などを訪ね研鑽を積んでいる。この後も京都へはしばしば通い、山脇東洋などと接した。

宝暦一一年には二月から閏四月まで、自ら長崎へ遊学し、阿蘭陀通詞吉雄耕牛《よしおこうぎゅう》・蘆風《ろふう》に学び、寄舎中の吉雄家で万巻《まんがん》の医術書を謄写するとともに、吉雄塾（成秀館）での講義録を残した。この講義録は『紅毛医言《こうもういげん》』と名付けられ、宝暦一一年閏四月の自序にあるように、外科のみと信じられていた紅毛医術の内科についても紹介し、『解体新書』よりも早く解剖図を掲載したのが特徴である。五巻五冊にわたるが元々毎日の講義録を記録したものであるため、各巻の標題も『阿蘭陀内治書《ないじしょ》』『紅毛医術』『紅毛医言』『西洋医述』と様々で、これを要約した一巻一冊本『紅毛医言』も存在し、永富独嘯庵《ながとみどくしょうあん》の序文や凡例が付され、出版を目指していたものと思われる。本書は、県内にあったコピー本しか知られていなかったが、近年岐阜県の御子孫の家で原本が確認され、里帰りが実現し、香川県立ミュージアムにて保管されている。

求吾は、安永二年（一七七三）四月享年五一歳で病没したが、多くの門人も育て、また求吾の残した人脈は弟大介をはじめ一族に受け継がれていった。

合田大介は元文三年（一七三八）生まれの、求吾より一五歳下の弟である。宝暦五年一八歳の時、兄の勧めで長崎へ行き、吉雄耕牛・蘆風に紅毛外科を二年間学び、戻った。兄はまだ学成らざるとして、さらに四、五度長崎遊学をさせ、大介は名声を馳せるようになった宝暦一一年二四歳で帰郷、またすぐ京へ向かい兄の師松原敬輔の許で二年間学んだ後、分家開業したという。蔵書の奥書によれば、この後明和年間（一七六四〜七二）にも何度か吉雄家を訪れ、紅毛医術書謄写をしていたようである。

大介の業績で特筆すべきは『紅毛医術聞書』『紅毛外科聞書』を師蘆風とともに著したことである。両書とも様々な腫れ物の症状と治療法を示した腫瘍論《しゅようろん》である。『紅毛医術聞書』はカンケル（悪性腫瘍）について紹介した初めての書であり、乳癌の切除手術を紹介した嚆矢《こうし》であるという。これが書かれたのは乳癌手術を初めて成功させた華岡青洲《はなおかせいしゅう》が麻酔薬の研究を始める直前のことである。『紅毛

伝合田求吾所用薬箱（合田慶助資料／香川県立ミュージアム保管）

外科聞書』では、痔の洗薬療法や乳癌の水銀薬療法などが書かれている。

郷里でも評判高く、門前市をなすが如くの状況で、他藩から治療に訪れる者も多かった。ある例をあげると、重度の梅毒で他の医者が匙を投げた高松藩士に対し、一〇日間水薬のみで過ごさせた後、丸薬を投与し、一度仮死状態に近づけたあと、粥と湯薬で治療を続け、一年で完治したという。使用した薬は紅毛のもので、治療法も紅毛医術の実践であると思われるが、その方法は我が国独自の古医方に通じる。また、兄同様恵美三《えみさん》など多数の古医方大家とも親しく

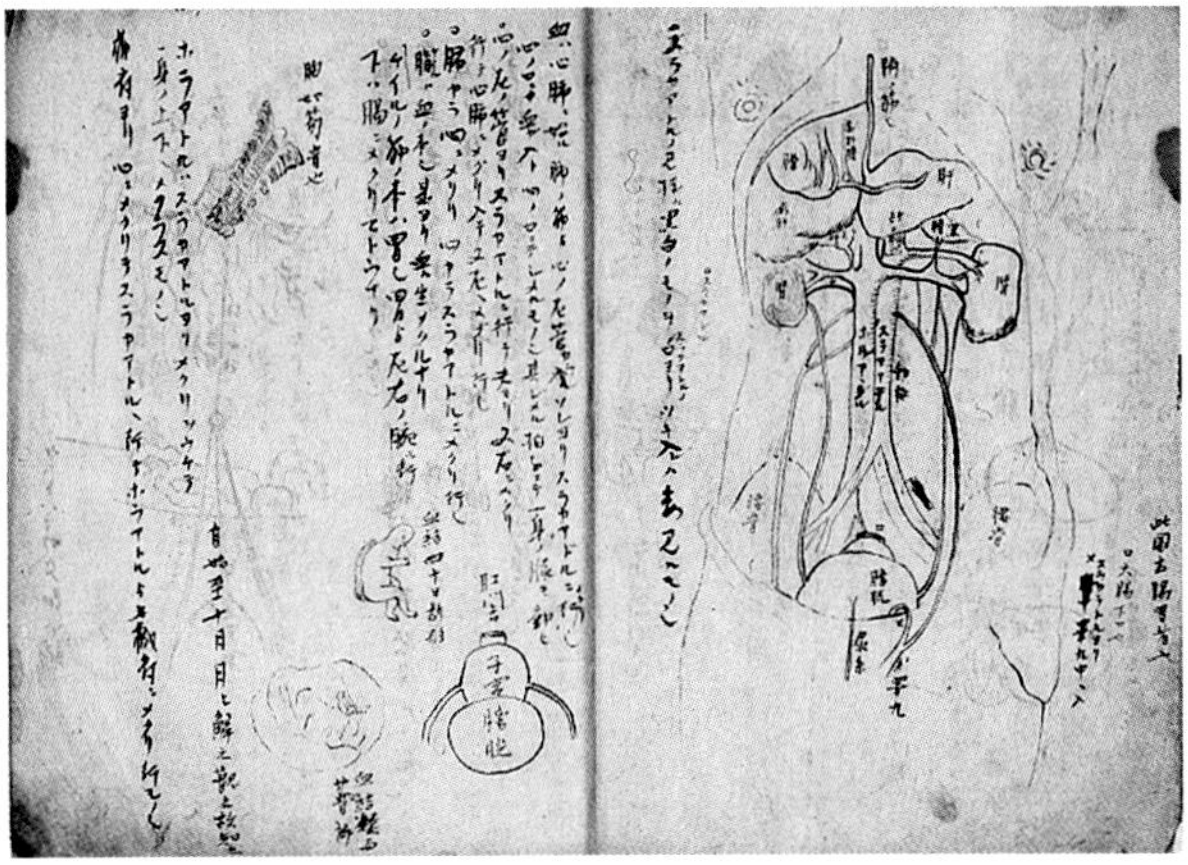

合田求吾が残した「紅毛医言」
（個人蔵／香川県立ミュージアム保管）

交わったという。これらの人々からの大介宛、子息宛の書状も多数伝わっている。寛政七年（一七九五）三月享年五八歳で没した。

紅毛医術を学ぶため長崎を目指した合田求吾・大介兄弟の足跡を追ってみると、長崎来訪前に古医方を学んでいたのは勿論のこと、来訪後も古医方を学び続け、古医方の大家たちと親密な関係を維持している。蔵書には、紅毛医術書だけでなく古医方の古典から最新書までが揃えられており、古医方を捨て紅毛医術に転換したということではない。求吾の唐人への書状に象徴的なように、和洋漢を問わず最新の医術を取り入れ、難病治療などに役立て、医術を進歩させていこうという限りなき探求心が長崎遊学の原動力と考えられる。

技術的にも古医方の汗吐下三法《かんとけさんほう》を基礎に据え、新薬や新治療法を取り入れ、高いレヴェルの治療を行うことを目指している。『解体新書』刊行後の動向と異なり、古医方や東洋医術を排除することなく、新たな紅毛医術をそれらに融合させることで医学の進歩を図っていったのが、一八世紀前半の紅毛医術受容の特徴と考えられる。

紅毛医術の伝播に重要な役割を果たしたのは阿蘭陀通詞家であった。兄弟の師匠吉雄耕牛は、通詞のかたわらオランダ商館付医師ツンベルク等からオランダ医学を学び、家塾成秀館で多くの門人を育て、輸入品の蒐集にも努めた。門人中には杉田玄白・前野良沢・平賀源内らがおり、『解体新書』の序文も書いている。求吾は、早い段階で教えを実践し、耕牛の講義録を残した。この講義録は出版には至らなかったが、彼の人脈を通じて古医方にも大きな影響を与えていった。求吾・大介兄弟は、吉雄耕牛・蘆風兄弟に認められ、多数の最新医書の提供を受けており、兄弟の蔵書が伝世する合田家文書は、一八世紀の紅毛医術及び古医方を集大成した全国屈指の近世医学書コレクションである。

（胡　光）

# 戦争俘虜と収容所

香川県内の近代における俘虜《ふりょ》収容所を時代順に見ていくと、日露戦争時の明治三七年（一九〇四）七月から仲多度郡六郷村（丸亀市塩屋町）の塩屋別院（本願寺塩屋別院）に、丸亀俘虜収容所が設置された。翌年五月には、同郡白方村（多度津町）海岸寺北海岸に俘虜収容所が設置されており、これは一般的には、白方俘虜収容所であるが、善通寺師団の管轄にあったため、善通寺俘虜収容所が正式名称である。満州（中国東北部）などで捕えられたロシア兵俘虜（捕虜）が、それぞれ、三五〇名、一〇〇〇名収容されていた。なお、明治二七年九月二五日付『香川新報』記事によると、塩屋別院は日清戦争時に清国の俘虜を収容する予定であったが実現しなかったと報じられている。

第一次世界大戦時、日英同盟のため、ドイツと交戦することとなった日本陸軍はアジアにおけるドイツの租借地である中国の青島《チンタオ》を攻めた。ここで捕らえられ、丸亀に送られてきた三二四名のドイツ兵俘虜は、大正三年（一九一四）一一月に多度津港から上陸、ほとんどの俘虜は塩屋別院、将校は船頭町看護婦養成所であった建物（丸亀市西本町）の二か所（合わせて丸亀俘虜収容所）へ徒歩で移動した。その時多度津港では花で飾られた門にドイツ語で「心から同情して歓迎します」と書かれていた記録が残っている。大正六年四月、四国の三連隊（丸亀・松山・徳島）管轄の俘虜約一〇〇〇名は鳴門近郊の板東に移動するまで二年五か月間を過ごした。

陸軍墓地（丸亀市土器町）にある二基の墓は、病死した俘虜の墓で、一基は日露戦争時のロシア兵俘虜、もう一基は第一次世界大戦時のドイツ兵俘虜の墓である。

国際法上、俘虜に対しての人道的な処遇が決められていた。ドイツ兵俘虜について見てみる。俘虜に対して健康、食事が配慮された。献立を見ると、朝食はパンにコーヒー、昼・夕食には牛肉、ベーコン、ジャガイモ、玉ねぎなどが使われ、栄養に富んだ食事が与えられた。さらに面会、郵便等が許可された。監視付ではあるが、収容所外への散歩も行われ、週に二回は中津公園まで出かけ、サッカーやシュラークバル（ドイツ式野球）を楽しんだ。外出時には地域の住民と接触することもあった。酒保（売店）の開設が認められていた。演劇や娯楽会も開かれた。ただ、塩屋別院では俘虜一人当たり畳一畳分ほどしかなく、床下に空間を確保す

塩屋別院本堂に集合するドイツ兵俘虜（鳴門市ドイツ館蔵）

塩屋別院内でのドイツ兵俘虜の演奏会（鳴門市ドイツ館蔵）

る俘虜もいた。施設は手狭で種々の制約はありながらも比較的自由な生活をしていた。国際法上、俘虜に対して過度な労働をさせてはならないことが決められていた。宗教の自由も認められていた。

人道的処遇であった第一の理由は、日本が国際法を遵守する国で欧米列強から文明国、一等国として認められることを望んだので、俘虜を人道的に扱うことを明記したハーグ条約を守ろうとしたということが挙げられる。加えて所長の個人的裁量によるものも大きい。丸亀俘虜収容所長石井彌四郎は人道的な所長であったと考えられる。また第一次世界大戦時の鳴門にあった板東俘虜収容所長松江豊寿は映画『バルトの楽園』にも取り上げられているが、俘虜に対して人道的で寛容であった。同俘虜収容所の高木繁副官の先祖は丸亀藩士であったが彼も同様であった。

人道的処遇であった第二の理由は俘虜の多くは知識・技術を持っている者が多く、彼らから学ぼうとしたからである。俘虜は県立工芸学校などへ出向いて技術指導を行なっている。俘虜が丸亀から板東に移る直前には収容所近くの寺を会場にして製作品展示会が催されている。

俘虜の音楽活動は活発で、寺院楽団から丸亀保養楽団となった。楽団は、中心人物がパウル・エンゲルで、楽器は弦楽器が中心であった。他にもマンドリン楽団、合唱団もあり、寺院内（施設内）での活動であった。外ではパウル・エンゲルとスタインメッツは丸亀高等女学校で教師に対して「試験的演奏」を行っている。これらの音楽活動は板東俘虜収容所へも引き継がれた。板東における日本初の「交響曲第九番」の演奏は、ヘルマン・ハンゼン指揮によるＭＡＫ（膠州海軍砲兵大隊）オーケストラによるものである。収容所内の生活では、俘虜同士の諍い、収容所の管理に対する抵抗や収容所からの脱走事件などもあった。音楽活動などが俘虜の無聊の慰めになっていたのではないだろうか。

最後に、太平洋戦争時には、開戦直後の昭和一六年（一九四一）一二月一二日に陥落したグアム島の連合軍俘虜四二二名が翌年一月一五日に多度津港に着いた。琴平参宮電鉄に乗車し善通寺俘虜収容所（善通寺市文京町）に向かった。太平洋戦争中における善通寺俘虜収容所は全国最初の俘虜収容所である。最大時で約一八〇〇名収容されていた。病死した一〇名の俘虜の墓は陸軍墓地（善通寺市生野町）にある。

（嶋田　典人）

# 主基地方
## —大正天皇即位大嘗祭と香川—

大正四年（一九一五）五月二七日、綾歌郡山田村（綾歌郡綾川町）では、盛大な田植式がおこなわれ、多くの人で賑わっていた。大正天皇即位大嘗祭《だいじょうさい》の主基《すき》地方に香川県が定められ、斎田が山田村に置かれた。天皇の即位式典である大嘗祭で使用する穀物等を栽培する田を斎田というが、斎田は東日本の「悠紀《ゆき》」と西日本の「主基」の二か所が置かれる。

大正天皇即位大嘗祭は大正二年に予定されており、同年二月に香川県が主基地方と定められた。しかし昭憲皇太后崩御のため、大嘗祭は延期されることとなった。この時の香川県民の落胆ぶりは想像にかたくない。その後、大正天皇即位大嘗祭は大正四年におこなわれることとなり、主基地方も香川県に存置されることとなった。香川県民の喜びも相当のものであったろう。このような事情もあり、山田村でおこなわれた田植式等にも多くの人々が集まり、その様子を見物したのであろう。

ところが、主基地方として盛り上がっていたのは、綾歌郡山田村だけではない。大嘗祭に使用する筵《むしろ》も主基地方から徴せられ、その栽培地に香川・仲多度・三豊の三郡が選ばれた。ここでは三豊郡を例に大嘗祭御用筵栽培地の様子を見てみよう。

大正四年の財田村（三豊市財田町）の村会会議録によれば、六月九日に「御苗献納」の命があり、農会・青年会などが急いで準備をおこない、六月一四日には献納している。あまりに急な命令であったため、財田村会でも事後報告がおこなわれているだけである。苗は財田村から笠田村（三豊市豊中町）に送られた。笠田村は御用筵栽培地を六月七日に拝命していたようである。御用筵栽培地の田植式は六月一四日と定められていたようで、笠田村では財田村から御苗が送られてくるのを待って、同日に田植式をとりおこなっている。この時の様子を伝える絵ハガキを見てみると、山田村に劣らないほどの人で賑わっていた。その後、笠田村では九月一〇日に稲刈をおこない、九月二三日に筵を作成した。一〇月四日には盛大な筵の完成式がおこなわれ、一〇月八日に京都に献納している。余談ではあるが、笠田村ではこの時に作成した筵の一つを、村の神社に奉納したという。その神社に奉納されたという筵が、三豊市教育委員会に伝来している。

大嘗祭御用藁筵栽培地　早乙女田植景絵はがき（個人蔵）

また東宮侍従長御歌所長の入江為守が香川県を訪れ、各地で「主基地方風俗歌」を詠んだ。その風俗歌を画題に「主基地方風俗歌屏風」が作成され、その屏風は大嘗祭で利用される。主基地方風俗歌屏風の作成を担当したのは、竹内栖鳳《せいほう》である。竹内栖鳳は大正二年より帝室技芸員を勤めている。風俗歌のなかから画題に選ばれた地域は、九十九山（観音寺市）、琴平山（仲多度郡琴平町）、財田村、天霧山（仲多度郡多度津町）であった。竹内栖鳳は実際にこれらの地を訪れ、屏風を作成したようで、三豊市役所財田庁舎には竹内栖鳳からの書状が伝わっている。竹内栖鳳は財田村の山田井神社付近の丘陵から財田の稲刈りの様子を描いたようである。現在、山田井神社には「宝田豊穣ノ景写生処」の碑が建てられている。

大正天皇即位大嘗祭御用筵（三豊市教育委員会蔵）

こうして三豊郡の主基地方としての役目は終わることになるが、三豊郡では翌大正五年に主基地方としての記念碑建立が考えられたようである。大正五年の第八回財田村会では、「主基風俗画ノ地方ニ特選及御苗献納ニ関スル記念碑建設ノ件」が議題となっている。会議録によれば、記念碑建設は三豊郡長の提案によるものであり、風俗費用の補助などもあったようである。この時の財田村会では、風俗画屏風の地に選ばれたことを記念した「たからだの碑」（鉾八幡宮境内）の他に、御用筵作成の御苗を洗い清めたことを記念して、雨之宮神社に「御苗洗所之碑」の建設も議論されている。「たからだの碑」は三豊郡の保勝会などの補助もあり、大正六年に建設されている。「御苗洗所之碑」は明治一〇年に建設されているが、三豊郡の記念事業として実施されたのかどうかは不明である。大正六年の第二回財田村会では「たからだの碑」建設については議論されているが、「御苗洗所之碑」の建設については議論されていない。

また、笠田村では御用筵の栽培地跡の西北側に「主基殿御用筵碑」が建立された。「主基殿御用筵碑」は新上公民館に隣接して現存している。明治八年の建立であるが、これも三豊郡長の提案により作成されたものと考えられる。

山田村では主基斎田を記念して主基農学校（香川県立農業経営高等学校）が建設されるなど、大規模な記念行事がおこなわれたようであるが、三豊郡をはじめとした大嘗祭御用筵栽培地でも、山田村に劣らぬような記念行事がおこなわれていたのである。

主基斎田といえば、どうしても山田村が注目されるが、主基地方は香川県全体であり、山田村だけではない。今後の詳細な調査により、他の地方でも主基地方に関する事実が発見されることを期待する。

（宮田　克成）

# 香川の農民運動と普通選挙

戦前の香川は西日本有数の地主王国であった。大正八年（一九一九）、小作地率は六六パーセントで全国一位、五〇町歩以上の巨大地主は七一戸、一〇町歩以上の大地主も四五六戸で、これは西日本で熊本・福岡県に次ぐものであった。一方農家一戸当たりの平均耕作地は田が四・六反、畑が一・三反のいわゆる「五反百姓」とよばれる零細経営である。そして大正後半期は農村が急速に商品経済（資本主義）に巻き込まれていくが、彼らは離農しても就職すべき地元企業が少なく、生計を農家副業や出稼ぎで補わねばならない最も苦しい谷間の時代であった。平均収穫高二石四斗四升に対し、一石三斗という高額の小作料を地主に納めていた。小作料の他に「込米《こみまい》」（俵装後の乾燥で目減り分を補うため定額外に一俵につき二升を余分に納める）や、小作契約の際に甘土《あまつち》料（いわば小作敷金で一反につき三〇～五〇円を前納する）を納める習慣があった。納入できない場合は小作料がさらに二斗ほど高くなる。こうして小作争議は小作料の減額要求から始まり、次いで地主の小作地返還要求に対して耕作権確保の要求となっていく。香川の小作争議は大正一〇年を境に新しい段階に入り（個人交渉から団体交渉へ）、昭和三年（一九二八）に日本農民組合香川県連合会が壊滅するまで、小豆郡を除く全県下に急速に広まっていった。

まず麦年貢（大正一〇年の津田争議では高松雄弁会の前川正一らが応援に駆け付ける）や込米の撤廃要求に始まり、次いで小作料の減額を要求して不納同盟を結ぶ。これに対して地主側も稲立毛を差押え換価処分に付すなど強権を発動する（伏石《ふせいし》事件）。そこで稲立毛の換価競売では地主側を閉め出し安く落札するため多数を動員する戦術（大衆的小作争議）をとる（金蔵寺事件）。更に地主側の小作地返還要求に対抗しては耕作権の確立運動（土器事件）を展開する。

伏石事件の場合を見よう。高松太田村大字伏石では、大正一一年小作人一五〇名が各地主に小作料の永久二割ないし三割減額を要求し、麦の不耕作同盟を結んで地主側に対抗した。翌年三月、隣接栗林村の平野市太郎らが組織した小作組合に刺激されて、伏石でも中塚与吉や林雪次を中心に約三〇〇名が日本農民組合伏石支部を組織し、小作料の永久三割減を要求、小作米を共同保管して争った。地主側も伏石松縄地主協同会を結成、小作料請求訴訟や動産仮差押えを行って対抗する。同年一一月、総反別八町余歩の稲立毛を地主側が差押え、その換価競売で小作人四名の稲立毛を地主側が落札した。麦蒔きの時期が迫っていたため地主側に即刻刈り取るように要求したが容れられなかった。そこで日農幹部の大林熊太が顧問弁護士の若林三郎と相談の結果、民法に規定された「事務管理」を適用して、小作人が共同で刈り取り、その費用が支払われるまで「留置権」を行使して、刈稲を保管した。これが後に「窃盗罪」として起訴されることになる。二四名が検挙

伏石事件記念碑（高松市伏石町）

島木健作居住跡・農民解放功労者記念碑
（木田郡三木町）

闘士大林熊太之碑
（丸亀市飯山町）

され、裁判の結果、若林三郎・前川正一・真屋卯吉・大林熊太が窃盗教唆の罪、他の被告は窃盗罪で懲役一〇月以下四月に処せられた（金蔵寺・土器事件では「騒擾罪」に問われる）。

県内各地の小作争議がねばり強く闘われた背景には日農香川県連や各支部の精力的な支援活動と指導があった。一一年一〇月、長尾町（さぬき市）で県下最初の日農支部が結成され、一二年六月までには支部数四九、組合員数は二二五一名、一五年六月には支部数一四〇、組合員数一万二〇五五名を擁し、全国一の大組織に発展した。日農県連では争議の支援はもちろん夏季農民講座を開き啓蒙に努めていた。

組合を基盤にして農民は村政や県政への政治参加に向かった。例えば牟礼・志度・善通寺・長炭（仲多度郡まんのう町）などの町村会は小作代表が過半数を制し、川津村では藤本金助を村長に、長炭村でも村長・助役を労農党で固めた。昭和二年九月、普通選挙制による初めての県会議員選挙では労農党から溝渕松太郎、平野市太郎、中村康三、古川藤吉の四名の当選者を出した。四名を出したのは香川県だけである。

次いで翌三年二月の普選による最初の衆議院議員選挙は天王山として全国の注目を惹いた。香川第二区には「輝ける委員長」として知られた大山郁夫を、第一区には党幹部の上村《かみむら》進を立候補者とした。しかし官憲側の徹底的な選挙干渉で大山郁夫も上村進も当選出来なかった。選挙が終わると、ただちに上村進が治安警察法違反で起訴され、県連書記の宮井進一と朝倉菊雄（作家名・島木健作）らも検挙され、三・一五事件に連座して起訴された。やがて日農香川県連の主な指導者が次々に拘引され、支部の解散や脱退を強要され、日農香川県連は完全に壊滅した。四人の県議も強制されて辞職する。

しかし翌四年、平野市太郎らを中心に穀物検査改正期成同盟、七年には香川県穀物検査程度緩和協議会が結成されている。会員数は約一万五〇〇〇名といわれた。昭和一〇年、平野市太郎が県議に返り咲き、林千太郎・溝渕松太郎と合わせて「三太郎」と称された。

昭和九年刑期を終えた宮井進一は大川郡松尾村（さぬき市大川町）で農民組合の再建運動に取り組むが、その姿を島木健作は小説『再建』で描いている。

（和田　仁）

## 満州開拓の記憶をつなぐもの

昭和六年（一九三一）の満州事変後、満州への農業移民送出論が高まり、翌年から試験移民が送られた。昭和一一年には広田弘毅内閣が、国策として二〇年間に百万戸（五百万人）の移民を送出する計画を決定した。これは、日本の支配下にあった満州の治安維持のために満州の日本人の人口を増やし、同時に日本国内の農村の疲弊を救済し、農村の過剰人口を整理するための政策であった。しかし、戦時体制下では国内の兵力・労働力需要が増え、大量に移民を送出することが困難になった。その不足を補い、中国・ソ連との国境防備を強化するために、昭和一三年から満蒙開拓青少年義勇軍として、若年層の送出が推進された。

入植後、数年かかってようやく生活が安定したのもつかの間で、戦争末期になると、開拓団の戸主層・義勇隊員の多くが召集された。昭和二〇年八月、ソ連侵攻・日本の敗戦により、老人・女性・子どもばかりになった開拓団は前線に取り残されることになり、日本に帰るために避難を続ける途中で、飢えや寒さ、病気等によって多くの命が失われるという悲劇に見舞われた。

『満州開拓史』によれば、開拓団・義勇隊として計七八八五人が満州に渡った。なかには、栗熊村（丸亀市）のように、分村して多数の村民を送出したところもある。そのうち、半数以上の人が生きて日本に帰ることができなかった。

高松市一宮町の田村神社境内の一角に「香川県海外開拓者殉難之碑」（以下「殉難之碑」とする）がある。これは、香川県から開拓団員、義勇隊員また報国農場や花嫁女塾の隊員として満州に渡り、日本への帰国を果たせずに亡くなった人々の慰霊のために建設が計画され、昭和五六年三月に竣工したものである（平成二五年四月時点で合祀者は二一三〇名）。地上九・五メートル（碑は五・七メートル）の巨大な石碑で、「香川県海外開拓者殉難之碑」の文字は、元内閣総理大臣大平正芳の揮毫《きごう》である。

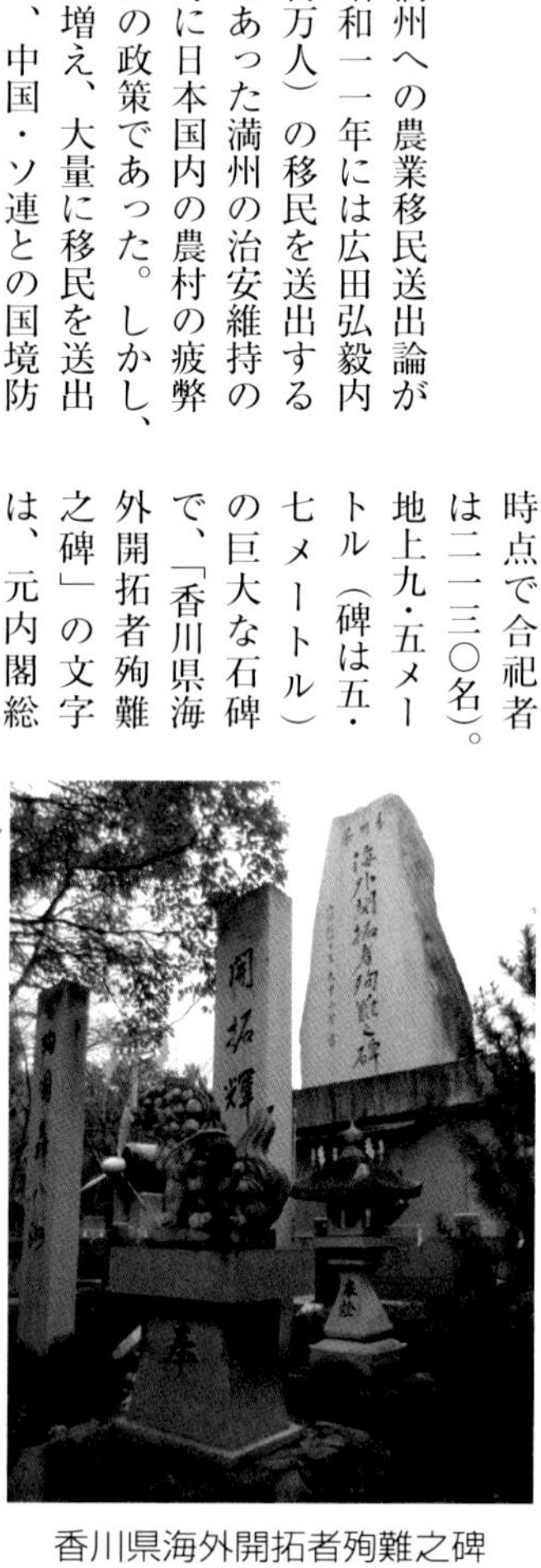

香川県海外開拓者殉難之碑
（高松市一宮町）

昭和五二年二月「香川県海外開拓者殉難之碑建設会」（以下「建設会」とする）が発足し、碑の建設に向けて動き出すことになった。建設場所は、五色台や栗林公園などさまざまな案があったが、最終的に、県内各地から参拝に訪れやすい田村神社境内に決定したという。建設予算は三千八百万円で、満州からの引揚者を会員に募って寄附を呼びかけ、また県や各市町に対し建設費助成の陳情書を提出し、資金の確保に奔走した結果、「建設会」の発足から三年後の昭和五五年六月に着工にいたった。

「建設会」の発足に携わった西山繁夫氏（元王栄廟青少年義勇隊員）によると、終戦後は誰もが自分の生活の立て直しに精一杯で、同じ開拓団や義勇隊だった人と連絡をとったり、集まったりすることはなかったという。西山氏は昭和四三年頃に王栄廟開拓団の人から慰霊祭を行っていることを聞き、初めて出席した。王栄廟開拓団の慰霊祭はその数年前から行われていたようであるが、これを県全体に広げてできないかという話になり、「殉難之碑」建設計画につながっていったのだという。

開拓資料館の内部

「建設会」の発足と同じ年、三豊市豊中町にある四国八十八ヶ所霊場第七〇番札所の本山寺境内に、五河林三豊開拓団の関係者が中心になって満州開拓慰霊堂・資料館が建立されており、この時期に香川県で満州開拓に関わって亡くなった人を慰霊するという動きが活発化したことがわかる。戦後三〇年が経過して、ようやく帰国後の生活が落ち着き、満州の地で亡くなった家族や仲間の慰霊を考えられるようになったということであろうか。

昭和六三年には、「殉難之碑」を訪れた人々が集い、交流する場所が必要になり、碑の傍らに開拓資料館が作られた。そこには、会員が提供した写真や手記などの資料が展示・保管されている。

資料館の壁面には約百点の写真が飾られている。各団体の幹部の肖像写真が多いが、義勇隊の訓練中の写真、現地の開拓団で撮影された貴重な写真もある。額に入れて掲示されているもののほか、各団体別にアルバムに整理したものもある。次に、手記類でまとまったものとして、戦後五〇年の節目に作成された「香川県海外開拓者殉難之記」がある。団体ごとに一冊作られており、全部で三八冊（うち一二冊は白紙）が桐箱に納めて保管されている。内容は、団の概要（戸数、人数、入植から引揚までの過程など）を述べたものと引揚時の過酷な体験を記したものとに大きく分かれる。香川県から送出された開拓団や義勇隊の手記が同時期に作成され、まとまった形で保管されているのは他に例がなく、貴重な資料であると言える。そのほかに、様々な書籍や会の活動記録、またごく少数ながら満州で着用していた衣類などの実物資料もある。

資料館を概観すると、満州での生活を直接伝える写真や生活道具など一次資料が非常に少ないことに気付く。資料館の完成時には引揚から四〇年以上たっていたために多くの資料が失われていたとも考えられるが、満州から持ち帰ることが出来なかったことを示しているとも考えられる。資料が少ないという事実が、引揚中の混乱や過酷さを物語っているとも言えるのである。

現在、「殉難之碑」の完成からも三〇年以上が経過し、間もなく戦後七〇年を迎えようとしている。満州開拓の体験者、「殉難之碑」建設に関わった人の多くが亡くなり、その記憶は急速に失われつつある。今後は、「殉難之碑」や資料館の資料が、満州開拓の記憶を伝えるものになっていくだろう。

慰霊碑や資料によって伝えられることには限界があるかもしれない。しかし、出来るだけ多くの情報を語り、記すことによって伝えていこうとする努力、それに耳を傾け、出来るだけ多くの情報を受け取ろうとする努力、その両方が今必要とされている。

（野村　美紀）

# 川津村の寺子屋

旧川津村は、ほぼ現在の坂出市川津町一円よりなり、現坂出市内で唯一かっての鵜足郡に属し、明治初期の人口は約三〇〇〇人の純農村地域である。江戸時代後期になると庶民による教学への関心が高まり、この地域でも教育機関として幾つかの寺子屋が開設され、多い時には村内で一〇〇名程度の子供達が寺子屋へ通った。

川津村の寺子屋については、宮本作之丞氏（法勲寺小学校初代校長）による口伝記録の他、顕彰碑、墓碑銘、古文書などによりその姿をうかがうことができた。

その川津村の寺子屋の概要を以下に示す。

①豊田《ほうでん》敬二塾　南新田（上西原）

文化四年（一八〇七）、門弟達（世話人西川某、大北某）により豊田敬二を顕彰する祠（上西原荒神）を建立している。当寺子屋は地域限定の塾であり、この地域の人達に他地域の子供たちと同様、子弟に教育を受けさせたいという強い願望があり、豊田敬二という師匠を得て開塾したものであろう。ここで開塾した寺子屋が後の南新田分教場へとつながる。なお、南新田分教場は明治三三年（一九〇〇）九月川津尋常小学校に吸収され廃止となる。

②玉井浅之助塾（牢人）　峠

文久二年（一八六二）頃、病没するまで峠の地で開塾。『梧庵略傳』都崎秀太郎翁傳によると、寺子には後に衆議院議員など要職についた都崎秀太郎や沢村小善太（川津村初代村長・県会議員）を輩出している。玉井浅之助は高松藩士福家才蔵（西又）の三男で、峠へ分家した福家太三郎家から玉井家の養子となり、後に峠の地で寺子屋を開いた。

③対飯館　塾主　宮本金五郎（医師）　元結木

宮本金五郎は安政年間（一八五四～六〇）、末包家（津之郷）から引き継ぎ寺子屋対飯館を開塾。寺子は多い時は七〇余人であったと伝えられている。初代塾主の金五郎は明治五年四三才の若さで病没。子息の寅太が幼少の為、明治初期から分家の宮本直一郎（綾浦・画家）など一族の者が塾の運営にあたる。その後、明治五年四月二二日の「郷校設置奨励の達」により、対飯館はその役割を終え、元結木に開校される村黌《そんこう》へ引き継ぐことになる。対飯館を開塾した宮本金五郎は元結木の裕福な地主の家に生まれ、幼時から北原某（高松）に漢学を学ぶなど勉学に励んだ。また、二村の鷺岡氏に医学を学び医院を開業し生業とした。その後、勤皇家である藤川三渓に師事し漢学を修める。対飯館の塾名は開塾にあたり師の藤川三渓から贈られたものである。

④福家塾（大宮八幡宮社家）　井手ノ上

福家塾は文化年間（一八〇四～一八）、大宮八幡宮宮司福家内記（翠錦閣文龍・俳諧宗匠）が開塾。天保二年（一八三一）一〇月二一日文龍が他界。養子の岩太が継承する。明治五年、福家岩太が川原村など近郊四か村により下法軍寺村島田の地に共同で設立した楠坡《なんば》小学校の教師となったことにより閉塾。

⑤塩田門成塾（通称　秀造、山田説教所の僧侶）　山田

塾主は真宗興正派の布教師で漢学者である。寺子は二〇名程度であった。明治五年東川津村の村黌へ引き継ぎ、塾主塩田門成師は村黌及びその後開学する初代城山《じょうやま》小学校の校長を務める。なお、塩田塾は山田説教所で開塾し、手習いを中心に教えた。東川津村村黌は新校舎完成（明治八年）まで同所及び春日神社社家を借家し開校した。

⑥福家九郎次塾（春日神社社家）
大宮八幡宮社家福家家とは同族。塾主は福家九郎次（安堯）で幕末頃から春日神社社家で開塾。明治五年東川津村村黌開校により閉塾。

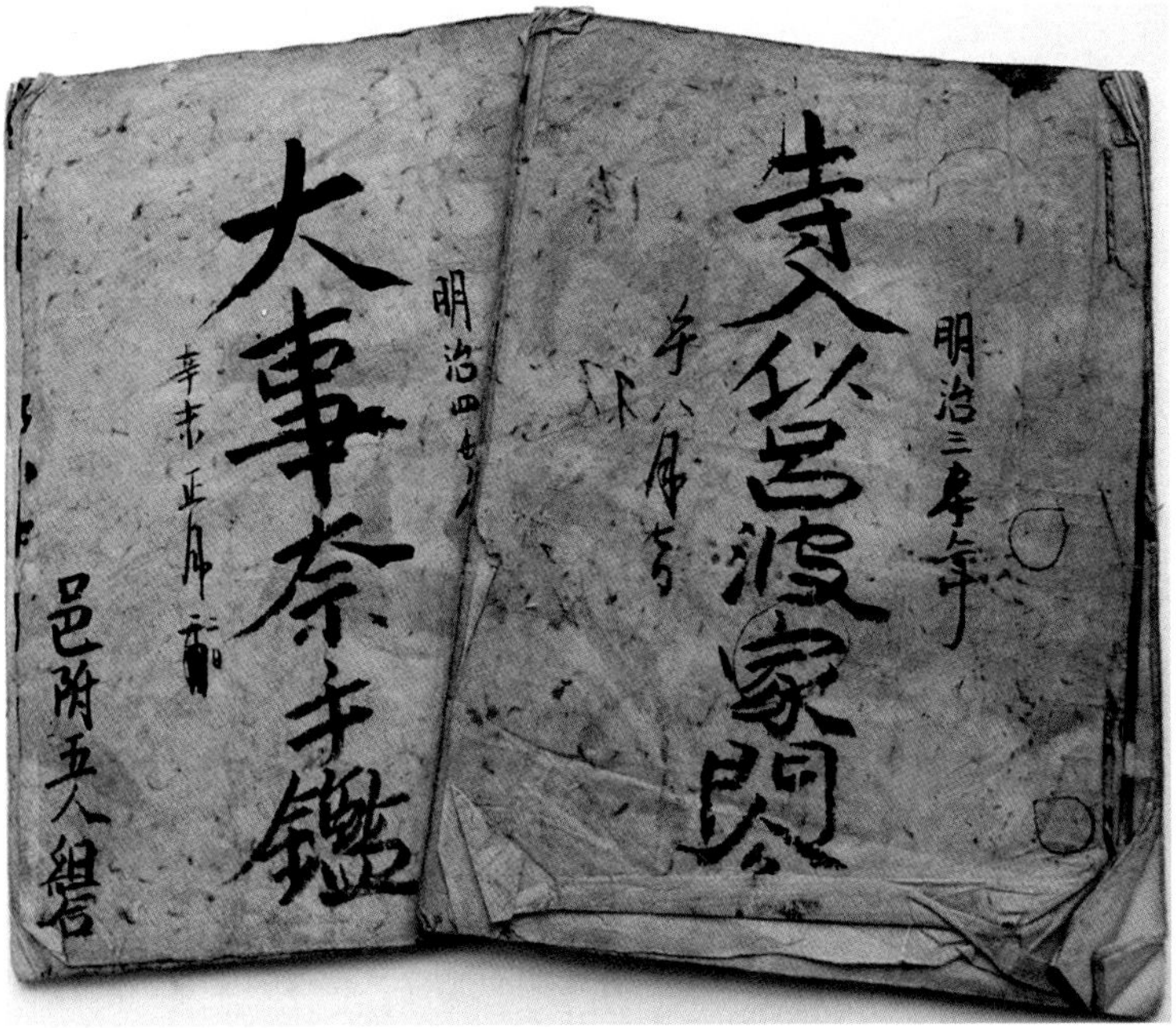

宮本寅太の手習帳（個人蔵）

寺子屋は、男女共学であり、寺入り年齢は満八歳から九歳で、修行年限は四～五年の者が多かった。教場は師匠の居宅または社寺の一部をあて、寺子は自分の机と文箱を携帯してきた。また、寺子屋では天神様（菅原道真）を崇拝することが広く行われており、対飯館や塩田塾では毎月二五日には黒岩天満宮への参拝や床の間に天神様を祭り礼拝を行っていた。寺入り時期は随意であるが、一般的には旧正月一一日（机初の日）に行った。入門の際の束脩《そくしゅう》（入塾金）は少額の銭か米を持参した。

また、謝儀（月謝）は心任せであり、その他、五節句、盆、正月には父兄が餅や季節の野菜などを届ける心まかせの「つけ届」の慣習があった。これに対し師匠は返礼として白紙一束を寺子に持たせた。その他、七夕の夜には笹に短冊をつるし、父兄を招き酒食を供して、星祭りを行った。

寺子屋では俗にいう、読み、書き、そろばんを教えたが、中心は手習いであった。寺子には習熟度に差があるため師匠が手習い手本を書いて与え、これを読み聞かせ、これを書かす。初めは師匠が手をとって運筆を教えるなど個別に指導を行った。また、そろばんは九々の練習と加減乗除が主であった。対飯館では寺入り一年目に「以呂波《いろは》、家門、人名、包物上書」を、二年目には「邑附《むらづけ》、五人組合」など実用語を教えている。さらに上級になると「論語」の素読、「百姓往来」「商売往来」などを教えた。

寺子屋の収入は貧弱でありながらよく維持されてきたのは、師匠たる経営者が余業として奉仕的に指導してきたからである。これらの寺子屋で学んだ子供達が、後に小学校開校にあたって管理者、教師、支援者となり師匠達の精神を受け継いでいくことになる。

（谷本　智）

# 香川県教育会における中等教育要求

第三次香川県設置から半年後の明治二二年（一八八九）六月、香川県教育会（以下、県教育会）が創設され、同年に機関誌『香川県教育会報告』の発刊が始まっている。第三次置県に至る分県独立運動の経緯からすれば、第三次香川県は設置と同時にさまざまな学事上の課題を内包していたとみられ、その課題意識は「民心ヲ鼓舞シ学政ヲ賛襄シ教育ノ発達ヲ図ル」ことを標榜した当時の県教育会において、一層自覚的であったと考えられる。学事問題のなかで県教育会が緊要と考えたのは、初代幹事岡内清太がのちに述懐しているように尋常中学校の設立問題であり、岡内の言葉どおり県教育会は設立直後からこの問題への対応に着手している。本稿では、県教育会の尋常中学校設立に向けた事蹟の一端を紹介する。

二三年度香川県通常県会（二二年一一月二八日～一二月二六日）において尋常中学校設立費が削除されると、県教育会は二三年三月に第一回総集会を開き、尋常中学校の設立問題について審議した。建議演説を行ったのは旧愛媛県会議員片山高義であった。片山は第三次置県直前の二〇年、中学校令と同日に公布された諸学校通則の第一条による尋常中学校（以下、「通則一条校」）を設立するため、菊池武熙、小田知周、堀田幸持らとともに讃岐教育義会を発起した人物である。県教育会の幹事に菊池、小田が、阿野鵜足郡部会長に堀田が就き、片山が中学校設立の建議を行っていることから、讃岐教育義会にかかわり「通則一条校」の設立をめざした人々の中等教育要求は、第三次置県後県教育会に継承されたものとみられる。この演説においても片山は、県教育会の主導による尋常中学校の早期設立を主張している。片山の建議に対しては慎重論も主張されたが、尋常中学校設立の緊要性は既に県教育会に共有されていたとみられ、最終的には多数の会員の賛同を得て設立に向けた調査が開始されることになった。調査は各部会ごとに協議し予備調査を行ったうえで、五月三〇日を期限に県教育会に結果を提出することになっていた。しかしその後の本会での協議および調査については、管見の限り状況が報告されておらず、一方で私立尋常中学校の設立を県下の経済状況から時期尚早として批判する論説が『香川県教育会報告』に掲載され、さらにそれへの反論が誌上で展開されるなど、設立主体と経費負担をめぐる県教育会内の複層的な価値意識が顕在化している。設立に向けた具体的な動きが展開される局面に至って、進捗の停滞および後退が起こるという現象は、旧時讃岐教育義会が「通則一条校」の設立を企図した際と酷似しており、この時点での県教育会にあっても尋常中学校の存在価値をめぐる意識は、実質的な経費負担の問題を克服する段階には至っていなかったとみられる。

翌二四年度通常県会（二三年一一月二八日～一二月二七日）においては、尋常中学校設立の建議が破棄されている。これを受け県教育会は二四年二月、中学校設立計画委員会を開き、今後の計画および具体策について協議した。その結果、計画については「県下数万ノ有志者ヨリ知事へ向ケ設立ノコトヲ建議スル」ことに決定し、県立尋常中学校の設立を県に要請するという、前年一〇月に開かれた臨時総集会以来の方針が再度確認されている。趣意書の作成および建議の方法については、県教育会幹事および中学校設立計画委員を兼務していた尋常小学校長綾田桃三と高等小学校長山内義太郎の二人に託されることになった。県教育会における尋常中学校設立運動の中核的役割を小学校長が担っていたと理解することができる。

二四年三月に入ると中学校設立計画委員会は寄付金の募集について協議し、寄付金は会員および有志者より募集し、その利子を開校後の経費に充当する計画を定めた。寄付金募集の問題は役員会でも取りあげられ、間近に迫った第二回総集会に提出する議案として協議されている。二三年に中学校設立計画委員会が独自に行った経費調査では、甲種（本校）、乙種（分校）二校の設立が計画されており、五、九九一円九二銭の地方税支弁によって設立が可能であると試算されている。この報告を受け県教育会幹部は、県立二校設立の価値は地方税支弁の額に比して十分に見合うとして、県立尋常中学校設立建議と寄付金の募集を二五年度通常県会に向けての方針と定め、第二回総集会に提案することに決定した。

第二回総集会は二四年三月二一日、一七三名の出席により開会し、寄付金について示した原案が審議された。原案をめぐる議論が行われたが会員の立場は分かれ、原案に賛意を示した会員はわずかに三七名であった。翌二二日の同会で、設立運動を推進するために中学校設立計画委員の増員が可決されていることからも、県教育会の意向が早期設立であったことは明らかであり、原案否決の意味を設立自体への反対意思と解釈することは妥当でないと考えられる。

総集会の後、県教育会幹部が香川県会における経費論争への準備にどう対応したのかは定かでない。しかし総集会が開かれた二か月後の二四年五月、旧高松藩主松平頼聡《よりとし》から家扶を通じ、寄付の申し出が県教育会に届いていることは注目に値する。旧藩主頼聡は尋常中学校設立の趣意に賛意を表明したうえで、設立位置を指定することを条件に、設立のための費用を寄付する意向を県教育会に宛て申し出たのである。先の総集会において、原案の採用を会員に強く説いたのは岡内清太であった。旧高松藩校講道館出身の逸材であった岡内は旧来より頼聡に重用されていたようであり、寄付の申し出は、あるいは〈松平頼聡―岡内清太〉のつながりによるものかもしれない。いずれにしても、「県下ニ於テ将来設立可相成中学校敷地買入代校舎建築費ノ内ヘ金五千円寄附致度其敷地ノ儀ハ別ニ指定可致候」とする申し出は、県教育会を通して県庁、県会へと進み、高松市への誘致を実質的な側面から後押しすることになった。

（三谷　晃人）

『香川県教育会報告　第16号』
（個人蔵／瀬戸内海歴史民俗資料館寄託）

## 讃岐の人々と写真との出会い

目の前の風景や人物の姿を銀板に写し取る技術（ダゲレオタイプ）は、一八三九年にフランス学士院で発表され、世界に広まった。一〇年後の嘉永元年（一八四八）には、長崎の御用商人上野俊之丞が器材一式をオランダから輸入し、それを入手した薩摩藩主島津斉《なり》彬《あきら》をはじめ各地の大名や蘭学者によって日本でも写真術の研究が行われるようになった。現在のところ、讃岐の各藩で写真術の研究が行われたという事実は確認されていない。では、讃岐の人々はいつ、どのように写真と出会ったのだろうか。

讃岐の人物を写した、現存する最古の写真は、咸臨丸《かんりんまる》乗組員として渡米した向井仁助《にすけ》（丸亀市広島出身）と松尾延次郎（丸亀市本島出身）の肖像写真で、現在塩飽勤番所（丸亀市本島）で保管されている。彼らは、万延元年（一八六〇）、幕府の遣米使節とともに海を渡り、アメリカの写真館で撮影した写真を持ち帰ったのである。

二人の写真は、コロジオン湿板方式で撮影されている。この技法は、一八五一年にイギリスで発表されたもので、露光時間を大幅に短縮することができ、ネガから紙への焼き付けを可能にした画期的なものであった。コロジオン湿板方式で撮影された写真は、ガラスのネガから印画紙に焼き付ける場合と、ネガであるガラスそのものをフレームに入れて鑑賞する場合（アンブロタイプ）とがある。向井像・松尾像は共に後者で、画像が薄くなるように撮影し、その下に黒い布を敷いてポジ画像に見えるようにして、当時アメリカで用いられていた革張りのケースに収められている。

次に、画像が鮮明な向井像について詳しく見ていくと、頬と唇、刀の柄の部分が着色されていることが確認できる。着色の仕方は、咸臨丸艦長の勝海舟がサンフランシスコの写真館で撮影した写真とよく似ている。椅子を横向きにし、キセルを持った右手を椅子の背に置くという特異な構図は、撮影中に手が動かないようにするための工夫と思われる。よく見ると椅子の脚の間に首押さえの台座らしきものも写っている。初めて撮影に臨んだであろう向井の顔には緊張感がただよっているようにも見える。

向井仁助像
（塩飽勤番所保管／写真提供・香川県立ミュージアム）

向井像は、咸臨丸乗組員の服装を詳細に記録しているだけではなく、讃岐の人物が初めて写真と出会った時の状況や表情までも伝えているという点で貴重な歴史資料と言える。

咸臨丸乗組員に次いで古い讃岐の人物の写真は、文久二年（一八六二）、幕府がオランダに派遣した海外留学生のものである。この時、造船や航海の技術、医学や法学などの伝習のため、総勢一五名がオランダに渡ったが、その中に山下岩吉（多度津町高見島出身）、古川庄八（坂出市瀬居島出身）の二人の讃岐出身者がいた。

山下岩吉の子孫に伝わった留学生たちの肖像写真一八枚は、現在多度津町立資料館で保管されており、古川庄八像を含む一四枚が、写真の台紙からオランダで撮影されたものであることがわかる。また、裏面に記された文字からは、被写体の人物の名前や撮影年代が分かり、留学生同士で交換したことが窺える。

古川像は、コロジオン湿板方式で撮影したものであるが、咸臨丸乗組員のものと異なり、ネガから名刺サイズの印画紙に焼き付けたものである。写真に写った留学生の服装は和洋様々であるが、古川は断髪し、刀を持った姿で撮影に臨んでいる。

　日本で初めて写真館が開業したのが文久二年であることを考えると、向井像・松尾像も古川像も、きわめて早い時期に撮影された日本人の写真であると言える。彼らは、いずれも塩飽諸島の出身で優れた航海技術を持っており、それが必要とされた時代背景の中で、海外へ渡航する機会を得た。最も古い讃岐の人物の写真が、いずれも海外で撮影されたものであるという点は、讃岐の写真史の大きな特徴である。

　その後、讃岐の地で写真はどのように普及していったのだろうか。幕末から明治初期に、長崎や大坂で撮影された讃岐の人物の写真は少数ながら現存している。しかし、讃岐の地で写真師の存在が確認できるのは、明治一〇年代になってからのことで、現在確認できている最も古いものは、明治一二年（一八七九）に高松で撮影された竹内村隆像（アンブロタイプ）である。

　明治三〇年に出版された『大日本繁昌懐中便覧　香川県部』に掲載されている写真師は九名であるが、大正二年（一九一三）の香川県写真師組合の創立時には県内に二八名の写真業者がいたという。さらに、大正九年の国勢調査では、写真業を本業とする者は七五名となっている。写真師が急速に増加した背景には、写真の需要の高まりがあり、讃岐では明治後期以降、人々の生活の中に写真が定着していったと考えられる。

　早い時期に写真館が開業した横浜や長崎、幕末から写真研究に取り組んだ佐賀藩や薩摩藩などと違って、讃岐は日本の写真史上重要な地域とは言えない。そのため、これまで写真史の研究はほとんど行われてこなかった。

　しかし、地域における写真の普及の過程を明らかにすることは、博物館の展示や自治体史などで便利に使用される写真資料を検証する上でも必要であり、地域の歴史像を豊かにしていく上でも有効である。讃岐の写真史についても、まだ解明すべき点が多々あり、今後研究を進めていくために多くの写真資料を発掘していくことが必要である。

（野村　美紀）

古川庄八像（多度津町立資料館蔵／写真提供・香川県立ミュージアム）

竹内村隆像（香川県立ミュージアム蔵）

## 近代をつくった高松の大工棟梁・久保田家

大工といえばひと昔前の子どもが就きたい職業の一つであった。熟練の技でみるみるうちに家などを建てていくその姿を学校帰りに眺めながら、子どもたちは将来大工になりたいと憧れたものである。その大工の中でもトップの棟梁はさらに花形、まして釘を使わずに材木を組合せ、高い技術で神社仏閣などを建てていく宮大工となると、現在でも誰もが一目置く存在であることに間違いない。

高松市香西本町に、代々大工棟梁で宮大工であった久保田家がある。江戸時代後期から昭和三〇年代にかけて香川県はもちろん、遠くは北海道に至るまでその仕事を手掛けた匠の家である。明治維新や第二次世界大戦などの時代の波に揉まれながら、活動したその仕事を辿っていくと、宮大工にとどまらず時代の流れに沿って実に柔軟にその仕事を繰り広げていったことが分かる。

平成一八年（二〇〇六）夏、大量の資料が高松市歴史資料館に収められた。書簡など通常の古文書とは少し性質が違い、建築図面・彫物図面・工事設計書・見積書・仕様書などのいわゆる大工文書であった。

西和夫教授率いる神奈川大学建築史研究室の協力の下、その調査が始まった。その数はざっと見積もっただけでも数千点に及んでいた。

建築図面は通常、その建物が建てられてしまうと破棄されることが多い。そのため、このようにまとめて保管されているのは全国的にみても非常に珍しいといえる。

久保田家の大工棟梁・宮大工としての仕事は、史料から確認されているのは一五代～一九代に限られる。昭和三一年（一九五六）に一九代が書いた「工事経歴書」によると、文政元年（一八一八）以来神社仏閣の設計を専門としてきたとあり、文化九年（一八一二）の図面が存在していることなどから、一五代仙五郎の頃から久保田家の高松での活動が始まったとみてよいだろう。以下、代々の仕事を順を追ってみていきたい。

一六代善五郎の名は『新香西史』にもみられ、「讃岐の三善」の一人として高名であったようである。綾歌郡松山村（丸亀市飯山町）の高尾神社拝殿や白峯寺などの仕事をしている。

一七代専五郎の頃には明治維新を迎え、廃仏毀釈・神仏分離の激動の時代に入る。宮大工として、大工棟梁としての方向性を見極める非常に重要な時期であったといえるだろう。高松市香西本町の常善寺などの仕事をしている。

一八代富五郎は明治初年に横浜に行き、西洋風の建物の影響を受ける。代々続いてきた宮大工の技術を受け継ぎながら新しい西洋文化の風にも触れた。非常に優秀な人物で、政府が英国に建築学専攻の留学生を派遣することになり、その選考に選ばれ

麒麟の彫物図面（高松市歴史資料館蔵）

たが、父の一七代専五郎の許しを得られず断念し、帰郷して後を継いだ。図面は数多く残っており坂出市林田町総社にある総社神社などを手掛けている。横浜で吸収したと思われる西洋文化の結晶として琴平町榎井にある興泉寺本堂は、ギリシア風の柱を意匠するなど新しい時代への風が感じられる。

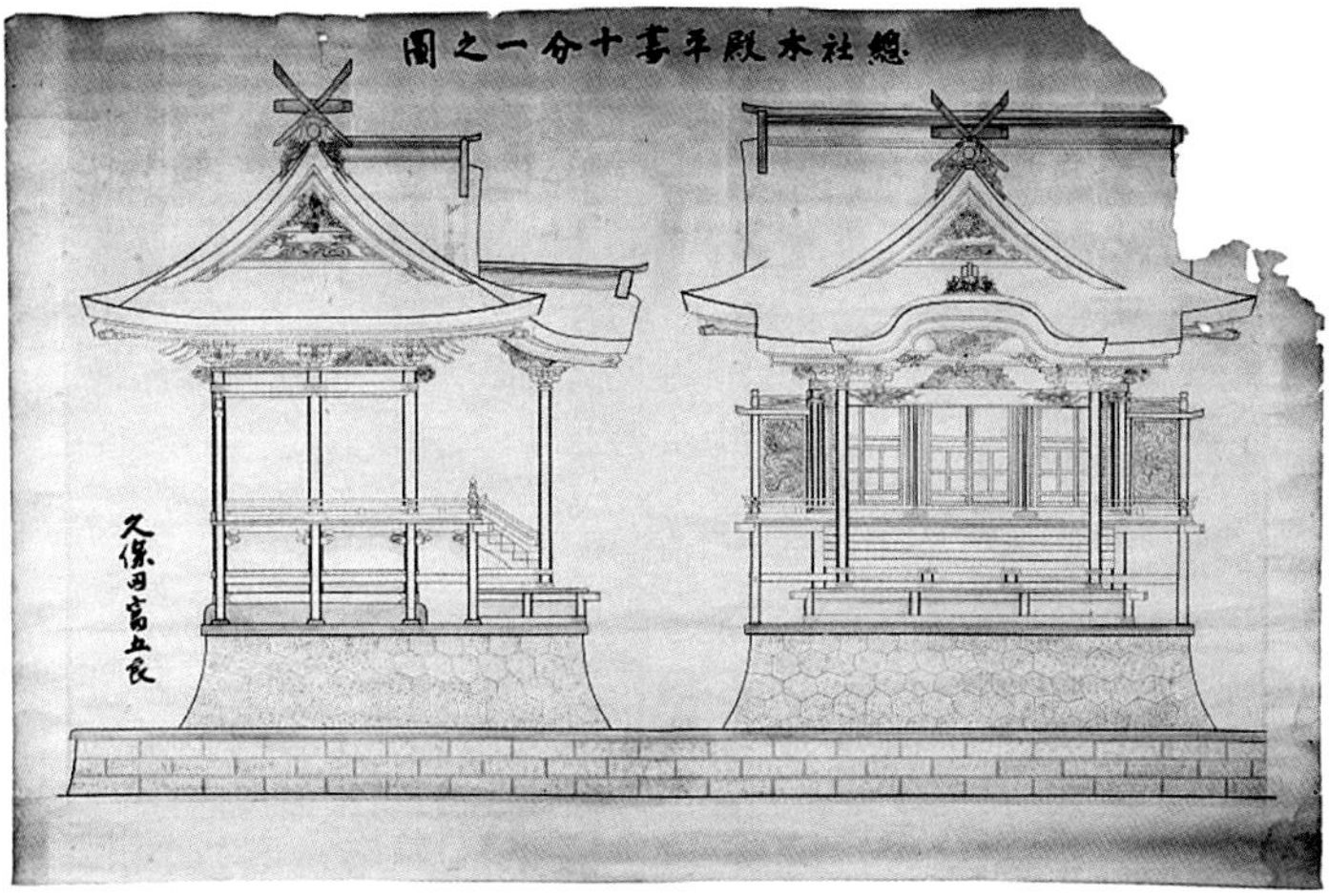

総社神社本殿正面・側面図（高松市歴史資料館蔵）

一九代富五郎になると神社仏閣だけではなく建築請負業にも手腕を発揮し、香西小学校の設計と建築、香西農業倉庫鉄筋コンクリート工事、香西町役場庁舎新築工事の設計施工などを請負うようになる。また、町会議員を務めるなど地域の発展に貢献した。香西小学校正面玄関の意匠は特徴的で、美しい玄関部では行事ごとの記念写真が撮られるなどした。

洋風の意匠をほどこした香西小学校玄関部図
（高松市歴史資料館蔵）

最後に、久保田金蔵の存在を忘れてはならない。久保田家の仕事が全国に展開したのは彼のおかげである。久保田金蔵は一八代富五郎に学び、のちに養子になった。香川県土木技手として勤め、以後和歌山や福井、北海道に至るまで幅広い仕事を手掛けた。

このように、久保田家は宮大工・大工棟梁でありながら時代の変遷と共に近代建築の仕事も手掛けていく。伝統を受け継ぎながら新しい風にも抗うことなく生き抜いていく様は、現代の我々も見習うべきところがあるに違いない。

（大西　由子）

## 漁業の歴史を変えた「ハマチ養殖」

現在、食卓には当たり前のように養殖魚が並ぶようになっている。淡水魚の養殖は江戸時代からあったが、海水魚の養殖は意外と新しい。海水魚の養殖業の始まりは、昭和三年（一九二八）の野網和三郎による安戸《あど》池（東かがわ市引田）でのハマチ養殖成功である。安戸池は名称は池であるが、播磨灘に面した砂嘴《さし》（砂礫の州）で区切られた潟湖《かたこ》である。このため安戸池は、海水が出入りする豊かな漁場であった。

和三郎は大川郡引田村の網元の三男として生まれ、若いころから瀬戸内海の沿岸漁業の将来を考えていた。和三郎は島根県立商船水産学校を卒業し引田に帰郷した後、父である佐吉に海水魚の養殖業を提案し、昭和二年にその事業に着手する。当時、フナやコイなど淡水養殖は古くから各地で行なわれていたが、海水での養殖はノリやカキ、真珠程度であり、海水魚の海面養殖は手がつけられていなかった。和三郎は海水魚の養殖場として、豊かな漁場であった安戸池に注目する。

養殖業着手当初は、サバやアジ、イシダイ、ハギなどを放流するが、運搬中の傷や水温の管理不足が原因で失敗する。翌年にタイとハマチの試験育成を開始し、失敗の原因を改善して、ハマチ養殖の事業化に成功した。これは日本はもとより世界で初めての海水魚の養殖の成功であった。彼の「とる漁業からつくる漁業へ」という考えは、香川県はもちろん日本の漁業だけでなく、世界の海水魚の養殖の道を開いた大事業となったのである。

さて養殖着手以前の安戸池は、中高網《なかだかあみ》と呼ばれるボラ漁が盛んであった。中高網は香川県では香西や庵治が有名であったが、明治四三年（一九一〇）発行の『香川県史』などによると、元禄年間（一六八八〜一七〇四）に安戸池で始まり、次第に県内に広がったとされる。

引田浦では近世を通じて、水主《かこ》株を持つ水主たちによって操業される村網（引田浦持）の中高網が一帖、個人所有の中高網が複数帖あった。引田浦では庄屋や浦役人が火事装束の上、帯剣し鉢巻をして威儀を正して漁に立会うなど中高網の操業は格式を持った行事であり、その収入は引田浦の経費に充てられたことや、中高網で得た収入で藩主の参勤交代や帰城、その他の御用のために水主の賃金を賄ってきたことも、『浦方御用留』（日下家文書）に記されている。これは中高網の収入が引田だけでなく、讃岐高松藩の収入源の一つであったことを裏付けるものである。さらにこの権利は高松藩から引田在住の水主に与えられたものと伝えられている。

明治維新により水主制度が解体された後も、村網の経営は、引田浦の経営から個人、特に網元ではなく近世に水主株を持った村役人や商家に連なる資本家がその権利を受け継いで経営する組織へと変化した。中高網は冬期だけの操業である上、多くの船や乗り子、つまり資金を要する大規模な漁業であるため、引き続き水主株を持った資本家の排他的、独占的な漁業となり、その漁業権は既得権ともなった。

明治二七年（一八九四）には、村網の系統を引く一番網（旧網）に対して新たに網元を中心とする二番網（新網）が組織されて、両者間で漁業権の正当性を訴える紛議が起きた。この紛議は、漁業制度の改変に伴う地方行政の対応や、近世の水主株の有無に関連する資本家と漁業者の争いであった。

この紛議も次第に収まり新旧網の二統で操業するようになり、大正六年（一九一七）には新旧網が合併し引田漁業振興組合が設立された。この組合も水主株を持つ組合員によって運営される組織であった。

昭和二年からの養殖着手では、和三郎は稚魚や餌の調達、飼育管理、水門や冷蔵庫の設備などを担ったが、安戸池の漁業権は引田漁業振興組合が持っていたため、佐吉が水主株を持つ組合員と個別に漁業権、つまり水主株を買い取る交渉を行った。水主株はその所有者にとっては、先祖伝来であり、重要な生計の手段を手放すことに、反発や不平不満が多かったのは予想に難くない。この経過は『香川新報』で報道されるなど、香川県下でもその動向が注目されていた。佐吉は昭和五年にようやく二万一〇〇〇円でその契約を締結するに至っている。

野網氏と新名所安戸の養魚

安戸池でのハマチ養殖を伝える『勝地讃岐と其産業陣営』
（東かがわ市歴史民俗資料館蔵）

ハマチ養殖の成功は世界初の海面魚の養殖であるとともに、引田においては養殖漁業という近代的な漁業が、元禄年間から続いた水主制度に基づく近世的な漁業に終止符を打ったのである。

（萩野　憲司）

現在の安戸池（東かがわ市引田）

# 名所・屋島の近代史

香川県の観光名所のひとつ屋島は、ガイドブックなどで、その特徴的な形、山上からの素晴らしい眺望、そして源平合戦の舞台になった場所という三つの要素で紹介されることが多い。この広く共有されている屋島のイメージがどのように形成されたのか、近代以降の変化を中心に、その過程をたどってみたい。

まず、江戸時代後期に出版された名所案内（『讃岐国名勝図会』嘉永七・一八五四年刊）、『金毘羅参詣名所図会』弘化四・一八四七年刊）の記述を見てみよう。この中では、那須与一の祈り岩、源義経弓流し跡など現在も源平合戦の旧跡として知られている場所について、詳しく紹介されている。屋島の形については、『金毘羅参詣名所図会』に「此山の形遠方より眺む時ハ恰も家屋の如し、故に号く」と、その特徴・屋島という名前の由来が述べられ、山上からの眺望については、両書とも獅子の霊巌《れいがん》のみを取り上げ、ここからの眺めを「絶景」であると称賛している。

江戸時代の名所案内では、屋島の形や山上からの眺望について触れてはいるが、現在と比べるとその比重は低く、源平合戦の各旧跡の紹介に最も重点を置いていたことがわかる。また、源平合戦の旧跡については、現在のように屋島山上から展望する場所、あるいはそのような見方は紹介されていない。

次に明治以降、屋島の見方や紹介のされ方がどのように変化したかを見ていく。

明治三〇年（一八九七）五月、村雲尼公《むらくもにこう》（伏見宮邦家親王の第八王女）が屋島を訪れた。この時、村雲尼公は、山上で僧侶や地元の人に源平合戦の旧跡について尋ね、話を聞きながら当時を追想し、その場所を「古を談じた場所」として「談古嶺」と命名した。翌年刊行された『屋島名勝手引草』には、山麓にある源平合戦の旧跡を一望できる場所として早くも談古嶺が紹介されており、大正二年（一九一三）に出版された『屋島めぐり』では、「獅子の霊巌と共に東西の二大絶景と称せらる」とあるように、山上からの眺望を代表する場所とされている。

明治三六年に皇太子（のちの大正天皇）が屋島山上を訪れた際にも、談古嶺から源平合戦の旧跡を見下ろしながら、県警部長による説明が行われ、そのために主な場所に旗を立てて目印としたという。以後、皇族が屋島を訪れた際には、必ず談古嶺で源平合戦についての説明が行われた。

また、この時皇太子が立ち寄った屋島寺御成門や登山道にある休憩所などには、記念碑等が設置され、名所案内や絵葉書等にも掲載されて、広く知られるようになっていった。

屋島山上から源平合戦の旧跡を見下ろした写真を絵葉書にしたもの
（香川県立ミュージアム蔵）

大正一一年には、摂政宮（のちの昭和天皇）が、陸軍大演習の統監のため香川を訪れた。この時、屋島北嶺に新たに展望台を整備し、そこに摂政宮を案内している。その場所は、翌年久邇宮《くにのみや》良《なが》子《こ》女王

（のち香淳皇后）が訪れた際に、「遊鶴亭」と名付けられた。遊鶴亭は、瀬戸内海が最も美しく見える展望台で、ここに新たな名所を作ることによって、瀬戸内海国立公園推進運動を盛り上げるねらいがあったと考えられる。獅子の霊巌・談古嶺・遊鶴亭は、屋島の三大絶景として今日まで続く山上の名所となった。

以上のように、明治後期以降、皇族の来訪をきっかけに、屋島山上には新たな名所が次々と誕生した。これによって、屋島観光は山上の名所を見てまわることが主となり、山麓の源平合戦の旧跡については山上から一望するという新たな見方が定着していったのである。

この動きをさらに推し進めたのが、明治末期から昭和初期にかけての県内鉄道網の整備である。鉄道を利用することで、短時間で効率よく複数の観光地をめぐることが可能になり、各社は連絡切符を販売するなど相互に連携して乗客の獲得に努め、モデルコースも提案した。屋島については、昭和四年（一九二九）に開通した屋島登山鉄道（ケーブルカー）を使って山上に行き、名所を見てまわるコースが推奨され、山上の新しい名所と源平合戦の旧跡を山上から一望する見方が、観光案内等に掲載されることによってさらに定着していった。

新たな名所が描かれた
「国立公園屋島讃岐遊覧案内」（部分）
（香川県立ミュージアム蔵）

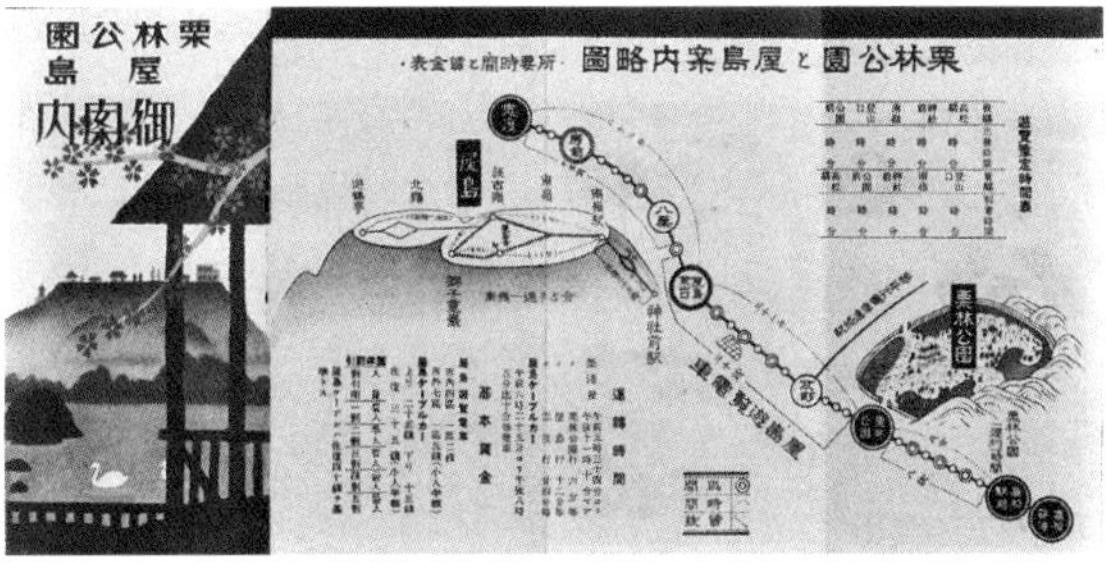

電車とケーブルカーを使ったモデルコースを紹介した
「栗林公園屋島御案内」（香川県立ミュージアム蔵）

そして、昭和九年には、屋島が史跡、天然記念物に指定された。屋島は、歴史上重要な場所であるとともに、メサ（差別侵食により形成されたテーブル状の台地）の代表例として、文化財に値するという評価を得たのである。現在の屋島のイメージを構成する要素のひとつである屋島の特徴的な形についても、学術的な評価が与えられ、その価値とともに紹介されるようになった。

屋島は、江戸時代に既に名所として知られていたことから、現在共有されているイメージが江戸時代からずっと変わらずに続いていると考えがちであるが、その多くは明治以降の変化によって定着していったものであることが確認できた。皇族との関わり・鉄道の整備・文化財としての評価という近代に新しく登場したものや価値観により、新たな名所や見方が生まれ、それが現在まで続いているのである。

（野村　美紀）

## 香川県の獅子舞

讃岐のお祭りで演じられる芸能の代表格といえばやはり獅子舞。獅子舞は香川県のほぼ全域に広く分布し、その数なんと一〇〇〇組以上が報告されている（休止した組を含む）。香川県の面積を思えば、その人口密度ならぬ〝獅子密度〟の高さは全国トップクラスであろう。ここではそんな香川の獅子舞についてお話しよう。

香川県内の獅子に関する記録は南北朝時代、『小豆島肥土荘別宮八幡宮御縁起』の応安三年（一三七〇）二月、御器や銚子等とともに「獅子裳束」が盗まれたという記事が古い（ちなみにこの盗人は後に捕まる）。縁起には、永和元年（一三七五）にも「放生会大行道之時獅子面」が塗り直された記事があり、獅子が「大行道」で使われたことが分かる。行道《ぎょうどう》とは、大きな寺社の法会等で行われる、行列を組んで進む儀式のことで、列の先導や儀式の節目に獅子が出て周囲を祓い清めた。その様子はどこか現在のお祭りのオサガリ（神幸）の獅子に似ている。さらに康暦元年（一三七九）には、「獅子裳束布五疋」が施されたとあるので、獅子は五匹以上いたようだ。

東かがわ市の水主《みずし》神社には、県内で在銘最古の木造獅子頭（県有形文化財）がある。上顎裏側に、文安五年（一四四八）に造立され、文明四年（一四七二）に彩色された旨の墨書がある。おそらくは、やはり行道に出て使用されたものであろう。

いっぽう行道以外にも獅子の出る芸能があった。享徳元年（一四五二）に書かれた『琴弾八幡宮放生会祭式配役記』には、行道の「獅子首二人」とは別に「舞車」の上で舞う「師子舞」と、稚児「楠法師」演じる羯鼓《かっこ》舞（小さな鼓＝羯鼓を胸に付けて打つ舞）「八棓」が出ている。これは風流拍子物《ふりゅうはやしもの》という当時の新しい芸能の流れを汲んだ獅子の姿であった。こうした記録が現代の獅子舞とどうつながるのかは不明だが、獅子舞は各時代に生じた様々な芸能に上手く取り込まれ柔軟に変化しながら多様な姿で伝わったのである。

現在の香川県の獅子舞の大きな特徴は、最初に述べた数の多さだけでなく、その獅子頭の多くが紙製ということも挙げられる。全国的には木製の頭が一般的だが、県内では東かがわ市や高松市、小豆島の一部などごく少数派。紙製の獅子頭は、型にあわせて和紙を張り重ね、漆を塗ったり毛を植え込んだりして仕上げる。「讃岐獅子頭」として香川県の伝統的工芸品にも選ばれている。

獅子舞は地域によって、牡丹くずし・ねぜり五段・みたち流などとさまざまな使い方（舞い方・流儀）の名前を伝えている地域もあって、その伝承の現状は複雑だ。ただし舞を舞う上で骨格となる配役や配置を基準にみると、大きく次の三つの型に分けて考えられそうである（厳密にはそれぞれ中間的な例外も一部ある）。

A．太鼓―子供―獅子の組み合わせで舞うもの
B．獅子のみで舞うもの
C．二種類の子供―二頭の獅子の組み合わせで舞うもの

A．は香川県内ほぼ全域にみられる。前方に太鼓を据え、子供が太鼓打ちの芸をして、その後方で獅子が舞う。太鼓は一～三基と地域差があり、逆に太鼓が消えて打つ振りの踊りを演じる例もある。この子役は大きく見れば、西部でタイコウチやタイコブチ、東部ではキョウクチ・キョクウチなどと呼ぶ例が多い。

B．は主に中讃地方で五段・立ち五段・ねぜり五段などと呼ばれる獅子舞をさす。敷物を敷いた上で舞う獅子の巧みな動きが見どころで、大きな太鼓を横（革面が垂直）にして床近くに低く置き、神楽のように座って演奏する例が多いのも特徴的だ。

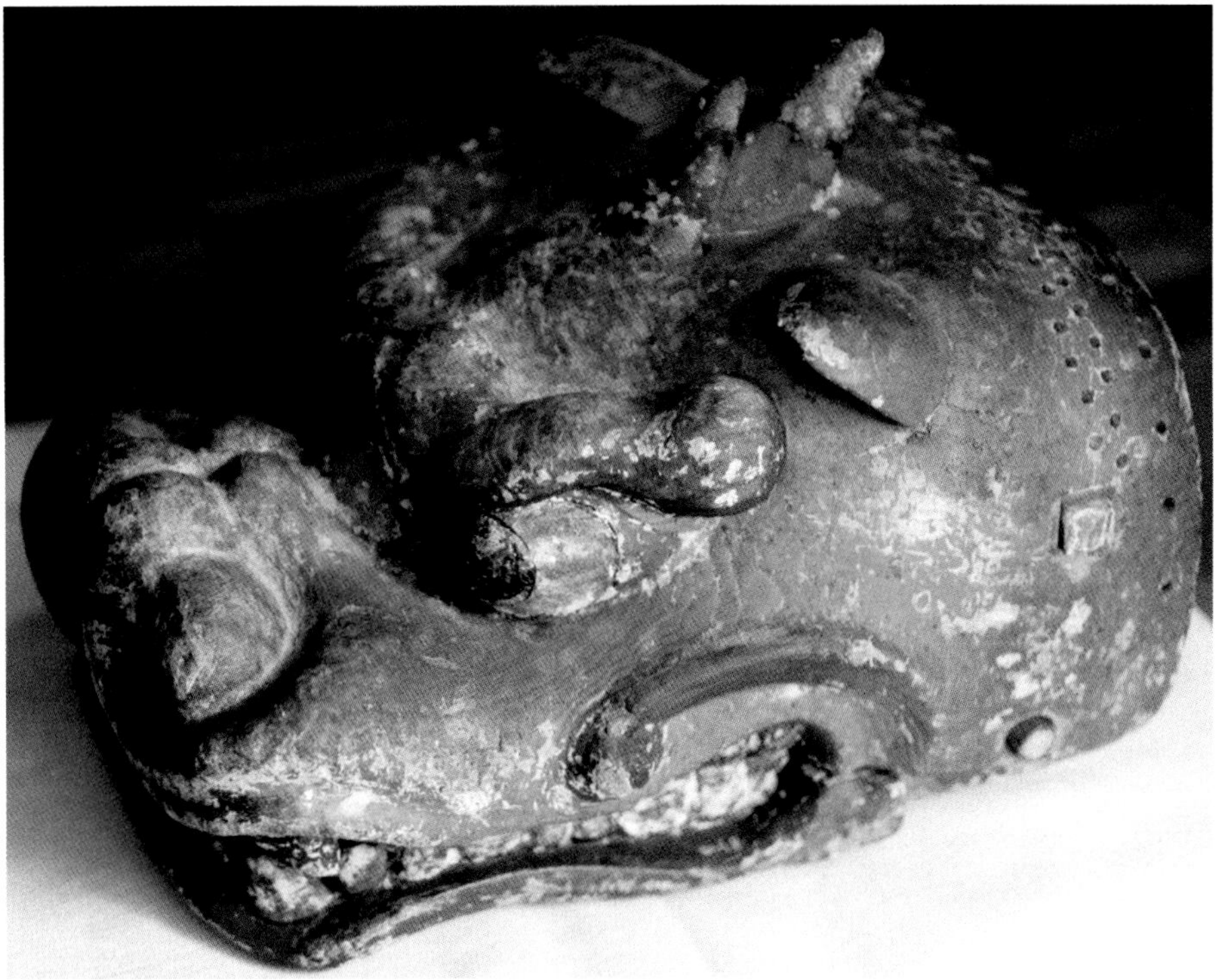

香川県最古の木造獅子頭（水主神社蔵）

C．は主に東かがわ市の引田・白鳥あたりで「大獅子《おおじし》」などと呼ばれる獅子で、必ず二頭一組で舞い、それに獅子と一緒に動くササラと、舞の合間に獅子に絡むチョウコなど二種類の子役が絡む。

これら基本構造を軸に、地域ごと獅子組ごとに個性が発揮される。例えば子供の衣裳に花笠が付くもの、唐子風のもの（三豊市詫間町等）、舞の前に長刀振り（まんのう町）や由来読み（丸亀市南部他）が付いたり、舞の途中で猩々や狐が出たり（三木町等）、また獅子の胴衣（ユタン・キモノ）も武将を描いたり、黒い毛で覆ったり（丸亀市）する。地域によって囃子に笛や鉦が付くほか、ダンジリが付随する例（東かがわ市「天鵞絨《びろうど》獅子舞」等）など、千差万別である。

県無形民俗文化財となった「家浦二頭獅子舞」「吉津夫婦獅子舞」「綾南の親子獅子舞」等もあるが、これらの獅子舞成立の背景には、戦前戦後に流行した獅子舞大会の影響も見逃せない。

一風変わった獅子たちもいる。何十人もの大人で担ぐ大獅子（高松市・三木町等）、獅子ならぬ虎が舞う虎舞（東かがわ市他）、通常二人で一頭を演じる獅子を一人で被って舞う「一人獅子」（高松市勅使町他）、大勢で走りまわる獅子（土庄町小部《こべ》）など、個性派ぞろい。

多彩を極める讃岐の獅子舞は謎と魅力に満ちているのである。

（高嶋　賢二）

## 香川県のももて祭り

ももて祭りは、全国的には歩射《ぶしゃ》・弓祭り・弓祈祷などと呼ばれ、豊作や豊漁、吉凶などを占う行事として行われている。香川県では、三豊・観音寺地域を中心に見られるが、東は高松市亀水《たるみ》町弓弦羽《ゆずりは》から、坂出市王越町木沢・乃生《のう》、坂出市櫃石島《ひついしじま》、丸亀市広島などの島嶼部、そして丸亀市・善通寺市・まんのう町などの内陸部でも行われている。また、坂出市櫃石島、三豊市荘内地域（大浜・生里《なまり》・粟島）のももて祭りは県無形民俗文化財に指定されている。

三豊・観音寺地域のももて祭りの特徴の一つは、トウヤ祭祀を伴う点である。県内では秋祭りのトウヤ制は概して希薄であるが、ももて祭りにおいては厳格なトウヤ祭祀が行われた。トウヤ祭祀に伴う準備や次第、トウヤの名簿や順番などを記した江戸時代に遡る古文書を有するところも多い。観音寺市室本町の皇太子《おうたいし》神社のお門弓《かどゆみ》に関わる古文書にも元禄期（一六八八～一七〇四）に遡るトウヤ人名が記されており、香川県西部地域のももて祭りが、遅くとも一七世紀末頃には始まっていたことがわかっている。また、皇太子神社のお門弓が特定の家々による宮座祭祀として行われていることから、近畿地方に中世から見られる豊作・豊漁や吉凶を占う宮座の行事との類似性が連想され、香川県でも中世の宮座祭祀の一つとしてはじまった可能性もある。

かつて民俗学の大先達柳田國男は、『西讃府志』に記載のある大浜のももて祭りの記事に見える五穀を入れた巻藁に注目した。また禰武利《ねむり》の衆と呼ばれる弓射の法を教える人にも着目し、そこに弓射《ゆみい》行事の古態（年占《としうら》の習俗）が残っていることを指摘した。巻藁については、五穀は入れないものの今も近隣の箱・生里・香田《こうだ》地区で作られている。また武田明は、ももて祭りにあわせて造られる甘酒が祭りの御神体として重要な意味をもっていると指摘した。生里では、トウヤの主人であるホンドウが巻藁を背負って踊る行事があったり、甘酒の甕への造り込みが終わった後、「お甕がすわりましたので巻藁を拝みにおいでなさいませ」とムラ人に案内したりしており、ももて祭り全体の中でそれらが重要な意味をもっていたことが推察される。

第二の特徴はトウヤや射手の厳格な潔斎を伴っていたことである。特に島嶼部や海浜部の漁村においては数日にわたり潮垢離《しおごり》が行われていたが、今はほとんど見られなくなっている。

第三の特徴は、その年のトウヤを正式に決める初寄合にその年のトウヤと次の年のトウヤ（ライトウ）が会食をすることである。こうした儀礼は、金刀比羅宮の大祭や岩部《いわぶ》八幡神社（高松市塩江町）の秋祭りにも見られ「指し合わせ神事」と呼ばれている。祭りの準備や物忌が、古くは祭りの一年前から行われていた古い習俗の名残りと考えられる。

第四の特徴は的踏《まとふ》みの行事である。これは弓射の的を作る行事で、生里では射手たちがヨシ竹を縦横に敷いて編み、最後には射手たちが的を踏む。ももて祭りの次第を記した古文書には、的踏みの語彙や的の寸法・作り方を詳細に記したものが多く、的を作ること、的を踏むことそのものに「厄や魔を封じ込める」意味があったと考えられる。丸亀市や善通寺市のももて祭りでは弓射を伴わず、的や的を書いた幟を作り奉納するだけのところがある。古くは的射を行っていたのかもしれないが、今は的を作ることがももて祭りと解されており、この祭りにおける的作りの重要性が指摘できる。

第五の特徴は、ももて祭り当日の行事の重層性である。古風を残すももて祭りでは、午前中の早い時間にはトウヤや射手など、限られた関係者だけで神の的を射る。生里では神の的が終わると法螺貝

巻藁を背負い踊るホンドウ（生里のももて祭り）

が吹かれ、それから一般の人たちが神社に集まり、「ショウブ」と呼ばれる厄払いの的や新築・新造船のこけら払いの的がかけられる。神祭りとしての的射と厄払いなどの競技性、イベント性の強い的射の行事が二重構造になっているのである。

なお、こうしたももて祭りに見られる射法は独特で、生里や櫃石島のももて祭りでは、今も古い射法にこだわって伝承している。しかし現在、県内の多くの地域では弓道の影響や十分な射法の伝承が行えず、ただ弓を放つだけになっている。生里では弓射の法について小笠原古流と称しているが、ももて祭り前夜にトウヤで行われる行事の中で射法の伝承が上手に組み込まれている。コシイタと呼ばれているもので、巻藁を的にして射手の経験をしたことのあるトウヤ組の者からヤブラキと呼ばれる初めて射手となった者に射法の型や決まりごとを教える行事である。経験者がわざと間違えた所作をして、型の途中で腰を曲げたままの恰好で、ヤブラキに間違いを答えさせる。しかしヤブラキは間違いがわかっていてもわざと答えないため、模範者は腰が痛くなる。そのためコシイタと呼ばれている。おおげさに間違える所作をするトウヤ組の人とわざと答えない若者。笑い楽しみながら射法を伝えていくムラの教育システムは秀逸である。

県内では、海浜部だけでなく内陸の農村部でも古い習俗を伝えるももて祭りを行っているところが少なくない。今も知られていないトウヤ文書も眠っている可能性があり、今後の調査が待たれるところである。

（田井　静明）

## 香川県域の負子の形態と呼称

負子《おいこ》とは、背中に負う木枠形運搬具のことである。礒貝勇は日本の負子分布について、東日本の無爪型、西日本の有爪型、さらに有爪型を有爪A型・有爪B型に分類し、小野重朗は、これを編成し直し、無爪型・無爪型の有爪化したもの・有爪型という分類名を与えた。筆者はこれを無爪型・有爪化型・有爪型といい換えた。

日本では、①無爪型の分布は、①a前額に縄を掛ける頭縄式が北海道アイヌ及び伊豆諸島の利島の女ショイコに、①b首縄を腰縄と結んで胸で縛る胸縄式が東北から北陸一帯に分布し、その西限は管見の範囲では若狭の小浜市田烏である。①cランドセルのように肩縄式の無爪型は東日本一帯に見られ、その集中的分布域の西限は日本海側で兵庫県香住町九斗、内陸で大阪府高槻市、太平洋側では三重県宮川村辺りである。②有爪化型は肩縄式が大半で、その分布は西日本一帯が中心である。有爪型には、③韓国のチゲが九州北部で改良されて成立したとされる斜めに爪をホゾ差しして縦木から吊るす豊後型（改チゲ型）と、④韓国のチゲそのもの（チゲ型）がある。

これらの分布は、①c無爪型を中心とする在来の負子が西日本に新来した有爪負子によって変化した結果と考えられている。②有爪化型は古代以来徐々に変化したもの、③豊後型は近世初頭に文禄慶長の役により来住した朝鮮人の影響で、おそらく近世に成立し、④チゲ型は近代の朝鮮人による直接の伝播と位置付けられる。

中国の背架《ベイジャ》は、①c及び②で、インドシナ半島にも①cが多く見られる。また①c及び②はヨーロッパのアルプス地方などにも見られる。①aには三角枠のものが見られ、三角枠や逆U字形枠のものがロシア沿海州の少数民によって使用されており、逆U字形枠のものはチベット仏教僧の負子やアルプスのエッツィ（アイスマン）の負子とされる枠に共通する。

香川県域の負子については、アチックミウゼアム編『瀬戸内島嶼巡訪日記』で、無爪型地区として男木島・女木島・本島をあげている。過去の民俗調査では塩江町安原で無爪型が報告されている。

筆者は、「瀬戸内周辺の背負い梯子」、「瀬戸内周辺の背負梯子の形態と分布」、「運搬具の形態と様々な視点」及び「雌雄島の生活と運搬具」等で、無爪地区の運搬習俗を報告している。

確認できる香川県域内の無爪型負子の分布が認められた地区は、①男木島、②女木島、③屋島石場地区、④佐柳島の四地区である。①②は、ほとんどの家に無爪型が分布し、③④は有爪化型と併存する。香川県の負子の緩衝具は巻縄式であるが、佐柳島長崎浦ではサンダワラ背中当が取り入れられ、特異である。また共通して聞き取りでは「古くからある」という。瀬戸内ではほかに家島、川尻及び坂越に無爪型を確認している。

直島諸島の岡山県玉野市石島地区は対岸の胸上地区の漁民が定住して開いた集落だが、「小豆島の人、土庄の人に作ってもらった」という聞き取りがある。爪は斜めにホゾ差しされ、縦木から針金で吊るす。爪には爪桟があり、中央に荷縄を取り付ける。桟は四本で最上部の荷桟と負縄を括り付ける負桟のちょうど中ほどに強化桟がある。緩衝具はポリ紐を負桟と下桟に縦巻した上、縦木に横巻してある。強化桟の上下位置以外は小豆島の北東部に多い三桟の負子を除いて小豆島のどの地域とも共通している。桟の位置が同様のものを小豆島西北岸の小江《おえ》、伊喜末《いぎすえ》、小豊島や豊島の唐櫃岡で確認したが、小豊島や唐櫃岡のものは巻縄が横巻である。また小豊島や豊島であれば、わざわざ土庄町といういい方はしないだろう。そこで、小豆島西北岸の小江、伊喜末を中心とする地域にある程度限定される。

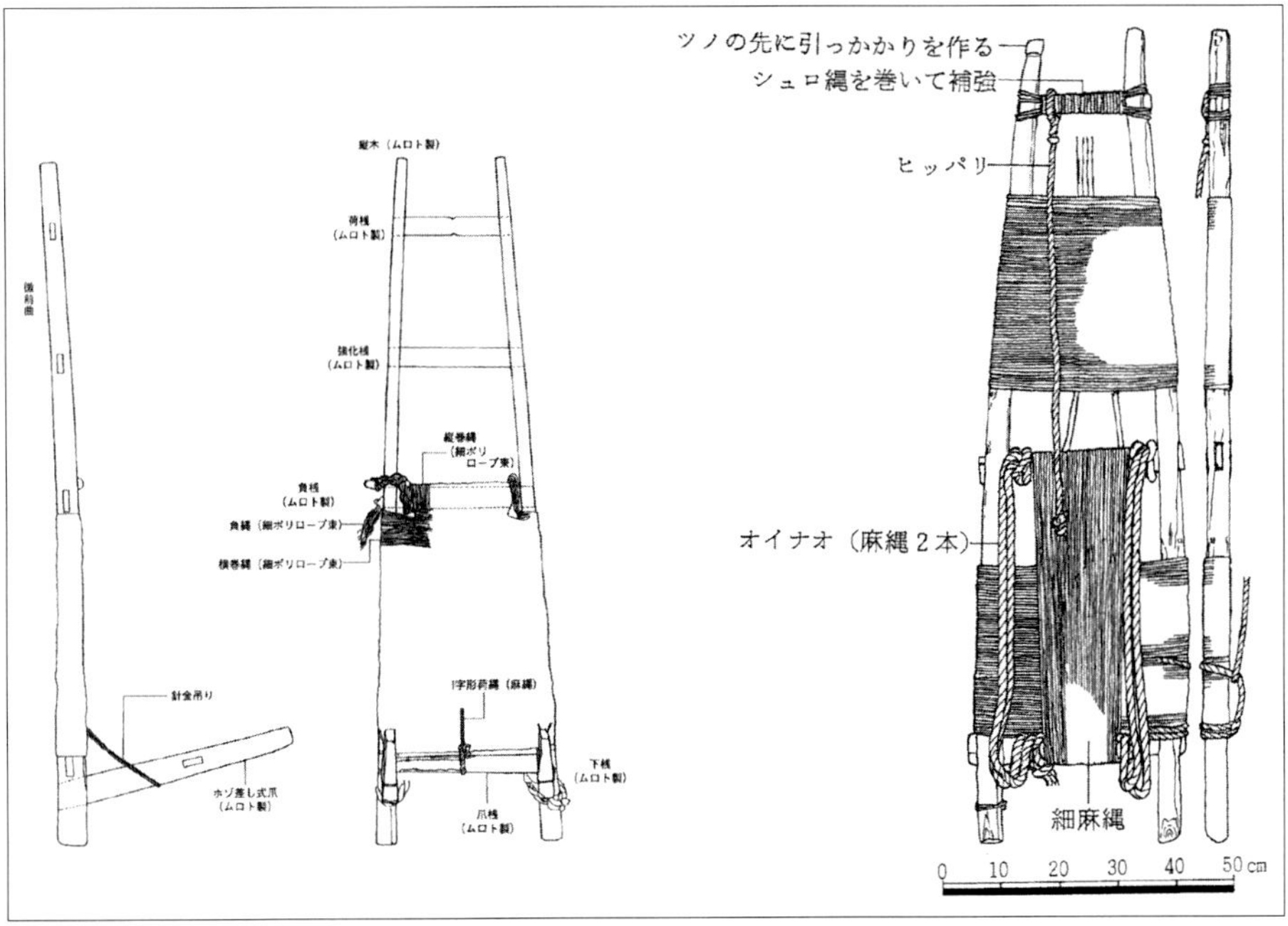


直島諸島石島の有爪化型（左）と女木島の無爪型（右）

引田の負子には二桟のものと三桟のものがあり、東部の坂元に東隣の鳴門市北灘町からの伝播の聞き取りがある。ここでは北灘のものに近い三桟のオイダイが使われていた。塩飽諸島の有爪化型には三桟及び四桟のものが一般的で、小豆島のものに似たものもある。その中で高見島や佐柳島のものは細型で小型が多く、瀬居島のものはスギ角材を使い、比較的大きい。観音寺市大野原町有木や海老済のものは山地型の小型のオイダイである。これは隣り合わせる徳島県三好市佐野などのものと同系統のものである。

小豆島や塩飽諸島など備讃瀬戸の島々の負子の素材の大半はネズミサシ（杜松）である。この木は瀬戸内一帯を覆う代償植生であるアカマツ二次林の構成樹種である。ネズミサシは、中讃など広くモロダと呼称される。高松ではモドラ、小豆島ではブロという地区とムロという地区がある。男木島ではモロダというのに隣の女木島ではモリダという。豊島ではビロドあるいはビロト、石島ではムロトという。爪に股木を利用したものもあるが、ホゾ差しの方が多い。アカマツのように太い枝が取りにくいからである。

負子の方名は形態分布と一致するわけではないが、傍証として利用することも可能である。小豆島ではほとんどの地区がオイコ呼称だが、内海湾にカルイあるいはカリコ、坂手湾にカルコという呼称がある。「かるう」は「おう」よりも古い呼称と考えられており、これらの地区は、備前系の「おう」に対応する「オイコ」呼称が北から浸透した後も残った残存地区と推定される。

豊島では唐櫃が備前系「オイコ」呼称、他は讃岐系「オイダイ」呼称だが、唐櫃岡で小豆島と同じタイプの負子を確認している。

（織野　英史）

## 農具職人槍屋と犂大工

香川県は、古代では、下川津遺跡出土犂床《りしょう》（七世紀）や、木簡から米を貢納することが知られる。また、近現代では、特許農具「串田式正条田植器」の普及で田植定規による正条田植が全国一というのをはじめ、多くの特許・実用新案農具を生んでいる。

「槍屋」とは、鍬の柄や担棒、犂、馬鍬、田植定規などを作った農具大工で、全国的には、棒屋、柄屋《からや》、堅木屋などと呼ぶ。香川県では、三豊平野で「棒屋」の呼称があるが、全県的には「槍屋」呼称である。「丸亀藩の槍を作ったことからそう呼ばれる」という聞き取りがあるが、詳細は不明。犂や馬鍬を作る「ウシンガ（牛鍬）大工」や牛の鞍専門の大工として特化したものもあった。農具大工には、ほかに、唐箕や万石通を作る唐箕大工がある。

讃岐では天秤担ぎする担棒（軟棒）のことを「六尺棒」、稲束などを左右に突刺して運ぶ先端が尖った棒を「とぎり棒」という地域が多い。古い呼称「おおこ」も前者あるいは両方の呼称として使われる。前者は大モクあるいは本モク（ムクノキの地方名）で作られるが、後者は撓る必要がないことから代用材モロダ（ネズミサシ）の場合がむしろ多い。「六尺棒」の形状は高松平野で最も幅広で平たく、それから西に行くにしたがって細くなり、観音寺や県境を越えて愛媛県四国中央市のものは槍のように尖る。

讃岐の鍬は、サキンガ（先鍬）という風呂鍬の一種で、逆三角形の風呂の先にV字型の鉄製の鍬先をはめ込んだもので、柄の付け方で「割り止め」「こぶ止め」があり、前者は三木町以東、後者は高松市以西の技術である。

槍屋はかつては集落ごとにいたが、昭和の戦後頃に経営していたもので管見の範囲内では、三木町平木の上村、上高岡の長尾（一時牛の鞍専門化）、高松市川島本町の神内、塩江町安原中徳の橋本、国分寺町国分の水谷、福家の福井、柏原の福井、綾川町陶の福家、滝宮の福井、水本、昭和の三好、山田の萱原、小笠原、河合、丸亀市川西北の河崎、琴平町榎内の真鍋、瀬川、阿波町の三宅、三豊市山本町の大西、高瀬町新名の大井、比地中の中島、上麻樫谷の岩崎、豊中町笠岡の酒井、観音寺市植田町の鵜頭、木之郷町の石川、秋山、原などがあった。牛の鞍を専門に扱ったものには小山の飯間がある。

河野通明は、牛耕・馬耕の主力農具である犂《からすき》は、日本に三期に亘って二つのルートで伝わったとする。①一つは人や牛とともに朝鮮半島から馬鍬より後に三角枠の無床犂が伝播（ウシンガ呼称）、②もう一つは遣唐使によって七世紀に中国江南地方の四角枠の長床犂が導入されたとする。下川津遺跡出土犂床はその証拠品である。③さらに七世紀に朝鮮半島から三角枠の無床犂が亡命高句麗・百済人とともに伝わったとする。北九州中心に分布する無床犂（抱持立犂）はこのとき伝播したものと考える。

讃岐の近代短床犂を除く伝統的犂には、Aやや無床犂の影響を受けた長床犂・B乙字形をした無床犂と長床犂の折衷型（いわゆる中床犂）がある。この二つの犂に無・長両様式の要素が含まれ、無床犂そのものがないことから、③のような長床犂伝播以降の無床犂の新来はなかったと考えられる。

讃岐の近代短床犂には、①Bの短床化・犂柱のボルト化したもので、犂柄犂床別材のものと②九州などで無床犂から発達した犂柄犂床（犂身）一体のものがある。福岡の磯野式や熊本東洋社の「日之本号」も香川県一帯に多く見られることから、②は、これらの影響のもと、地元で作られたものと考えられる。

①には、犂柱ボルトが犂柄から突き抜けて犂床まで達するさぬき市長尾町の神前式、突き抜けない善通寺市木徳町の松浦式がある。

棒の鉋がけ（琴平町の槍屋三宅氏・上）と松浦式犂（下）

観音寺市の槍屋作の石川式はこれを真似たものではないかというが、石川農機製作所で「松浦」という鉛筆書のある犂床型板が発見された。筆者は前者をX字形、後者をZ字形と呼んでいる。高松市香川町川東の赤松式や坂出市府中町の加藤式では古くは①だったものが、後に②を作るようになった。②では、ほかに津村式（綾川町小野）があげられる。善通寺市の安藤式はどちらか確認できていない。

犂に関する研究は農学などでは進んでいるが、犂大工に関するものは一部の特許犂を除いてほとんどない。棒屋は、京都山城の堅木屋について印南敏秀が、埼玉県の棒屋について岡本一雄が、千葉県の棒屋について榎美香が報告している。瀬戸内海歴史民俗資料館では、中原耕男が塩江町中徳の橋本澄雄氏の資料を収集して展示したのにはじまり、六車功が三木町平木の上村吉次氏からの収集時の聞き取りをもとに「サキンガの栓」という小報告をしている。四国民家博物館では、神前式や赤松式犂、長尾の牛の鞍骨の型板を収集して、桂正幸が『香川県諸職関係文化財報告書』に小報告を載せているほか、長尾武夫氏の牛の鞍について『民具研究』に紹介している。筆者は、「農耕を支えた基幹運搬具」で、棒の分類を行い、県下全域の槍屋用具の調査収集に努め、「槍屋製作の軟棒」のほか、地域犂型「乙字形」「Z字形」の調査報告を重ねている。

唐箕大工は、高松松島今橋筋の喜田屋（紀田屋）傳五郎（傳兵衛）が四国に於ける創始（文政～天保頃）と伝わるが、その作と考えられるものが二点（さぬき市歴史民俗資料館・瀬戸内海歴史民俗資料館）伝わっている。その後、綾田唐箕等に受け継がれて戦後に至る。万石通では嘉永七年の「御林通筋松蔵清次仕入」という墨書のものが綾川町内に残されている。明治～大正期には西濱町の「水谷小三郎細工所」のものが出てくる。今後、紀年銘農具からの農具大工や車大工の系譜の解明が期待される。

（織野　英史）

## 香川県東部の炭焼きと新居式窯

香川県東部（旧大川郡・木田郡）における炭の生産は、冬場の山間農家の副業として行われてきた。炭には大別して白炭と黒炭とがあるが白炭の生産は昭和一〇年（一九三五）頃を境に減少に転じ、現在は黒炭の生産だけが行われている。

黒炭を焼く炭窯は、在来窯、大正窯、新居《にい》式窯の順に変遷してきたが、作業のしやすい新居式窯は昭和一二年に多和村（さぬき市多和）で行われた講習会がきっかけで普及していった。香川県東部で現在稼働している炭窯は、この形式の窯がほとんどである。以下、この窯で炭を焼くまでを紹介する。

山に生えている木に値段をつけることを「山にメ《め》を入れる」といい、山の立木を買うことを山請けするという。山請けには多額の資本が必要であったから、たいていの場合は親方と呼ばれる人々が山請けを行い、それを何人かの炭焼き（ヤッコ）が親方との契約で炭を焼いた。盛んに炭を焼いていたころは、スミギを専門に切るキリコも雇われた。山仕事の契約ができて山に入る日をヤマハジメとかチョウナハジメの日といって、大安吉日を選んで仕事を始める。山の入り口で最初に切る木の前に御神酒と塩、御洗米をお祀りして山の神様に安全を祈ってから仕事に取りかかった。

炭材のことをスミギあるいはカマギと呼んでいる。一窯分のスミギの切り出しが終わると、炭窯を築く位置にツルハシやスコップで穴を掘る。炭窯は尾根と小谷の中間くらいの所でスミギの生えている山の下の方に作る。穴を掘る場所は岩筋を避けて四メートル四方の平地が得られる場所を選ぶ。また、窯に使う土には、枯葉や木の枝や根っこなどの有機物の混じっていない少し湿り気のあるものを使う。そして、イチジク型の竪穴を少し大きめに掘る。竪穴の内側に杭を打ち、杭の外側に木の細枝を重ねてシガラミを作る。続いてシガラミと掘り方の間に混じり物を含まない山土を入れてツチで叩きしめながら土囲《どい》の形を整える。

敷は奥に向かって一丈に対して三寸位の傾斜を持たせて低くする。また、木汁を窯の外へ排出するための土管も埋める。コガマの幅は奥行きの一割とし、高さは三寸とする。レンガを積んでコガマを作った後その上へさらにレンガを積んで煙道を作る。次に焚き口とその周囲に大ぶりの石を積み、石と石との間に粘土を詰めて硬く叩きしめると前の土囲が完成する。

土囲周りが終わると天井はりのために木入れを行う。スミギはモト（根元側）を上に、ウレ（先側）を下にして窯の奥の火尻に近い所から立てていく。スミギは一二〜一五年ものの雑木で、一二年に満たない若木や乾燥の過ぎたものは炭が柔らかくなるのでよくない。焚き口や火尻付近は、火が良く通り、灰化率が高いのでよい木は置かない。スミギは土囲の高さにそろえる。「土囲は肩ぎり」と言って成人の肩の高さを目安とする。

木入れが終わると、ウレキを使って窯の天井はりにかかる。小さく切ったウレキを亀の甲状に中央部を高くして積み上げる。これをクダモリと呼んでいる。クダモリが終わるとその上から古ムシロやゴザなどで覆い、少し湿り気のある粘土を乗せ、ツチや丸太棒で叩きしめる。仕上げはヘラヅチで整える。天井の厚さは中央で三〜四寸、土囲の近くの炭化室周辺部で七寸くらいとする。最後に煙突寄りに一対のモチ穴を開ける。モチ穴は窯の中の空気の流れをよくするためにスミギにアラ火が着くまで開けておく。天井張りは三、四人で半日から一日がかりで行う。

天井をはり終えると煙突と窯の額に御神酒、塩、御洗米を祀って「よい炭ができますように」と祈る。炭窯の煙突を工夫したのはお

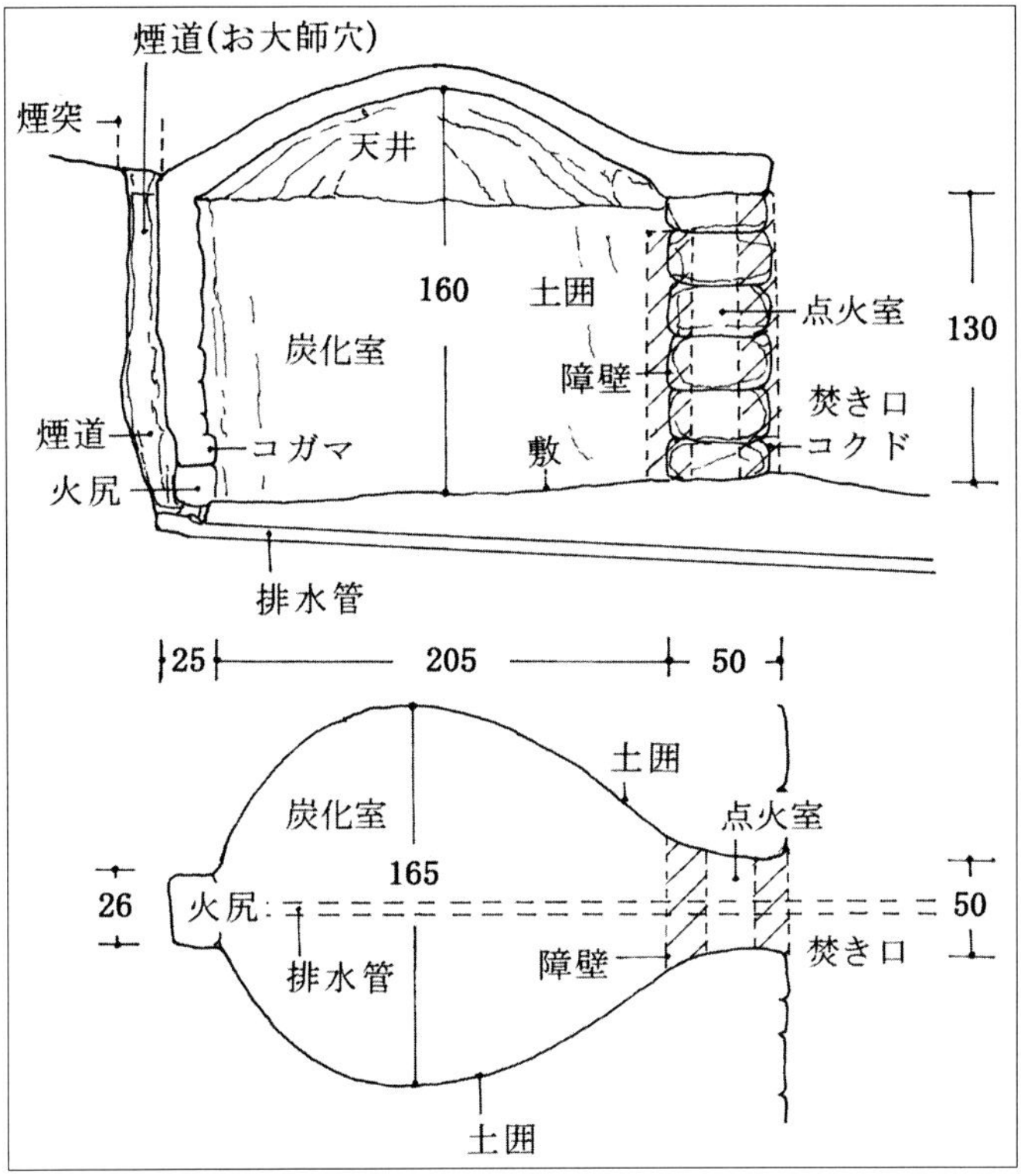

新居式窯と各部の名称（数字はcm単位）

大師さんで、煙突を乗せる穴（煙道）をお大師穴と呼んでいる。そして、焚き口の奥に入れたスミギとの境に練り土を挟みながらレンガを積み上げて障壁を作る。障壁と天井との間には多少の空間があってこの空間を火炎が通り抜けていく。障壁ができると前の土囲の石組みに金具をかけ、レンガを積んで焚き口をつくる。金具の上方にレンガの木口一個分の穴を開けておく。この穴は窯の中の火の着き具合を見るためのもので目穴と呼んでいる。焚き口にウレキを入れてそこへ点火することを火入れという。初窯や窯が冷えている時はたくさんの焚き付けが必要となる。窯が温まりスミギの乾燥が始まると煙突から湯気が出てくる。出始めの湯気は煙突のすぐ上で消える。スミギの乾燥がさらに進むと白い湯気はやがて白い煙に変わって五〇〜一〇〇メートルも連続して漂うようになる。白い煙はやがて黄色みを帯びて苦みを増してくる。この煙の状態をゴミと呼んでいる。

煙がゴミの状態になるとコクドを作り、焚き口を狭めて空気の通りを少なくする。煙突の上にも火尻板（レンガでもよい）を乗せて次第に煙突の穴を狭めていく。火尻板の前には木の枝を置いてタールの着き具合から窯の中のスミギの状態を知る。この木の枝をヤニギと言っている。ゴミの状態から二日ほどすると煙の色は青くなる。これをアオの状態と言い窯の中ではスミギの炭化がどんどん進んでいる。アオの状態になると炭にネラシをかけるため火尻板を少しずつ開ける。

煙が青くなってしばらくすると青い煙が勢いよく排出されるのでネスケと言って煙突の直上、つまり煙の根元が無色となる。そしてネラシが終わるころには煙の色はほとんど無色となる。煙の色が無色となると焚き口のコクドを完全に閉めてしまう。火尻板も外し煙突を取り除き煙道の上に石を乗せ、上から土をかけて窯の中へ空気が入らないようにする。空気を遮断することで真っ赤にいこったスミギの火を消すのである。このことを窯仕舞いと言い、鎮火まで三昼夜ほど待つと炭が焼き上がる。

（六車　功）

# 仁尾のボラ地曳網と絵馬

冬のボラは寒ボラと呼ばれて美味であり、仁尾では戦前まで地曳網でこれを捕獲していた。

冬のボラは群をなして一か所に留まる習性があり、仁尾と大蔦島と小蔦島に囲まれたマエカタと呼ばれる地先の海域に、一二月にボラが滞留し、群れの規模が漸次拡大し、翌年の三月の彼岸ごろに移動する。この間、ボラの群れを四散させないため、当該海域は禁漁となり、船舶の侵入も禁止となった。侵漁を防ぐため、番船に自炊用具を持ち込み、昼夜監視を続けた。

ボラの群れの密度が限度を超えると他所に移動し、雨や風の影響で移動が早まることもあるので、地曳網を入れる時期を慎重に判断した。地曳網の全長は約一二〇〇メートルで、網地は木綿で網目は一様に細かいものを使用した。ボラは動きが激しく網目を抜けやすいためである。

地曳網の操業には四時間ほどかかり、潮が満ちるまで網を曳く足場のある砂浜は、勾配が必要で、専ら小蔦島の砂浜で網を曳いた。ボラは飛ぶため、網の上部を水面で十分に遮蔽できず、網の外側に飛び出すことも多い。そのため、四つあった網がクジを引いてその年の順番を決め、一番クジを引いた者がまず網を入れ、これを飛び越したボラは、二番クジの網が、一番クジの網の背後から入れてこれを捕獲し、さらに三番クジを引いた網がその背後から入れるという風に順次網を入れた。ボラの習性と地曳網の特性などの要因により独特な漁場用益形態が生み出されたのである。

仁尾町大北集落の恵比須神社には旧暦の明治四一年（一九〇八）二月二一日と昭和八年（一九三三）一二月五日にボラ地曳網の絵馬が奉納され、前者は現在香川県立ミュージアムに収蔵され、後者は社殿内に掛けられている。中でも昭和八年の絵馬は奉納者が健在で、絵馬に描かれた地曳網の様子や絵馬奉納の経緯を知ることができる全国的にも希有な資料である。

絵馬には天神山と弁天山の間で網を曳く場面が描かれているが、小蔦島の砂浜で網を曳かなかったのは、湾内に全長二メートルほどのスナメリが侵入し、これに追われてボラの群れがここに移動したためである。大漁で網が裂け、それでも一〇万匹のボラが捕れ、次の網をその背後から入れると三千匹捕れた。

絵馬は一般に祈願に結びつけられやすいが、この絵馬は大漁を神に感謝して奉納されたもので、全国的にも網漁の絵馬の大半が報謝を目的にしたものである。

絵馬の左側には縦書きで網元の吉田家のマタナカの屋号に続いて「冬網連中　周旋人　河田輝一」と記されている。冬網はボラ地曳網の呼び名で、「周旋人」は絵馬奉納の世話人のことである。仁尾のボラ地曳網の従業員には、網元に年中雇われている「内人《うちびと》」と、地曳網の時にのみ参加する「網子《あご》」がいたが、「周旋人」の河田輝一は「内人」にあたる人物で、絵馬奉納を網元に持ちかけた。

絵馬の下側には右から「内人」七人、中央に一五人、左に九人の名が記され、左端には絵馬に文字書きした「書記」の名が見える。聞き取りによると中央の一五人は「網子」、左の九人は「網子」とは別に網を曳きに来た人で、いずれも誰の名を記すかは、すべて「内人」で相談して決めたという。

網元の吉田熊吉の名はなく、その子の久吉の名はあるが、これは現場の指揮者である沖合としてその名が記されている。

このように、絵馬の奉納は網の従業員の共同行為として行われたのであり、網元の吉田熊吉はその名を願主として記した鳥居を神社に奉納しており、奉納物の種類により奉納行為が階層化されていた

昭和８年奉納ボラ地曳網絵馬（恵比寿神社蔵）

ことが分かる。

これは近世以降のイワシ地曳網の絵馬が集中する千葉県大原町にも見られる現象で、網漁の絵馬の多くは従業員が共同で奉納するような庶民的な奉納物だと考えられる。

ところで、網漁の絵馬は全国的にも少ないが、仁尾で二度も奉納されたのはなぜか。

これは、まず地曳網の特性から考えてみなければならない。

地曳網は魚群の周囲を網で包囲するだけでなく、網の下部を海底に密着させることで自然環境である海面と海底を使って網の上下の方向を包囲する。さらに網は砂浜に揚げることから砂浜の地形も利用して魚の退路を断つ。

このように海面、海底、砂浜は自然環境であると同時に網と同様に魚の退路を遮断する機能を有し、大量の魚群を包囲して一網打尽にすることを可能にした。

これに藻の繁茂する漁場の海底の強力な集魚作用と冬季に群をなすボラの習性が結合して、驚異的な大漁を現出させて、絵馬奉納を促したのである。

また、地曳網が操業される海底から砂浜は、仁尾の集落が日常的に生業の場とする領域で、海域の禁漁という共同体的な規制も働いて、地曳網は仁尾の集落と深く結びついた。地曳網の従業員のほとんどが集落内で雇用されたが、その深い存在論的な根拠はここにある。中でも絵馬奉納を主導した「内人」は仁尾の大北集落の者であり、このことが、絵馬を地域の恵比須神社に奉納しようとする行為を促したと思われる。

（真鍋　篤行）

## 香川県に残る「亀の浮木」絵馬

白鳥《しろとり》神社（東かがわ市）の本殿裏の回廊には、今も多くの絵馬や俳句額が残る。そのなかに、明治時代に奉納された廻船絵馬がある。しかし、よく見ると蛭子《えびす》丸の幟《のぼり》を掲げた廻船だけを描いた定型の絵馬ではなく、画面左に小さな木をくわえた亀を描いている。また亀と廻船の間には小船があり、大きな木を持ち上げて喜んでいる人の姿も見える。

これは、「亀の浮木《うきき》」絵馬と呼ばれるもので、亀が遊んだり掴まったりした流木を拾うと、大漁や家運の隆盛の吉兆とされるものである。浮木を見つけた漁師や船乗りたちは亀に代わりの木を与えて持ち帰り祀った。

この絵馬はそれを記念して、讃岐国大川郡松原村（東かがわ市松原）の人が奉納したものであるが、どこの海で拾ったものかは記されていない。

香川県立ミュージアムが保管する松平家歴史資料にも「亀浮木」図がある。幕末の高松松平家連枝《れんし》、松平頼該《よりかね》（左近・金岳《きんがく》）筆の小さな絵で、奥州南部の福吉丸（五百石積）の船頭であった庵治の伊三郎が慶応三年（一八六七）五月二八日の日の出頃に但馬国諸礒湊《もろいそみなと》（兵庫県浜坂町）より六里ほど沖で拾ったものである。つまり日本海で拾った亀の浮木を当時の庵治村で見せられた頼該が描いたもので、その実物は今も高松市庵治町の個人宅に大切に保管されている。箱書には「蓬莱浮木《ほうらいうきき》　浮木《うきき》丸什宝《まる》」「源頼該書（花押）」と記される。伝承では伊三郎は明治になって、船の名前を「浮木丸」に変え、姓も「浮木」と名のったという。亀の浮木への信仰が大きかったことがうかがえよう。

これらの絵馬はいずれも廻船の船乗りが日本海などで拾い上げたものであるが、他にも伊吹島（観音寺市）や淡路島にも亀の浮木絵馬が知られている。

伊吹島の個人宅に残る絵馬は、明治四二年（一九〇九）、島の漁師が山口県沖で流木を背にした亀を見つけた様子を描いたもので、その際拾い上げた浮木も保管されている。

淡路島のものは、福良《ふくら》八幡神社（南あわじ市）に奉納されたもので、明治三六年に鳴門の海で見つけた様子を描いている。

これらは漁師が拾い上げたもので、いずれも瀬戸内海で拾った様子を描いている。海浜部の干拓が進む近代以前には、瀬戸内海にも多数の海亀が回遊・生息していたのではないかと考えられる。

こうした亀の浮木信仰は、東北地方南部から高知県に至る太平洋岸や瀬戸内海地域に見られるもので、海亀が持っていた流木を「亀の浮木」や「カメノマクラ」、「カメノマワシボウ」、「カメノカブリギ」などと呼び、大切にしている。

海亀や鯨、鮫などは地域によっては「海神の使い」、「エビス」と考え、海の宝物を持っていたり、たくさんの魚を連れてきたりするとして漁師たちはそれを尊んだ。海亀を捕まえた漁師は酒を飲ませて離したり、鯨は捕まえて殺すが、供養碑が建てられたり位牌がつくられたりするなど祀られた。

そのため、海亀や鯨そのものの回遊を吉兆と見たり、定期に日本近海にやって来る鰆や鮭などについても、さまざまな信仰儀礼が伴ったりする。かつて民俗学の大先達柳田國男も、回遊性の魚たちと漁業のはじまり、神祭りの関係に注目すべきであると指摘したことがある。

瀬戸内海には海亀以外にも、今は内海においてあまり馴染みのない動物に関わる塚や伝説などがいくつか残る。例えば小豆島の土庄町柳地区の海浜には「獺《かわうそ》神社」が祀られていた。カウソまたはカボ

「亀の浮木」絵馬（部分）（篠原希一氏蔵）

ソと呼んでいるが、ニホンカワウソのことと考えられている。

伝承では、海から時々姿を現して人に背負われたり、背中から手を伸ばして目隠しをして山に連れて行って迷わせたりしたという。またこの神さんに願掛けをすると何でも叶えてくれたともいっており、民俗学では一般に河童や人をだます狸のような存在だと考えられている。

広島県の上蒲刈島《かみかまかりじま》の仏石というところにもカワウソの墓がある。漁師が捕ってきた魚を食べたりして悪さをするカワウソを殺してしまったところ、それ以後不漁になって困ってしまったので墓石を建てて供養したら、また釣れるようになったという。

ニホンカワウソは二〇一二年八月に絶滅種指定をされているが、第二次世界大戦後も香川県から愛媛県、高知県南西部の沿岸部に生息していたことが知られている。

環境変化などによって、絵馬や伝説にのみ登場する動物たち。そこには棲むことができなくなり、今は消え去ってしまった動物たちと人間のくらしとの関わりや心意などを示す物語が散りばめられている。時には動物たちに化されたり、時には畏敬の念をはらったりして対峙してきた。

今、科学技術の発達とともに、天気予報や魚群探知などの技術・精度は隔世の感がある。しかし、逆に地震や災害予知として、先人の伝承や経験知を見直す動きもある。「亀の浮木」の信仰の裏にある漁民の自然認識や経験知、民間信仰に思いを馳せることも自然や環境との共生が叫ばれる今日、大切なことかもしれない。

（田井　静明）

## 大般若経の流布と熊野信仰

大般若経は大般若波羅蜜多経の略称であり、三蔵法師で有名な唐の玄奘《げんじょう》が漢訳した全六〇〇巻もある大乗仏教の根本経典である。室町時代には村の繁栄を祈願するため各地の寺社で盛んに転読されるなど、広く信仰を集めてきた経典である。一九八〇年代から大般若経が地域の信仰史を見直す史料として各地で調査されている。

香川県においては、自治体史などで紹介されているものもあるが、充分に調査・検討された大般若経は少ない。そのなかで大内郡の水主《みずし》神社（東かがわ市水主）に伝わる二部の大般若経と若王寺（同市与田山）に伝わる大般若経は、時代や奥書の豊富さからも、香川県の宗教史を語る上で大変貴重な情報を提供してくれる。

水主神社は近世まで大水主社と呼ばれた式内社である。ここには、内陣大般若経（平安時代書写）と外陣《げじん》大般若経（室町時代書写）と通称される二部の写本の大般若経がある。

内陣大般若経には、伊予国石鎚山から運ばれたという「牛負い般若」伝承がある。外陣大般若経の巻一から巻八十までは応永五年（一三九八）九月から同六年一〇月に書写され、元々阿波国海部郡薩摩郷八幡宮に納入されていた経巻である。巻八十一以降は応永三二年（一四二五）から永享四年（一四三二）までに円光寺（同市水主）の僧侶定全の所望による勧進によって補完されたものである。定全が大願主となり、大水主社惣官水主光政や水主盛政が大檀那となっている。執筆者には定全のほか良仁や聖元ら計一二名の名前が見られ、円光寺や千光寺（同市白鳥）など近隣の寺院が書写場所となっている。

若王寺は八掌山王子坊若王寺と号する真言宗の寺院である。ここには応永六年（一三九九）に書写された大般若経が伝来する。

若王寺の大般若経の書写事業にあたっては、前述の水主神社の外陣大般若経書写に携わった僧侶たちも参加し、さらに彼らは応永一八年（一四一一）書写の北野社一切経（京都市大報恩寺）にも参加していることが先行研究でも指摘されている。若王寺大般若経書写事業に参加したのは、讃岐国だけでなく、越後国、若狭国、摂津

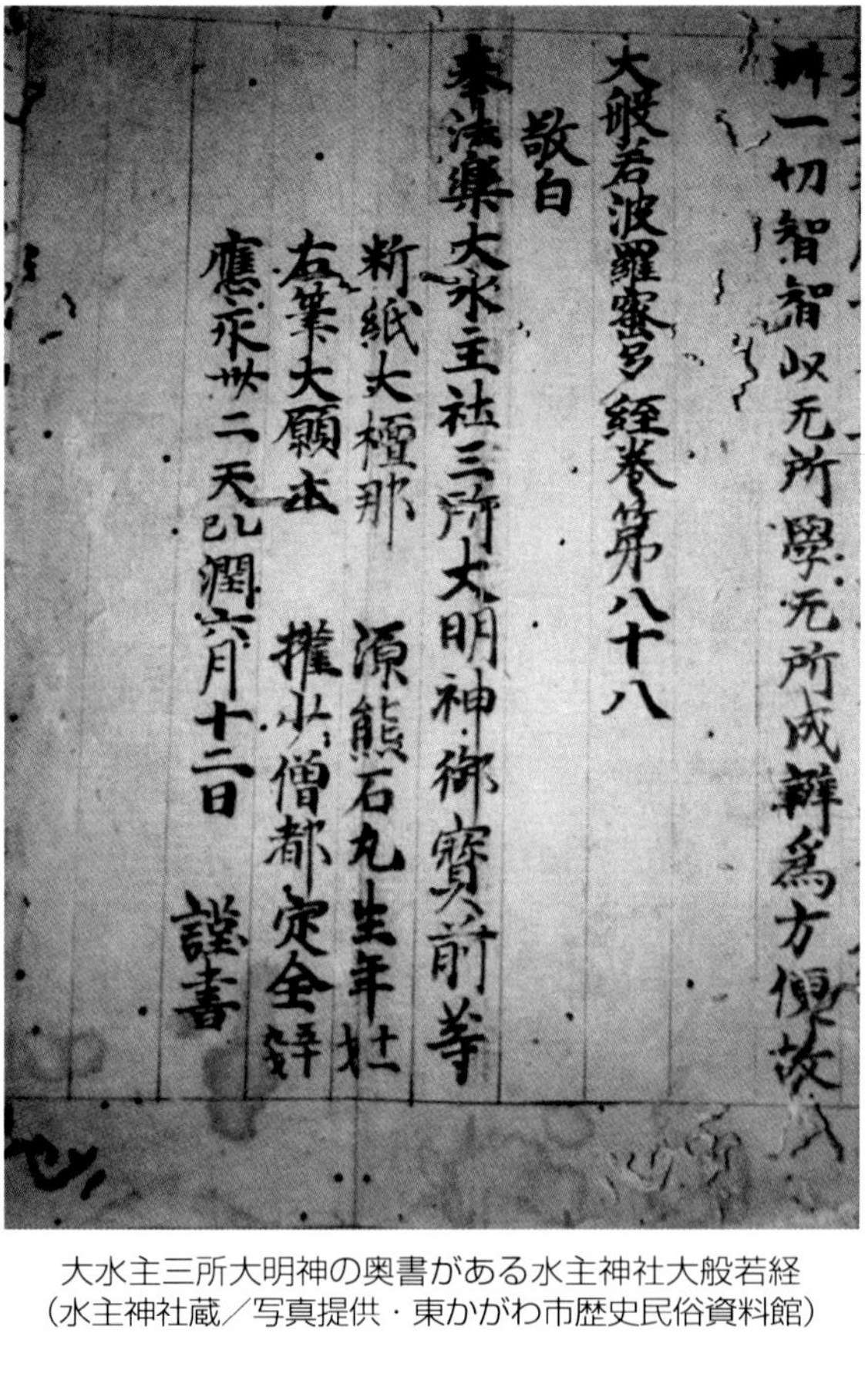


大水主三所大明神の奥書がある水主神社大般若経
（水主神社蔵／写真提供・東かがわ市歴史民俗資料館）

国、播磨国、阿波国、薩摩国に広がっており、僧侶間の広範囲にわたるネットワークをうかがうことができるとともに、若王寺大般若経書写事業の規模の大きさを知ることができる。

　では諸国から僧侶が若王寺に集結する要因は何であったのだろうか。それは修験道、さらには熊野信仰に基づくものであろう。

　前述の水主神社の内陣大般若経の「牛負い般若」伝承から水主の地に修験道が根ざしていたことがうかがえる。若王寺でも享保年間（一七一六〜三六）編纂の『若一王子大権現縁起』に、若一王子大権現の祭神も熊野から飛来したとあり、若王寺の鎮守社与田神社には、平安後期から室町時代の熊野権現の本地を表した懸仏が伝わるなど、讃岐国大内郡には古くは平安時代後期から熊野信仰が浸透しており、この大内郡は熊野修験者の修験の地であったと考えられる。

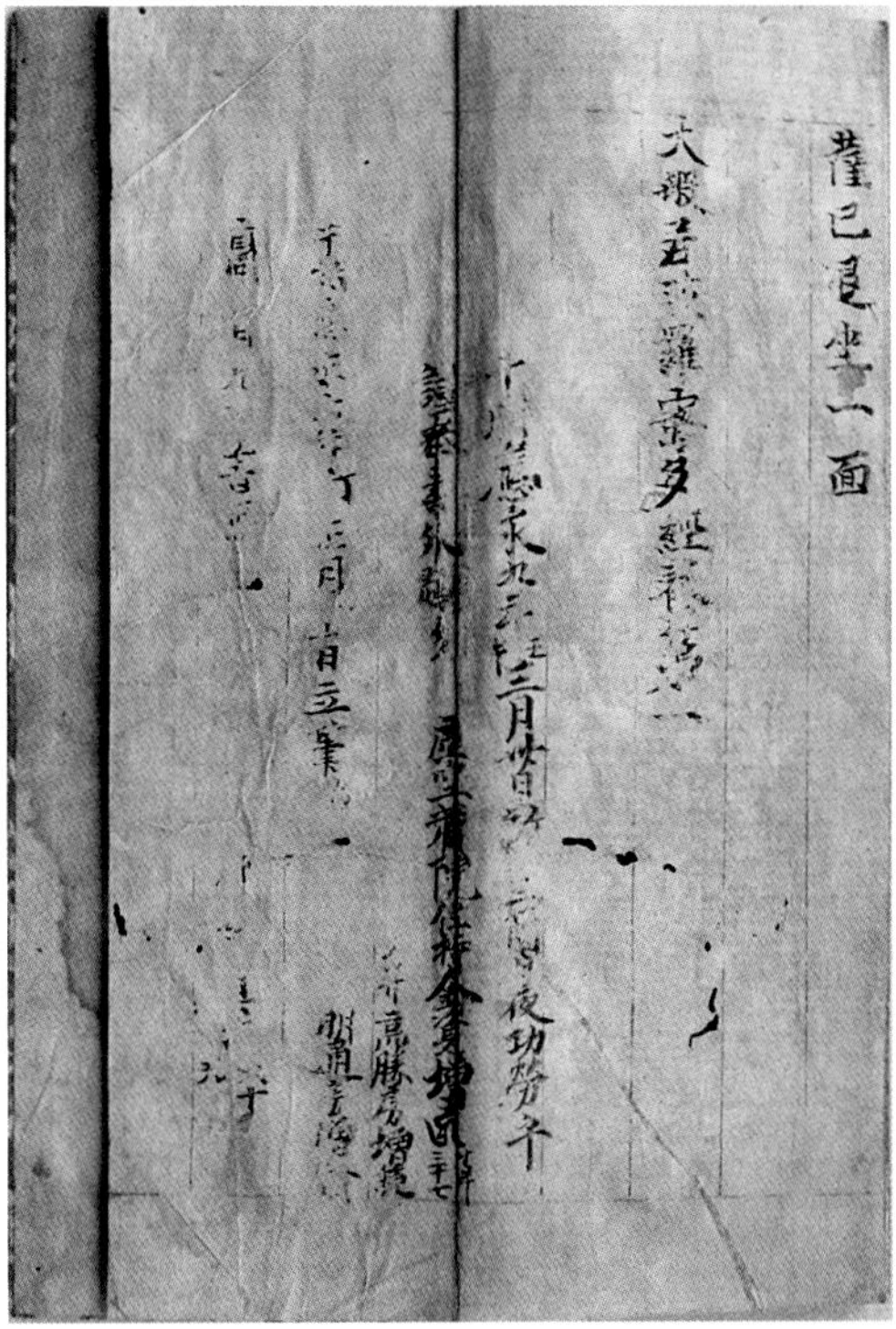

増吽の奥書がある若王寺大般若経
（若王寺蔵／写真提供・
東かがわ市歴史民俗資料館）

　さらに当地の熊野信仰を象徴する人物として、増吽《ぞううん》があげられる。増吽は貞治五年（一三六六）に大内郡与田郷で生まれ、明徳二年（一三九一）に水主神社の神宮寺ともいわれる虚空蔵院（同市中筋・現與田寺）の住職となり、以後、東寺や高野山さらに熊野三山などで修山し、水主に熊野三山を勧請したといわれている。

　増吽作とされる応永一七年（一四一〇）『大水主大明神和讃』では大水主大明神と熊野三所権現は同一体であると述べられ、応永三二年（一四二五）には大水主三所大明神御宝前で法楽が執り行われている。さらに覚城院文書には、増吽は熊野参詣に際し阿波国と讃岐国で経衆二〇名を調えたことが記されている。この増吽を先達とする経衆が、若王寺大般若経や北野社一切経の経典の書写事業を担ったのは想像に難くない。

　これに加えて、水主神社では、応永二九年（一四二二）の同社南宮の棟札に「勧進金資増吽」とあり、増吽が勧進聖として活動していたことがわかる。

　彼の活動は讃岐国に留まらず、中国・四国地方で多くの寺院を開山・中興するなど大きな業績を残し、応永一九年（一四一二）には上洛して後小松天皇に謁して権僧正に任ぜられたといわれている。そして承応元年（一六五二）の『讃岐国大日記』には「大師（弘法大師）ノ再誕」とまで称えられ、讃岐国を代表する高僧と評価されている。

　増吽のような熊野信仰を背景とし、各国を巡り、寺院の開山・中興、経典の書写事業、勧進活動を行った勧進聖の活動が、のちの四国八十八ヶ所霊場の成立につながっていくと考えられる。

（萩野　憲司）

## 異界の海にのぞむ中世寺院
## —志度寺と白峯寺をめぐって—

海辺には寺院が数多く建てられた。例えば志度湾に面した海辺の寺である志度寺は、平安時代に開創された古刹だ。後白河法皇が撰した歌謡集『梁塵秘抄《りょうじんひしょう》』に「四方の霊験所」の一つとして「志度の道場」が数えられ、早くから都の人びとにも知られた霊場であった。

志度寺には、本尊十一面観音の由来と当寺建立・再興のいきさつなどを描いた大画面の縁起絵《えんぎえ》六幅（付随する縁起文とともに重要文化財）が残されている。鎌倉時代末期から南北朝時代にかけて次々とつくられたもので、絵を前にした人びとに寺の由来などを語り聞かせる「絵解き《えと》」に用いられたとみられる。

本尊十一面観音の由来を描いた「御衣木之縁起《みそぎのえんぎ》」によれば、琵琶湖の谷から流れ出した霊木が、宇治川・淀川を経て瀬戸内海を漂流し、讃岐の志度の浦に流れ着くと、信心深い尼に拾われ、十一面観音の像に彫り上げられたという。もとよりこの話を事実とみることはできないが、海の道を通じた志度寺と中央との活発な交流が背景にあったといえよう。注目すべきは、今では忘れられた中世志度の内湾する地形や真珠島をはじめ、その周辺で塩田を営む人びとの姿など、身近な景観も描かれていることだ（画面の最下段）。志度寺に詣でて「絵解き」を体験した人びとは、指し示された各場面と、目に映る志度の風景とを重ねあわせることで、壮大な物語の世界を納得して受け入れたに違いない。

謡曲『海人《あま》』で有名な「海女の玉取り」の物語を描いた画幅も当寺に伝来する（「讃州志度道場縁起」）。志度の浦の海女は、龍王に奪われた宝珠《ほうじゅ》を龍宮から取り返すが、追いかけてきた龍に喰いちぎられて亡くなり、彼女を供養するために志度寺が建てられたという。志度の沖には龍宮があると信じられていたとみられ、志度寺はいわば異界へと続く霊場であり、異界の海にのぞむ寺であったといえよう。描かれた志度寺境内の石塔群も絵空事ではなく、実際に縁起絵がつくられた時代に存在していたと考えられることにも注意したい。

このほか、当願《とうがん》と暮当《ぼとう》という二人の猟師の話も縁起絵に描かれている（「白杖童子縁起・当願暮当之縁起」）。当願は猟を休んで志度寺に参拝した際、邪念を抱いたために蛇となった。暮当は迎えに行き、蛇を背負って長行池《ながゆきいけ》に入れたが、蛇はしだいに体が大きくなり、

「志度寺縁起絵」のうち「御衣木之縁起」
（志度寺蔵／写真提供・香川県立ミュージアム）

満濃池に移ったという。のちに蛇の目玉の如意宝珠《にょいほうじゅ》が、九州の宇佐八幡宮に奉納されたというが、それが史実にかなうかはともかく、ここにも西海の道に連なる志度寺の姿がみてとれる。さらに大蛇は瀬戸内海の大槌島《おおづち》・小槌島《こづち》の間に移り、今も生きていると伝えている。

ところでこの大槌島・小槌島の間は椎途《つちのと》（椎門）とよばれるが、ここにほど近い五色台には、崇徳上皇ゆかりの寺院として知られる白峯寺がある。白峰山の山頂北側に位置する山寺であるが、古代の要港・松山の津をのぞむ、海辺の寺としての側面があったことも見逃せない。

『白峯寺縁起』によれば、本尊十一面観音は志度寺同様、補陀落山《ふだらくさん》から流れ来た霊木を彫ったものという。霊木があらわれた場所は「大椎《おおつち》」で、これは大槌島・小槌島の間、すなわち椎途の海を指している。また、崇徳上皇の血書による五部大乗経は、椎途の龍宮に納められたという。椎途の海に近い白峯寺も志度寺同様、龍宮に通じる寺であった。

このように志度寺と白峯寺には、沖合の海に龍宮の伝承をもつなどの共通点がみられるが、その背景には、志度寺と白峯寺とを行き来し、物語や情報を語り伝える人がいたのだろう。実際、志度寺に伝来する「阿一蘇生之縁起《あいちそせいのえんぎ》」をみると、白峯寺に向かう僧侶も描かれており、中世以来、両寺を行き来する人びとの活動があったことを示唆している。

ところで『保元物語』や『平家物語』の諸本において、崇徳上皇の配所である白峰周辺が、「志度」と誤って記されることがある。この理由は何であったのだろうか。白峯寺は、椎途の海が流れ込む白峰の地にあったが、これを「シヒド」と誤読した可能性があったのではないかとの国文学者・水原一氏の指摘がある。現地の呼び方を知らない都の人びとであれば、たしかに「シヒド」から「志度」を連想したことは十分考えられるだろう。

とはいえ、実際に志度寺と白峯寺とを結びつけるような在地の人びとの動向にも注意しなければならない。海の道、陸の道をめぐり行く彼らは、眼前に広がる景観と同じ絵を指し示して物語を語るとともに、怪異の渦巻く異界の世界をも語ったことだろう。異界の海にのぞむ寺々は、このようなめぐり行く人びとの活動によって支えられ、結びつけられていたとみることができる。

（上野　進）

「志度寺縁起絵」のうち「讃州志度道場縁起・二」
（志度寺蔵／写真提供・香川県立ミュージアム）

## 中世讃岐の寺社勢力
### —大興寺を例にして—

中世の高野山は、日本における一大宗教都市であって、江戸時代の丈量にたとえれば、紀州徳川藩五五万五千石以上の財政規模を誇っていたことが知られるようになった。そして、そこには数万人規模の老若男女と、これらの数値をはるかに超える高野山所属の不定の住民がいた。例えば、高野聖（学侶方、行人方）などと呼ばれた廻国の僧侶たちである。彼らは、通常行商人や全国に散在する高野山領代官として諸国を往来し、諸国に高野信仰を広め、連歌を催すなど文芸活動を行いつつ民衆に受け入れられていったが、彼らを総計すると十万人規模になるといわれている。まさに朝廷（皇室）や幕府に伍する強力な中世寺社勢力の一つであった。

さて、従来においても、こうした中央の寺社勢力の末端勢力として地方にある寺社の動静を見てきたことは疑いないところである。しかし、地方の有力寺社が独自に宗教的に、また、経済的に地域を領掌していたとの見方は成立しないのだろうか。そこで、以下で讃岐国内の有力寺社の一つである大興寺を例に挙げてみよう。

三豊市山本町辻に大興寺がある。真言宗善通寺派、小松尾山不動光院と号し四国霊場六七番札所である。本尊は、薬師如来で小松尾寺と俗称される。『小松尾山不動光院大興寺遺跡略記』などの寺伝によれば、弘仁一三年（八二二）空海の創建と伝える、古刹である。また、中世を通じて真言と天台の二宗兼学であり、盛時には、真言系二四坊、天台系一二坊計三六坊を数えたという。苅田郡山本郷にあって古代三野・苅田両郡における条里制南限の起点と目される菩提山北麓一体に一大寺観が形成されていたと推定される。まさに、山本郷の寺であった。

そして、寺伝等によると、隆盛を誇っていたものの慶長二年（一五九七）までには二寺に減少しまもなく真言一寺になったとされている。ところが、『三重県史』に紹介された新出史料である白《はく》米《まい》家文書の「天文二十年（一五五一）相模国・讃岐国旦那帳（巻子）」（以下、「旦那帳」という）と寺伝等とを照合してみると、当時一六世紀半ばの大興寺には二〇坊以上の末寺（坊舎）の存続していたことが確認できる。

すなわち、中世を通じて寺勢を維持していた大興寺が、一六世紀後半の五〇年間にほとんどの末寺が消滅したことになる。まさに戦国時代の激流に飲まれていった観があるが、それは、在地の国人・土豪ら武士の成長によるものと考えられよう。現有の史料からはそれを解明できないが、ここでは一般的に割拠する戦国武将らが、在地の寺社を奉加・寄進して大興寺一山に奉仕することがなくなってきたものとみておき、今後の検討課題にしておくことにする。

それよりも注目すべき課題は、中世を通じて大興寺が斯くもその繁栄を維持できたかという方にある。これを明らかにする徴証が、じつは「旦那帳」にある。巻子の第一紙から三紙までは、御師《おし》白米彦大夫の讃岐国山本郷一円の旦那を列記したものである。実際は、山本郷及びその周辺地域の旦那名が見られるのだが、とくに、第一紙に注目してみると、その末尾に「にほ（仁尾）」「あわい（粟井）」「あまきり城之ふもと中村（多度郡中村郷カ）之中」など、明らかに山本郷ではない地名が出てくる。それらの場所にも山本郷の旦那が居ることをを示している。そして、さらに、その後段に「何方にも山本之人御座候間、如此候」という註記が見られる。

右のことがらは、次のように考えられる。すなわち、港町の仁尾や街道筋の粟井、天霧城下の中村などに生活する山本郷所属の人々が存在したということである。つまり、山本郷の土地に縛られない非農業民である山本郷の住人、言い換えれば商業活動に従事した廻国の職能人らではないかとみられる。そして、おそらく山本郷と地方との往来を可能にする権利保障が、大興寺に所属することにより生じたものであったであろう。このことが、中世を通じて大興寺の経済基盤を支えていたことの要因とみてよかろう。

さらに仁尾に生活する山本郷の人々について別の視点から見てみると、彼らは、また、仁尾という都市住人たる町人《まちびと》（ここでは適当な歴史用語がないため町人、近世の町人と区別するため「まちびと」と仮称する）であった。薗部寿樹氏は、「…仁尾に賀茂神社が勧請された。この仁尾の浦人（筆者のいう町人）が、仁尾賀茂神社の供祭人となったのである。（京都の）鴨社の仁尾浦支配は、供祭人すなわち人を通しての支配であったから、詫間荘の荘園支配と併存できたのであろう」と推定する。つまり、仁尾では、詫間荘の惣荘鎮守である波打八幡宮の氏子であるとともに、仁尾賀茂神社の氏子でもある原住者がいて、これ以外に、山本郷大興寺やその他の有力寺社に所属する商人や職人らが混住して当所の町人を形成し、都市としての発展の構成要素となったのである。

（唐木　裕志）

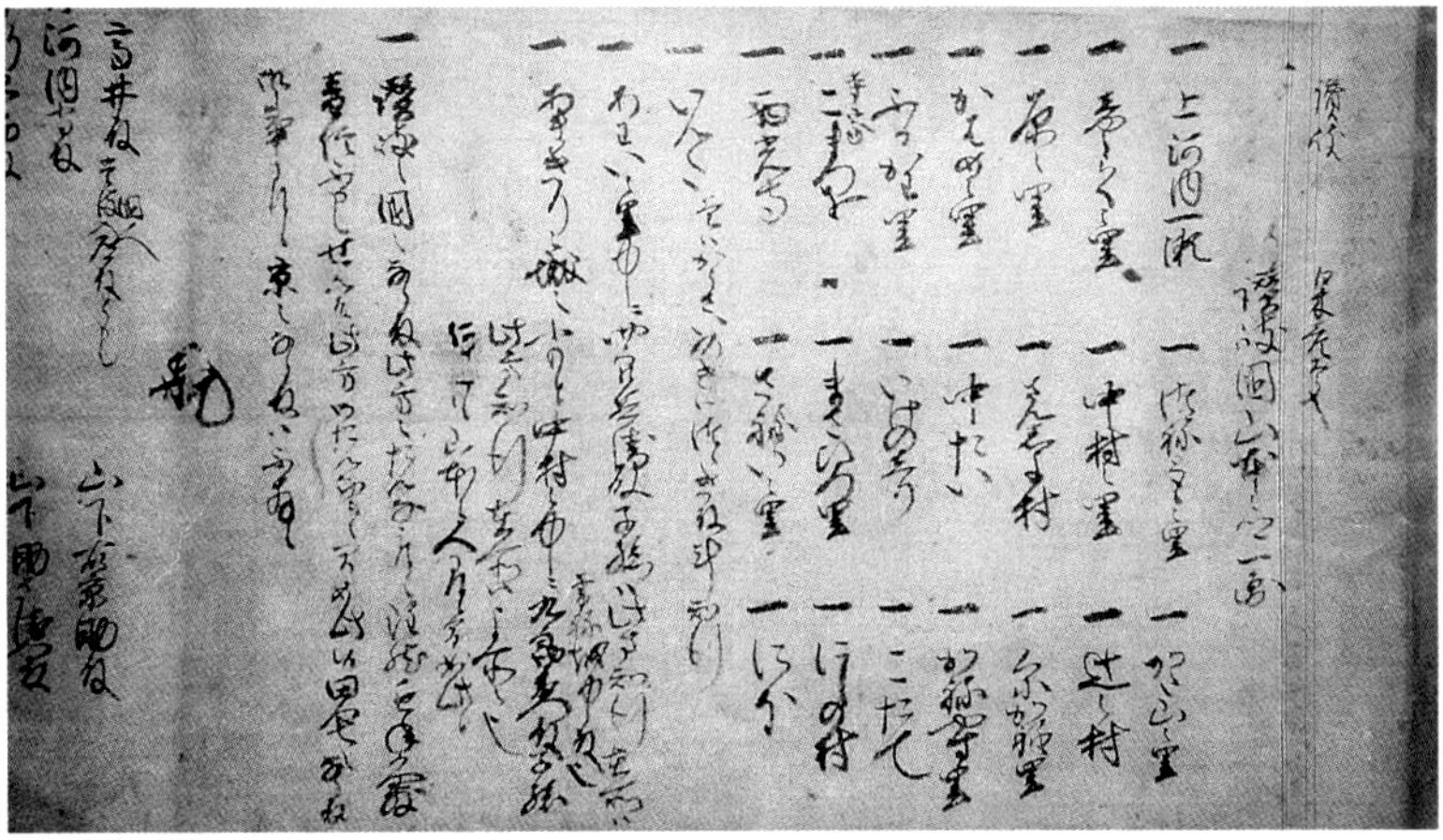

一つ書きの下段最後に「にほ」（仁尾）の名が記されている

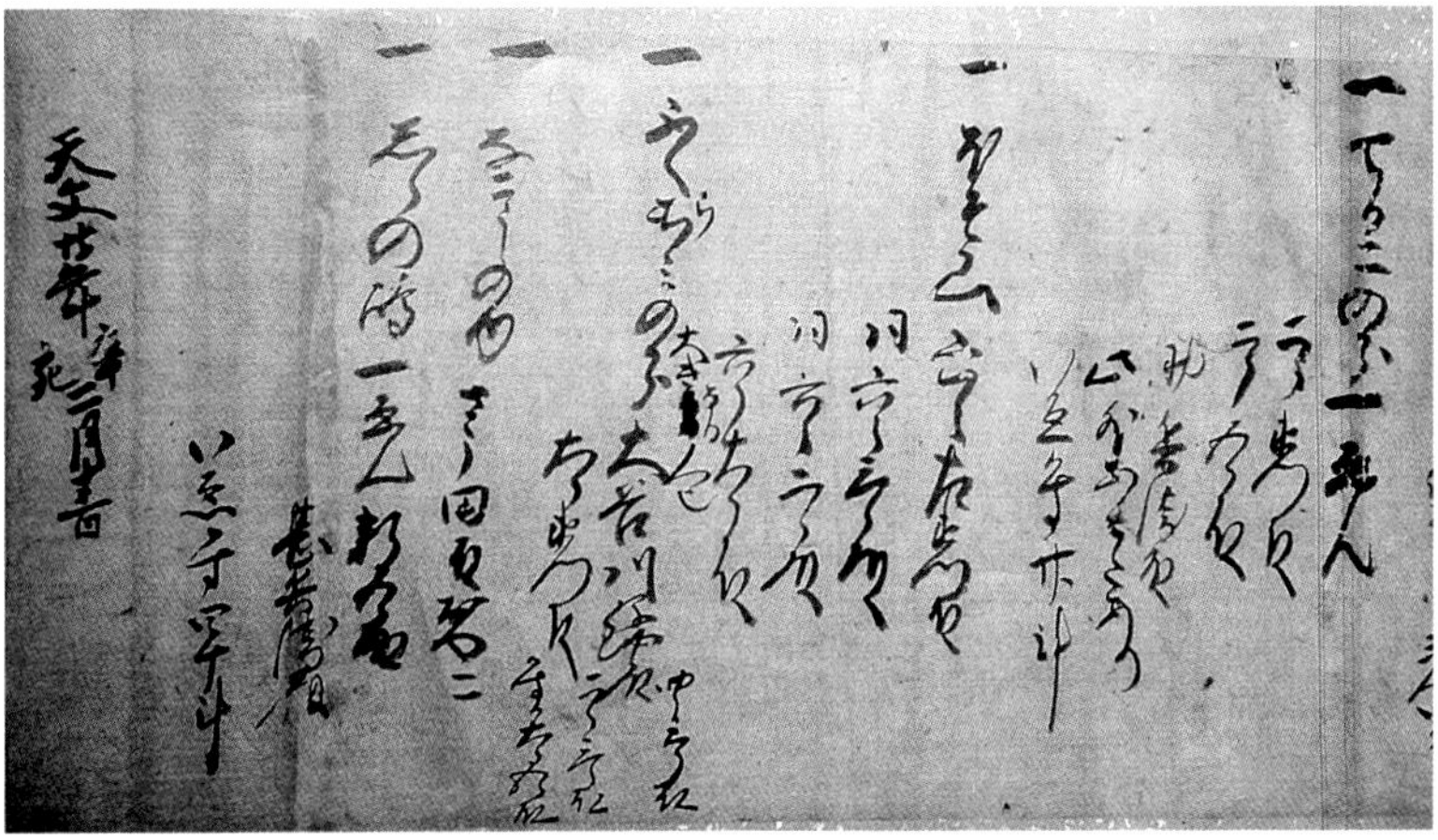

「天文二十年相模国・讃岐国旦那帳」の巻頭（上図）及び年紀（下図）部分（白米満陽氏蔵）

## 讃岐のキリシタンとキリシタン禁制

天文一八年（一五四九）にフランシスコ・ザヴィエルが日本にキリスト教を伝えて以来、布教のために来日した宣教師が瀬戸内海を往来するようになると、讃岐へもキリスト教が伝わり、キリシタンが生まれることになる。

『イエズス会士日本通信』によれば、天正二年（一五七四）の春にイエズス会宣教師カブラルが、日本人修道士ジョアンを伴って塩飽に八時間滞在したとき、宿の主婦がキリシタンとなったと記されている。彼女こそが讃岐における最初のキリシタンである。その後、同九年には宿の主人もキリシタンとなり、この宿がイエズス会宣教師たちの間では「塩飽の常宿」と呼ばれて日本のキリスト教布教史上、重要な役割を果たしていたことが分かる。

天正一三年に小西行長が小豆島と塩飽・室津を領有すると、行長は小豆島をキリスト教の聖地とするために、翌年、大坂からセスペデスを招いた結果、わずか一か月の間に約一、四〇〇人もの住民が洗礼を授けられている。

また、同一五年には秀吉が発した伴天連追放令で、高山右近とオルガンテイーノが一時期この島に潜伏するなど、小豆島は一躍キリシタンの島として知られるようになった。

このようにキリスト教は、まず瀬戸内海の島しょ部である塩飽、続いて小豆島に伝わり、やがて本土側の沿岸部へ伝播していったのである。

生駒藩時代の慶長一一年（一六〇六）、一二年頃には「讃岐には一人のキリシタンとその家族がいた」と報告され、同一九年に宣教師が訪れると、幾人かのキリシタンが集まって熱烈な信仰を示したので、周りの人も信仰を告白して多くの収穫を得たとされている。

元和二年（一六一六）には観音寺のシンジュウロウが妻の影響でキリシタンとなるなど、これらのキリシタンと交わりを持つために、宣教師が慶長一九年から寛永二年（一六二五）にかけて定期的に讃岐を訪れている。

このようなキリシタンの増加傾向に対して、江戸幕府は元和二年に「下々百姓以下に至る迄、彼宗門これ無き様御念を入れられるべく候」と各藩に命じ、生駒藩では、翌三年に高松キリシタンの中心人物であったアントニオ石原孫右衛門父子を捕えて処刑するとともに、キリシタン七、八人を追放している。これが讃岐で最初のキリシタン禁制及びキリシタン殉教事件であった。

次いで寛永七年には、幕府は諸藩に対して「天主教の徒、毎年改むべし」と命じ、同年、小豆島では小堀政一がキリシタン探索を行い、翌一一年には志度で八四人のキリシタンが逮捕され転宗を強いられるなど、幕府のキリシタン禁制政策が藩の自分仕置権を越えて大名領国内に浸透していく様子を窺い知ることができる。

寛永一四年の島原・天草一揆後、幕府は全国的な宗門改めの強化と訴人懸賞制度を通じて宣教師及びキリシタンの摘発に力を入れるようになり、同一九年には国元に帰る諸大名に対して幕府は領内のキリシタン摘発を五人組の連帯責任とするよう命じている。

これを受けて、高松藩や丸亀藩では領内のキリシタンを捕えて江戸へ送検している。

その際の全国的なキリシタン摘発状況をまとめた、明暦四年（一六五八）の『契利斯督記』には「吉利支丹出申国所之覚」として

「讃岐国　松平右京大夫領分　高松ヨリ宗門多出申候、内侍一両人モ出申候。山崎虎之助領分　丸亀ヨリ宗門二三人モ出申候」

讃岐で最初のキリシタンが生まれた塩飽本島（丸亀市本島／写真提供・丸亀市）

と記されている。中・四国諸藩で「宗門多出申候」と記されているのは、広島・津山・高松の三か所だけで、当時四国のキリシタンの拠点が高松にあったことが分かる。

その後、幕府は寛文三年（一六六三）に「耶蘇宗門の儀、国々所々においていよいよ堅く禁止すべき事」という新条項を武家諸法度に加え、翌年には各藩に対して宗門改め専任役人の設置をして、毎年領内キリシタン改めと転び者の報告を行うよう指示している。

高松藩では切支丹奉行、丸亀藩では宗門奉行を置いて領内の宗門改め体制を確立し、ここに幕府の天主教考察を中心に地方役人を組織化した全国的な宗門行政組織が整備されていったのである。

このように讃岐では寛文期を契機に宗門改め体制が確立するとともに、並行して「藩」体制が確立され、幕藩制的秩序も形成されるという重要な役割の軸をキリシタン禁制が果たしたといえる。

延宝元年（一六七三）にはキリシタン親族縁者の調査が実施され、貞享四年（一六八七）にはキリシタン類族改めが制度化されたのは、キリシタン禁制の目的が単なるキリシタン対策だけでなく、農民対策、浪人対策、邪宗対策、寺社対策など様々な諸政策の要素を含んでおり、キリシタン禁制を強化すること自体が、藩の領内支配体制を維持・強化することに繋がるなど、民衆支配の重要な核として機能していたことに起因すると考えられる。

高松藩では藩のキリシタン類族帳である『切支丹宗徒人名録』が撰修され、現在、その写本が高松市歴史資料館に保存されている。

（溝渕　利博）

## 宇多津への金毘羅神領寄進の影響について

宇多津町には、宇夫階《うぶすま》神社境内の金比羅社を始めとして町内の各所に金比羅社の小社が置かれている。また、蛭子神社境内には金毘羅灯籠があり、鍛冶屋町池の宮のコミュニティー会館前にも金毘羅灯籠が建つ。この他、天保九年（一八三八）の銘がある道標など、金毘羅信仰を示す遺物が多く残っている。また、宇多津からの「こんぴら参詣道」も確認されつつあり、金毘羅との関わりの深い湊町といえる。この宇多津に、文政八年（一八二五）金毘羅神領が寄進されることになった。その動きについて、香川県立文書館蔵の稲毛家文書と西村家文書、香川県立ミュージアム蔵の「高松松平氏歴世年譜」（以下「歴世年譜」と記す）および『町史ことひら』を利用して触れてみたい。

高松藩では、初代藩主頼重以来、歴代藩主が神社に太刀や灯籠を寄進している。しかし、神領という形で土地が寄進されたのは、初代頼重の三条御供田と八代頼恕《よりひろ》の宇多津海辺の二例である。頼重の寄進は初代ということで首肯できるが、頼恕については突然といった印象が強い。鵜足郡造田村の庄屋を務めていた西村家の文書の「年来実録」には、文政八酉二月一三日の記事に「此度、殿様御心願在らせられ候ニ付き、鵜足郡土器村川裾より阿野郡堺迄之内海辺砂州金毘羅神領御供用ニ土地寄進遊ばさるべき旨仰せ出され候ニ付き、其の段金光院え申し渡し候間、郡奉行両人役人指し出し取り調べの上、際面札立て右土地引き渡し申すべく候」とある。殿様（松平頼恕）の心願によって海辺砂州が寄付され札が立てられた。『町史ことひら』には、「鵜足津御寄付土地、追々開き立て候」土地であり「百姓共住宅并びに土地支配の義共、鵜足津村役人にて取り扱わせ、川口出入り等の義ハ、時々村役人より申し越し候ハヽ、切手等指し出し申さるべく」として、埋立によって土地として使用できるもので川口出入りは役人の許可による。そして、この砂州の土地は、「年来実録」には「南境ハ都て浪打ち際東西長六百三拾三間、西境ハ土器村海手一開水門より弐拾間東ニて北江五拾弐間除地見通し長三百八拾間、東境ハ川口番所裏西石垣より西江拾四間除地見通し長弐百九拾間、北境ハ東西見通し長五百八拾八間」とあり、南側の長さが約一・三キロメートル、北側は約一・二キロメートル、両横の長さは約〇・六キロメートル×〇・七六キロメートルの歪な長方形で、相当に広い土地といえよう。文政八年九月二七日には高松藩役人と金光院役人との間で引き渡しが行われ四方に杭打ちが行われている。

ところが、この寄進をめぐり、以後思わぬ事態が起こっていく。稲毛家文書「文政七歳ヨリ同酉年同戌年亥年子ノ年迄五ケ年有御用留」の文政八年二月廿日の記事には「金毘羅神領御寄附ニ付き、郷中金毘羅信こふの者より材木明俵等寄進致し候由ニテ日々賑々敷」と、郡内などで信仰心の厚い者達が大勢寄進の土地を埋め立てようと材木や土砂の入った明き俵などを持ってくるようになったのである。藩側は「全ク寄進致し候事□ゆへ指留め候儀ニハ及ばず」とし「若者共はて成る衣類位の品ハ見免しあまり増長致さざる様」にと若者らに対しては派手な衣類などにならないようにと指示している。しかしながら次第に「若者共そめき上方ニ流行の砂持ち様の真似ヲ以て花美過ぎ候」と、寛政元年（一七八九）に大坂で起こった砂持明神騒ぎを彷彿させる事態にまで至る。前掲「歴世年譜」には、「城下ノ者ハ土俵ヲ車輿牛馬ニ積ミ各邑ノ旗幟ヲ建テ種々ノ紛議ヲ演ジ鉦鼓管弦且ツ奏シ且ツ行キ往来織ルカ如ク日夜絶エズ」と記されている。この動きに対し、藩側は厳しい申し渡しなどで規制を強めていったのであろう。騒ぎは次第に収まっていったようである。「歴世年譜」には「後、藩政ニ窮乏ヨリシテ埋立ノ議ハ亦止ミテ行ハレス」と記されている。藩の寄進中止の最終通告は、嘉永五年（一八五二）金光院が出した開発伺いへの回答であった。

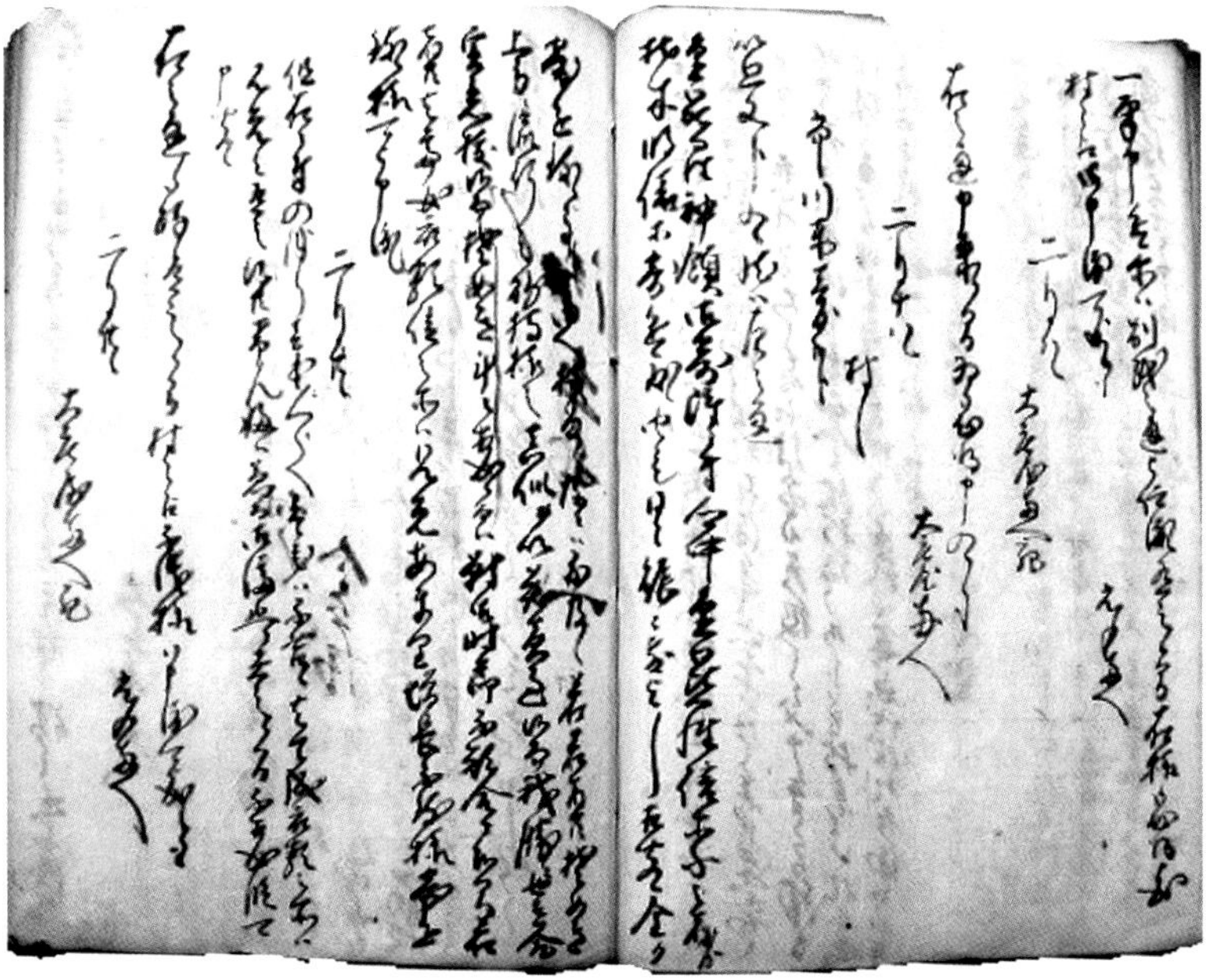

「文政七申歳ヨリ同酉歳同戌年亥年子ノ年迄五ケ年有御用留」の一部
（稲毛家文書／香川県立文書館蔵）

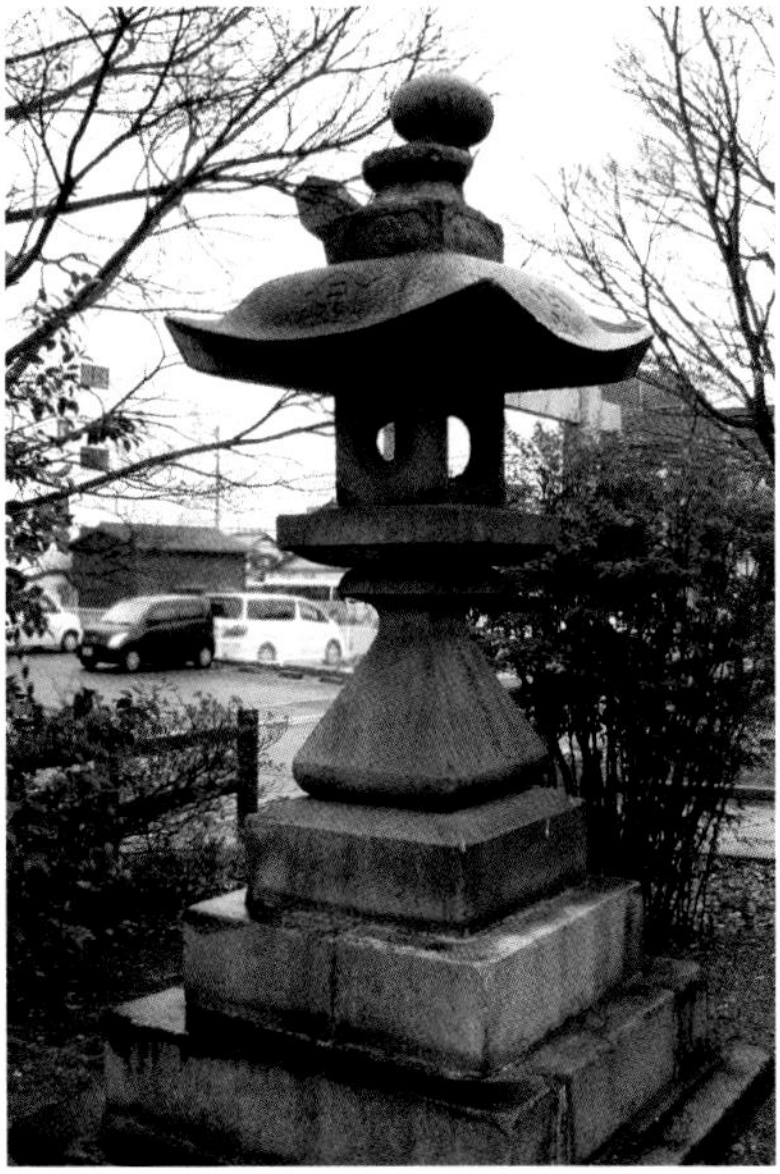

享和３年の銘記のある蛭子神社の金毘羅灯籠（綾歌郡宇多津町）

この寄進は、藩主頼恕の心願から出た点、藩主の信仰心が起点であろう。ただ、この頃高松藩内の霊地として仏生山法然寺、白峯寺、滝宮などを参拝し、金毘羅へという動きがさかんになっていた。西の丸亀藩では、延享元年（一七四四）の金毘羅参詣船就航以来、上方からの金比羅参詣客が増加し、文化三年（一八〇六）には福島湛甫が完成した。丸亀が参詣の湊として賑わっていた時である。その丸亀湊の賑わいを宇多津湊も含めた高松藩域に広げようとの意図をもって行おうとした観光振興策の一つではなかったか。高松藩内で金毘羅に最も近い宇多津を参詣客の玄関口として発展させようとしたのでもあろう。その一方で、砂持信仰を彷彿させる騒ぎ（「歴世年譜」には「テフサ」騒ぎと記されている）を生み出した。このことは、文政期という時代によるものかとおもわれるが、天保五年（一八三四）に起こる坂出・宇多津打ちこわしに繋がっていく予兆といえるかも知れない。

（丸尾　寛）

# 庄屋道中記に見る近世の宗教観
## —史料紹介を兼ねて—

この道中記（「中国九州神社仏閣参詣道中記」）は、那珂郡今津村の庄屋横井弥助が弘化三年（一八四六）三月八日に出雲大社、太宰府天満宮の参詣を目的に丸亀を出立、そこから足を伸ばして長崎、島原、熊本などを回遊し、四月二〇日に帰宅する四二日間の旅行記録である。伴連れは、東條重良なる人物であるが、詳細は不明である。弥助が四〇代半ばで、おそらく彼より若年であり、荷物持ちなどとして同行させたものであろう。

作者自身の表題にもあるとおりこの旅行は、中国・九州にある神社仏閣を参詣するのが目的である。もちろん、周知の如く神社仏閣参詣が往来手形発給の主たる要件の一つであった。そして、太宰府からさらに足を伸ばして佐賀から有明海を渡海して諫早経由で長崎に行っている。これは、たまたま日見峠で諏訪神社の神主と出会うという奇遇に恵まれたものの実際は、長崎見物とくに異人と丸山遊郭などを目当てにしたものに疑いない。かれは、さらに島原を経て熊本へと迂回する。熊本行きの理由は、今ひとつ不明であるが、おそらく加藤清正を祭った「清正公様」参詣が念願であったであろう。

弥助は、じつは前年の弘化二年に、丸亀から海路を大坂に向かい、伏見を経て京都六角の池坊で生花免状を取得するために上洛している。このときも二〇日足らずの旅程であったが、「道中記」と題し先述の道中記と同様の小横帳サイズで作成しており、その間、大坂・京都の著名な寺社を巡っている。

さて、本稿では、これらの道中記の中で宗教関係の記述に着目し、江戸時代末期に生きた地域の知識人であり、老境に入る寸前の庄屋たる横井弥助という人物の宗教意識を探ってみたい。

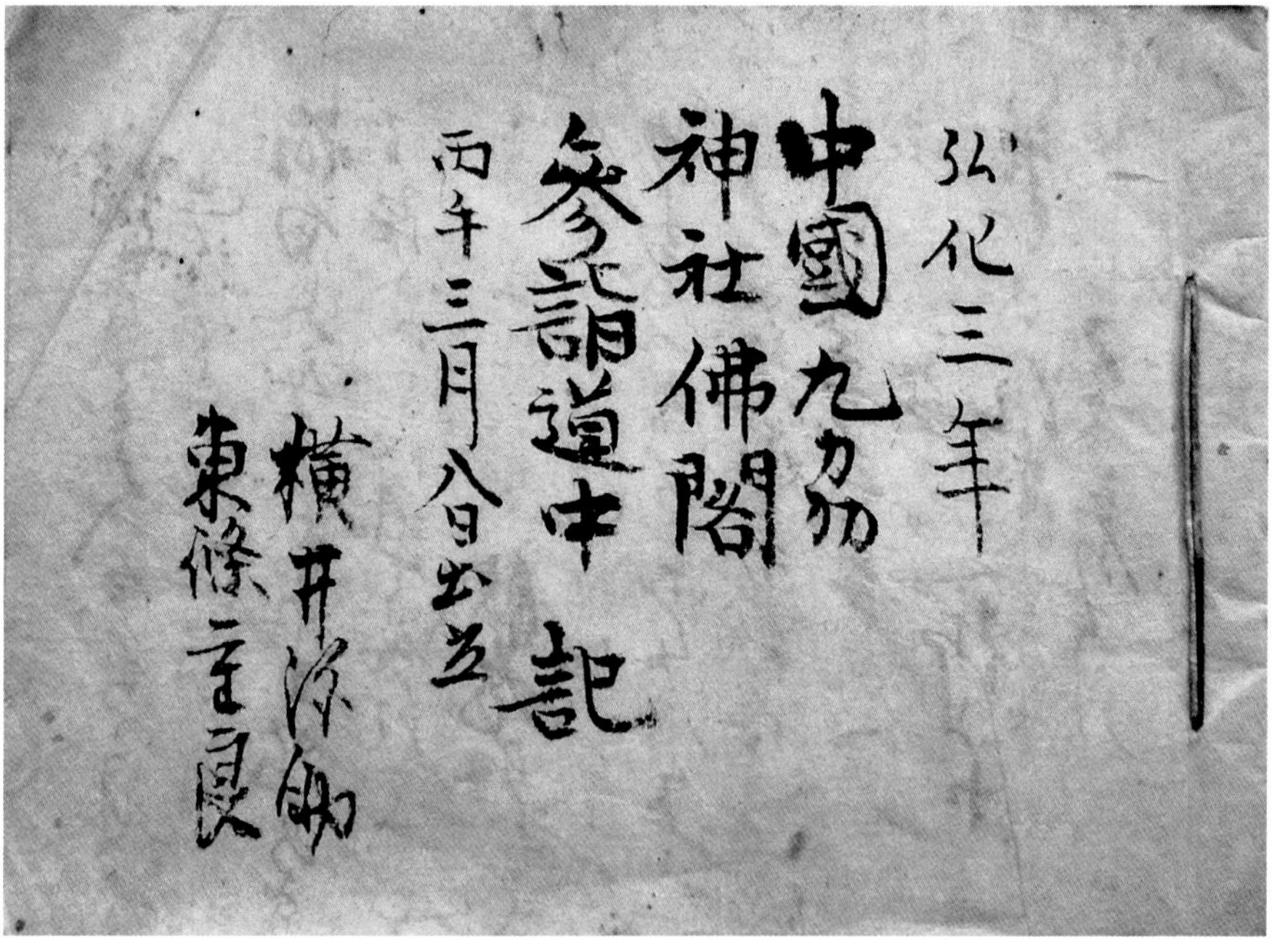


横井弥助著「中国九州神社仏閣参詣道中記」の表紙（横井家文書／横井昭氏蔵）

三月一一日、備中新見城下の吉佐屋に宿泊し、その宿の亭主から「…大社梅の匂いの太宰府の宮」などと壮行の歌を贈られる。三月一四日、初の参詣記事「松江城内ニいなり堂有《（ママ）》、参詣致事、見事、見事」が出てくる。社殿の見事さに感嘆するも、稲荷堂と表現し神仏の別は意識していない。「いなり堂」との表記は、前年の「道中記」にもあって、大坂船場の稲荷社と大坂坐摩社を合わせて、「いなり・ざる（ま）堂参詣」と表記しているのと共通性がある。

一五日「道畑薬師…、不参仕候」と一畑薬師の所在に留意するも不参した。一六日、所期の目的である出雲大社を西村右太夫の案内で「初穂上、大社へ案内頼参詣致候、御宮立見事見事、是より日御碕へ参詣」と大社と日御碕神社を同日中に参詣した。一七日、「大森五百らかん岩窟也、十二銅にて寺より開帳致事」とて一年分一二枚の銅銭を灯明料として奉納した。二〇日、石見国益田近くの人丸様（柿本人麻呂神社）に参詣した。この日は、「人丸様戸田かたらいト申所より出座也、当年迄千百二十四年成よし、今日大師様御法事ゆへ賞ふじん《（精進）》にて一酒いたし事　穴吉」と弘法大師入定の日を前に精進のため酒を手向けている。二七日、名嶋弁天社を参詣後、箱崎八幡宮の慶長一四年（一六〇九）建立の鳥居と社殿に「見事、見事、見事」と三度重ねて最大限の賛辞を寄せている。二八日、二つ目の目的である太宰府天満宮を参詣し、飛び梅のお守りを一朱（現在では、一〇万円の初穂料にて入手できる）にて購入し、梅や牛の置物などに感動している。同二九日、天満宮内の寺の一つに、おそらく前年の上洛時に知り合った東山宗匠なる茶人を訪ねるも、不在で、その留守住職の招きで寺家を参詣している。

四月一日、諫早慶厳寺の磨崖仏を見て「岩つたいつたい仏堀付有、見事、見事」と感心の言葉を記す。三日、前日に日見峠を下ったほたる茶屋で出会った長崎諏訪神社神主の招きで同社を参詣し、「入口金鳥居・石鳥居二ヶ所有、御門之内のふふだい（能舞台）有、廻くわゐろう（廻廊）・本堂山手見事、見事」と絶大の賞賛を述べている。このときの出会は、まさに奇遇であって神主の下げた瓢箪酒を酌み交わしたことに拠っている。しかも、長崎の宿も、太宰府で知り合った、伊予大洲藩支藩新谷領で焼き物職人をしている唐津山音右衛門の紹介で長崎五島町萬屋に決まっていた。音右衛門も萬屋もそれぞれの地元史料に遺る人物である。八日、島原の船止めの宿で、弥助が讃岐出身者ということで、同じ讃岐者の話として宿亭主から「先年、嶋原御家御子病死ニ付、米搗市ト御尋、呼出候て、殿様御直お聞被成候所、讃岐者ニて只今ハ讃岐（屋）市兵衛トテ三十番神様ヲ願祖也、殿様より御寄進被成事、同人義三十番神様ねん願事ゆへ御利やく有よし、嶌原ながれ当（年）より五十年已前ノ事」と聞き、他にも増して詳細に聞き書きを遺している。同郷者（現在、島原護国寺の市兵衛の墓石には摂州尼崎出身と刻まれている）の話とはいえ、法華宗義の事はさておき、米搗《こめつき》市（米屋市兵衛）の霊異や三十番神という日替わりの法華経守護神を信仰し殿様からの御寄進に与ったという御利益に感動して詳しく書き留めている。九日、清正公様（法華宗熊本本妙寺境内）を参詣した。一一日、幕末江戸でも大繁盛した久留米水天宮を筑後川河岸に参詣した。一七日、厳島神社は「御宮参詣見物いたし」とのみ記す。二〇日、「目出度帰宅いたし候、穴かしこ、穴かしこ」で締めくくる。以上実に一六か所余りの寺社が登場するが、弥助は、その都度、寺社の別や何の障壁もなく、島原の亭主譚にもある如く、現世利益を祈願するために参詣をしたのである。現代人との相違は、神仏を峻別するか否かである。

（唐木　裕志）

## 安政の南海地震と四国遍路

弘法大師空海の聖跡と伝えられる八八の札所を巡る、四国遍路の歴史はまことに古い。ただ、その歴史的な成立や展開を明らかにすることはなかなか難しく、不明な部分や謎に包まれたことが多いことは周知のとおりである。これから記す江戸時代末期の二人連れの遍路旅もそのひとつといえよう。

さて、今から一六〇年程前の嘉永七年（一八五四）一一月五日、四国の沖で大地震が発生した。これは後に「安政の南海地震」といわれるもので、紀伊半島や土佐、阿波の太平洋に面した地域に甚大な津波被害をもたらせた。高知県東洋町の「村山文書」などによれば阿波と土佐の境にある東股番所は、近くの民家とともに破壊、流出し、周辺の道も大きく損壊したという。もちろん土佐の各地にも大きな被害があり、土佐藩では同年一一月一四日付けで「この度の大変（地震）で往還筋が大破し、遍路が順拝するのが困難となったので、国外に出ていくよう」との命令を下した。さらに伊予宇和島藩でも安政二年（一八五五）に同様の命令が出された。これにより遍路達は土佐や宇和島藩領から追い出されるとともに、入国が制限されたのである。これ以降、土佐と宇和島藩領への遍路の入国が困難となり、それが明治初年の番所・関所制度の廃止まで続いた。このことは、現在確認される安政年間から明治四年（一八七一）までの納経帳の殆どに、土佐の一七か所（札所外の月山または笹山が含まれる）と宇和島藩領の四か所の納経が確認されないことからも、よく理解できよう。この土佐一国と宇和島藩領を除く「三か国遍路」については、すでに四国遍路の研究者による優れた論文があり、よく知られている。

ところが、この「三か国遍路」の説を覆す納経帳が、瀬戸内海歴史民俗資料館の所蔵資料の中から最近見いだされた。それは安政三年（一八五六）に、讃岐高松藩内の男女二人（夫婦か）が四国遍路をした時の二冊の納経帳である。この二冊の納経帳をめくりながら、二人の遍路旅を追ってみよう。

南海地震発生から約一年半後の五月二四日、二人の遍路旅は自宅に近い八三番一宮寺からはじまる。順打ちで八八番大窪寺には六月六日の納経で通常より、かなり日数がかかりすぎているが、その理由は分からない。次に阿波は一番霊山寺から順打ちに進み、阿波最後の札所二三番薬王寺には六月二五日の納経が記されている。

さて、この時期頃の他の納経帳をみると、土佐入国が困難なため、薬王寺の次には「土州十七ケ所遥拝《ようはい》処」と書かれたものが数多く確認できる。つまり、薬王寺で土佐の一七か所をまとめて遥拝していたのである。遥拝とは、遠くから遥かに拝むことを意味しているのであろうが、実態は分からない。ともかく、ここで土佐に入ることなく、土佐の札所全てを納経できたことにしたのであろう。そして薬王寺から引き返し、今度は伊予の札所に向かうが、これは山中を歩むなかなかの難コースであったと見受けられる。次いで、主には四四番大宝寺、または四五番岩屋寺で「宇和島四ケ所遥拝」し、続けて伊予の松山、今治周辺の札所を巡り、讃岐に向かうコースを辿っていたのである。これが現在、筆者が確認している納経帳（讃岐出立の例）から分かる南海地震以後、明治四年までの遍路の典型的なコースであった。ところが、二人は無事に土佐入国をはたし、六月三〇日に二四番東寺（最御崎寺）に納経しているのである。その後も土佐の札所を順に納経して進み、最後の札所である三九番延光寺には七月二一日の納経である。二〇日程を要しているが、納経帳を詳しくみても、南海地震発生前と同じ形態の納経をしており、納経帳における不審なことや問題点はない。伊予は四〇番観自在寺から六五番三角寺まで、およそ二〇日間要している。讃岐は六六番雲辺寺から五日間を要し、自宅に近い八二番根香寺で、この納経帳は終わる。二人の四国遍路は五月二四日に出立し、八月一五日に帰宅するまで、およそ八〇日を要しており、通常の倍近い日数である。しかも梅雨から真夏にかけての遍路旅で時期的にも、やや問題がある。それはともかく、二人はどのような手段で土佐入国をはたしたのであろうか。

　同じ安政三年二月から三月頃に四国遍路した備後の人物の納経帳（個人蔵）をみると、二三番薬王寺の次に「土州十七ケ所遥拝處」の納経が確認され、土佐入国をせず引き返している。また土佐北川村の安政四年の接待記録にも「近年、四国遍路の往来が無く、前々入国の節は（後略）」とある。安政三年二月一七日付けで土佐入国禁止の令は解除されていたらしいが、ともかくこの頃、土佐入国の遍路は殆ど確認されない。謎は解けぬままだが、二人のうち男性は、これ以外にも安政七年と文久二年（一八六二）の納経帳が残されており、立て続けに四国遍路をしたことが分かる。その時には「土州十七ケ所遥拝處」の納経がみられることから、土佐には入国しなかったとみられる。いずれにしても、この時期、遍路の多くが土佐や宇和島藩領に入国しなかったのに、二人は如何にして入国したのであろうか。その原因として安政三年までは入国できたのか。また経済的に豊かであったからなのか。遍路した時期が六～九月であったからかなど様々のことを推測するが、よく分からない。新たな資料を待って、解明を試みたいと思う。

（武田　和昭）

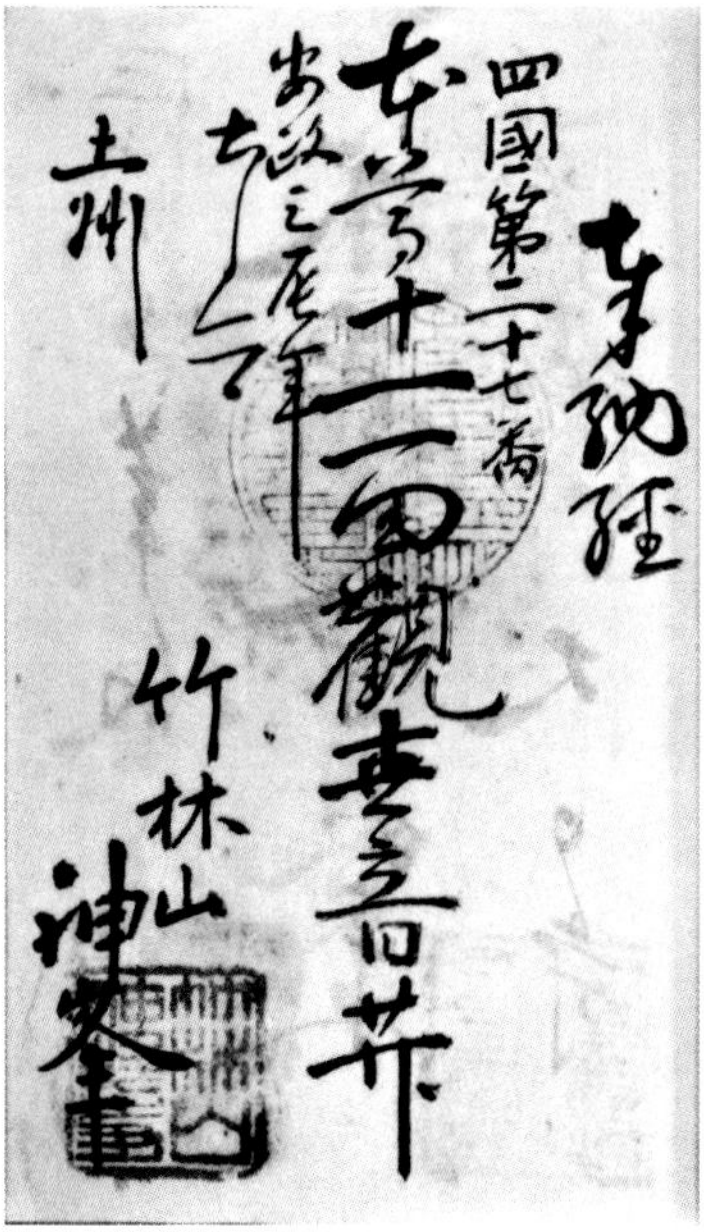

安政３年納経帳
（瀬戸内海歴史民俗資料館蔵）

「土州十七ケ所遥拝處」
明治２年納経帳
（個人蔵）

「宇和島四ケ所遥拝處」
明治２年納経帳
（個人蔵）

## 四国遍路の明治維新

明治元年（一八六八）三月一三日の「神祇官再興の詔」は、宗教界、とくに仏教界に大きな衝撃を与える。ついで三月一七日・二八日には、いわゆる神仏分離令が出される。

三月一七日のものは「神勤主体」にかかわる神仏分離令と呼ばれるもので、これまでの神仏習合の時代では各神社に置かれた別当・社僧と呼ばれる僧侶が神事を執り行ってきたが、これら別当・社僧などの僧侶が神事にかかわることを禁止したものである。

三月二八日のものは、仏像を御神体とすることや仏教用語を神号とすることを禁止したものである。

また明治五年の太政官布告二三四号は、無檀家・無住寺院の廃寺について述べている。このような明治政府の政策は仏教界に大きな影響を与え、地域によっては、仏教界に大きなダメージを残した。

近世の四国遍路の札所寺院を見てみると、多数の神仏習合した寺社景観を見ることができる。もちろんこのような札所寺院も明治政府の宗教政策の影響を受けたものと考えられる。

しかし、近代の札所寺院を扱った研究は、さほど多くない。近年、この時代の主流となっている研究方法は、納経帳を分析する方法である。近世から近代の納経帳の記載内容を比較検討することにより、札所寺院の変化を読み解こうとするものである。実際に納経帳の分析により、土佐への遍路入国禁止や南予札所の納経制限などが明らかにされており、札所寺院の近世から近代への変化も明らかにされつつある。

しかし納経帳の分析では、大きな変化や流れを読み解くことができるが、なぜそのような変化がおこったのかという点までを理解することは難しい。納経帳の分析とともに個別寺院史的な研究の進展が待たれる。

ここでは香川県の札所寺院の事例のとして、八一番札所白峯寺について、若干検討してみよう。

白峯寺の近代史として注目されるのは、崇徳天皇をまつる頓成寺（頓証寺）をめぐる琴平神社との論争であろう。明治一一年に琴平神社（当時の社名は事比羅宮）から頓成寺を神社とし、琴平神社の摂社とするという願いが出された。その願い出は許可され、頓成寺は琴平神社の摂社「白峯神社」となり、建物や什物等も琴平神社に移管されたという。しかし地元住民や住職の願いで明治三一年に白峯寺に返還されたというものである。

近世以来、白峯寺・頓成寺・崇徳天皇廟所の複雑な関係があり、それが明治政府の宗教政策のなかで整理されていく過程で起きた事件であろう。白峯寺の近代を考えるうえでは、たしかに大きな事件である。

しかし札所寺院としての白峯寺を考えた場合、さらに注目すべき事件がある。当時の白峯寺住職恵日が、明治六年に還俗し、崇徳帝山陵々掌となったことである。以後、明治一〇年に橘渓導が住職となるまで、白峯寺には住職が置かれていなかった。つまりこの時期の白峯寺は無住寺院であり、明治政府の政策によれば廃寺の可能性もあったのである。

先の頓成寺をめぐる琴平神社との論争も大きな事件であるが、白峯寺の存亡にかかわるものではない。しかし、後者の無住寺院となったことは、白峯寺の存亡にかかわる問題である。札所寺院としての白峯寺を考えるなら、後者の問題がもっと注目されてしかるべきであろう。

また、無住となった白峯寺の住職選定を願い出た講中檀家の動きも注目されるべきであろう。この講中檀家の動きからは、講中檀

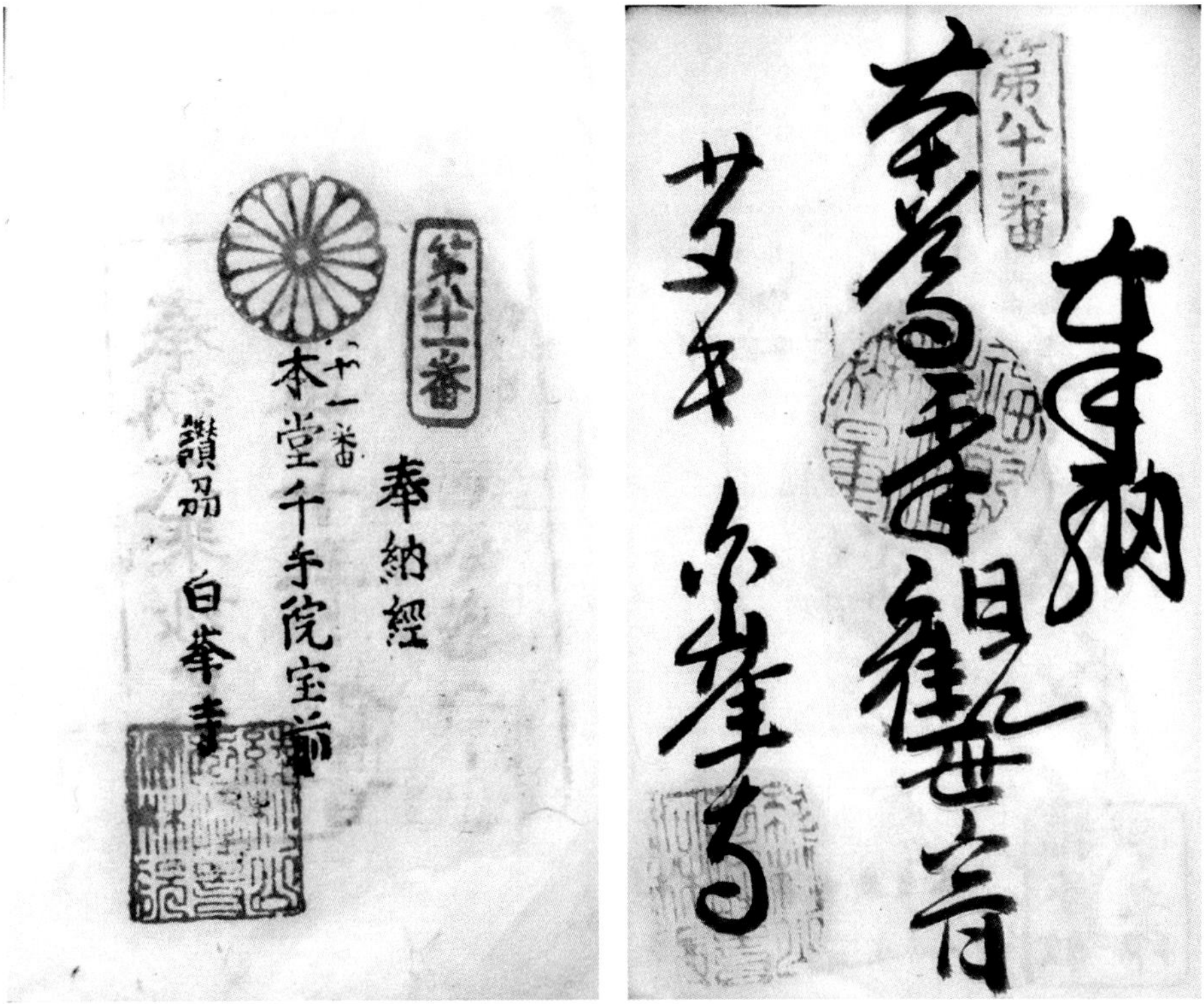


近世（文政10年／左）と近代（大正５年／右）の納経帳　白峯寺の部分（個人蔵）

家の信仰だけでなく、札所寺院としての白峯寺が地域社会に大きな影響を与えていたことも想定されるであろう。このような課題は納経帳の分析だけでは明らかにすることができない。と言うよりもむしろ、白峯寺の納経帳の記載内容は近世・近代を通じて比較的安定しており、納経帳の分析だけでは、これらの問題を考えることができない。にもかかわらず、これらの問題が取り上げられてきたのは、早い段階から白峯寺の神仏分離の経過が注目されており、白峯寺の個別寺院史的研究が進んでいたからであろう。今後も、周辺地域との関係等を考慮しつつ、白峯寺の個別寺院史的な研究を進展させていくことが重要であろう。

　このような課題は、香川県内の他の札所寺院でも考えられる。たとえば琴弾八幡宮と神恵《じんね》院の関係なども、もっと注目されてよかろう。琴弾八幡宮と神恵院は、大きな問題がなく神仏分離がなされたと考えられているが、その詳細を見ていくことで新たな課題が見えてくる可能性もある。

　また、これまでの研究ではあまり取り上げてこなかった札所寺院も多い。このような寺院についても、個別寺院史的な分析を試みることで、新たな課題を見出すことができるかもしれない。

　納経帳の分析と同時に、多くの個別寺院史的な研究が進展していくことが、四国遍路の近代史を考えるうえで必要不可欠であろう。

（宮田　克成）

# 法然上人讃岐配流旧跡伝承地探訪

平成二四年（二〇一二）は、法然上人八〇〇年大遠忌と、その高弟親鸞聖人七五〇年大遠忌であった。建永二年（一二〇七）法然上人は都を追われ讃岐へ配流となる。法然はまず塩飽の本島に着きしばらく滞在した後、丸亀塩屋あるいは宇多津に上陸し、やがて那珂郡子松庄（仲多度郡まんのう町）へ向かい、その地で逗留したと伝える。讃岐在国はわずか一〇か月だったが、讃岐には法然に係る旧跡伝承地が多く残されている。とくに塩飽の地頭館や白峯稚児嶽松山観桜は絵伝にも描かれて多くの人が知るが、それ以外はあまり知られていない。ここでは子松庄を中心として、法然の足跡を訪ねてみたい。伝承地には今も地域の住民の敬謙な信仰が観られ、供花が絶えることがない。

まずは、琴電羽間《はざま》駅に降り立ち、西念寺を訪ねる。もとは生福寺と称し、法然が止住した地といわれる。生福寺は、清福寺・真福寺とともに子松庄三福寺の一つである。法然は京に似たこの地を新黒谷と呼んだ。法然豆腐井戸・水鏡の御影などが名残をみせる。江戸時代には荒廃していたため、寛文八年（一六六八）高松藩主松平頼重は生福寺を仏生山に移して法然寺とし、旧跡法灯に西念寺を再建した。また、法然の弟子湛空が崇徳上皇五〇回忌法要後、当寺に立ち寄り法然の舎利を納めたと伝え、御廟が残されている。

法然が逗留したと伝える生福寺跡に建つ西念寺
（仲多度郡まんのう町）

近くの土器川を挟んで法然配流の旧跡円浄寺と熊谷堂（祀り墓）がある。菅原道真時に創建の大寺という。厨子入上人御自作像・熊谷蓮生坊寄付指擢の鉦詖が残る。直径一・五メートル余の巨木株など古色蒼然を思わせる。すぐ近くの熊谷堂は、法然を訪ね来た蓮生坊が帰洛後死去しそれを弔った墓である。なぜかここに参ると熱病が治ると言い伝えられている。

三福寺の一つ清福寺跡は往時の面影は無く、今は天皇集会場となっているが、法然堂とも呼ばれ、法然・親鸞・真宗二四輩石像が祀られ月一回の念仏会が存続している。真福寺があった場所は現在田園の中に僅かに五輪塔を残すのみである。戦国時代に焼失し、生駒藩時代に羽間の旧跡地に再建を図るが焼失し、後に松平頼重が復興、今はまんのう町岸ノ上にある。内仏・寺領が寄進され、頼重筆巻物・葵紋厨子入位牌が伝えられている。今も御詠歌衆や芝増上寺

ガキマチの法然（観音）堂
（仲多度郡まんのう町）

から供花が来る。

　東高篠の法然堂は満濃川の大分木股にあり、周囲は田園である。大樹が一本聳え見通しの良い堂が存在する。堂の前に石灯籠あり、堂内には法然と親鸞像・真宗二四輩第一番仏像が祀られている。天保年間（一八三〇～四四）に地元の女人講が寄進したもの。生福寺から宮田の草庵への経路でもある。

　宮田への途中買田川の中に法然腰掛け石があり、傍の石仏には常に供花が見られる。宮田の法然堂・西光寺は、法然が金毘羅さんへ参詣の折、山間に紫雲たなびく有縁の地として草庵を結び、集まる人を教化した地と伝える。法然・熊谷蓮生坊木像ほか名号碑が建てられている。法然堂の市は昔から有名で、多くの人々が集う。

法然振り付けと言われる滝宮念仏踊り

　また、大川山の東、琴南川東中熊の山中にガキマチの法然（観音）堂がある。苔むした法然上人阿弥陀堂・餓鬼摂化御旧跡と刻まれた石碑、天明二年（一七八二）芸州安芸郡俵村権八と記された手洗石がある。
　琴平町内の伝承としては、金刀比羅宮裏参道を上ると法然説法の地と伝えられる所がある。法然の大師号に因んだ円光林があり、地元の人は聖天さんと呼び、商売の神様として崇敬されている。旧伊予土佐街道沿いの谷川広谷墓地沼地の横に石仏像と並んである古い石は法然直筆念仏石と言われている。
　法然止住の生福寺から琴平への経路に、百々《どど》の辻と呼ばれる場所がある。法然を探し訪ねて再会した熊谷蓮生坊が、百年目に会うたが如く師弟抱き合って喜んだということから、その地名がついた。
　一方、生福寺旧跡より東方の綾南地方にも教化伝承が数多く残されている。讃岐国司として赴任していた菅原道真を祭った滝宮神社には、念仏修行石というのがある。滝宮念仏踊りとして今に伝えられているが、仁和四年（八八八）大干魃に見舞われ、道真が雨乞いの祈願をしたところ、雨に恵まれた。道真に感謝した農民が喜び踊ったのが起源とされている。その後、この地を訪れた法然が振り付けをして念仏を唱えながら踊るようになったと伝えられている。この踊りは昭和五二年（一九七七）に重要無形民俗文化財に指定された。法然の足跡が連綿と今に伝えられていることを改めて見つめ直すことができよう。

（近兼　和雄）

# 法然寺造営試論
## ―諸尊像造立の視点を中心に―

法然寺は、配流された源空が留まった小松の庄生福寺（まんのう町）を、高松藩初代松平頼重が百相村（高松市仏生山町）に移して再興したとされる。伽藍《がらん》造営は寛文八年（一六六八）に始まり三か年を費やして同一〇年に成ったことが、「三代物語」「英公実録」ほか諸記録にみえている。

この時期、すでに幕府は寺院を新しく建立することを禁じていた。法然寺が生福寺の再建といえども、その伽藍や各堂宇、諸尊像の規模は、この時期からすれば破格のスケールである。一種異例ともいえる規模に、幕府いや将軍家の意向を背後にした軍事的意義を想定する胡光氏の指摘は今、最も魅力的であろう。

さて、大願主頼重は、寛文一〇年、源空の忌日にあたる正月二五日に寺の運営に関する三八か条の掟書「仏生山条目」を法然寺へ納めており、この年に造営の区切りが設けられたことは明白である。しかし、諸堂宇の尊像までは整っていなかった状況が、近年の調査などから垣間みられる。

たとえば三仏堂本尊の阿弥陀如来・釈迦如来・弥勒菩薩坐像（香川県指定有形文化財）は、台座裏の墨書銘《ぼくしょ》により、寛文一三年九月に、京仏師吉野右京藤原種次によって造立されたことが判明する。その前に臥す八尺の釈迦涅槃像は、本尊三仏と作風を異ならせており、吉野右京とは別の仏師が想定されるが、像内貼付文書から延宝三年（一六七五）に京の職人により仕上げの箔押《はくお》しがされたことがわかる。つまり釈迦涅槃像の造立年は延宝三年を大きくさかのぼることはできない。

また仁王門の仁王像二軀《く》は、近年の解体修理において像内墨書や納入文書が発見されたが、像内墨書のひとつに「延宝二年、寅二月廿九日、松平龍雲軒源英御建立」の銘記があり、仁王像の造立が延宝二年と判明する。

三仏堂本尊はじめ涅槃像や仁王は、伽藍完成とされる寛文一〇年以降に段階的に整えられていったことになる。

法然寺造営を統括したのは、竹井玄信（元信・蔡庵）とされるが、玄信が延宝二年五月八日に記した願文が仁王像の像内納入文書中に含まれていた。

「斯尊功力、大護佛法、無扶王道、攘災招福、願以此徳、鎮守當寺、佛閣其固、法水流遠、檀那源英、福壽増長、一世安楽、後榮無窮」

と四字一二句であらわされた願文は、仁王尊の尊大なる力をもって法然寺の伽藍が護られ、仏法が広まること、そして大願主松平頼重の長寿、および現世来世における安泰を願う内容となっている。

願文は仁王像の開眼供養に際して記されたものと思われるが、造営責任者の玄信みずからが記したのは、造営工事が最終局面にいたっていたためではなかろうか。

通常、寺院造営においては重要な堂宇から建造される。法然寺の場合、伽藍の南側、東西の主軸線に配置された堂宇についていえば、墓所般若台をのぞいて最も高い位置にある来迎堂から始まり、二尊堂、四天王堂、仁王門と上方（西）から下方（東）へ順次建立されたとするのが自然であろう。玄信の仁王像願文記は、おそらく東西主軸線上の伽藍造営工事の区切を物語っているのではなかろうか。

大槻幹郎氏は、法然寺が浄土宗寺院でありながら密教や禅宗要素も取り入れた特色を指摘されている。彫刻においてみれば、三仏堂本尊三仏に禅宗的要素が認められる。その造立を手がけた吉野右京は、禅宗寺院の頂相《ちんぞう》彫刻などを中心に事績が知られる仏師であり、吉野右京の採用自体が法然寺における禅宗的要素のひとつともいえる。

頼重にとって大事業であった法然寺造営においては、仏師採用（発注）も計画的に行われたであろう。現存する諸尊像は仏師を特定できないものが大半ではあるが、これらの作風を概観すると、複数の仏師（仏所）の分業によって造仏されたと考えられる。仁王像および頼重法体像の銘記からは「浄夢」という御用仏師の名が確認されるが、京仏師であるほか詳細が確認できない。

三仏堂　本尊
（法然寺蔵／写真提供・香川県立ミュージアム）

現状からみると、吉野右京は三仏堂の本尊三仏のみに関わったようであるが、その採用事情には、頼重と京禅刹寺院との関係をみるべきであろう。頼重が幼少期を天龍寺塔頭《たっちゅう》福寿庵で過ごし、慈済院詮長老洞淑寿仙《とうしゅくじゅせん》（天龍寺第一九九代住持）に学んだことが少なからず関係しているのではないだろうか。

頼重は、高松を拝領して以降も慈済院（洞淑寿仙）との交流を続けていた。「英公実録」などによれば、寛永二〇年（一六四三）三月一五日に養父滋野井《しげのい》中納言と慈済院を高松城に招いて饗応し、承応三年（一六五四）二月二三日にも慈済院と福寿庵を饗応している。「英公外記」に

「於御囲両僧（慈済院・福寿庵）へ高井正斎手前にて御茶被下。
公御炭被成、竹井玄信、奥山三雪相伴畢て於東丸御料理被下。
於御茶屋御酒宴有之」

とあり、高松藩茶道頭高井正斎が点前《てまえ》を、頼重自らも炭手前をし、場所を移しながら、茶、炭、料理、酒宴と逐次進められた状況は、正式な儀礼に基づく饗応であったといえる。

そしてこの時、後に法然寺の造営を任されることになる竹井玄信が相伴していたことは注目すべきであろう。この饗応が何を目的としたものか不明であるが、その後の法然寺創建事業に無関係ではないだろう。少なくとも慈済院を通した禅刹のネットワークが法然寺造営におよんでいた可能性を想定しておきたい。

法然寺伽藍の規模から考えれば、寛文八年の着工までには綿密な計画のもとに、寺地の選定、人材の登用、伽藍設計、開墾と整地、資材の調達などが順次進められたはずである。寛文八年の着工から一四年もさかのぼる承応三年は、法然寺造営の計画が動き始めた時期としてはいささか早いかもしれない。しかしながら、法然寺の造営は諸記録が伝える寛文八年から三か年の、短期間で完了したのではなく、実際には、準備から寺観、諸尊像が整うまでに相応の時間を要したとみるべきである。

（三好　賢子）

## 本山寺の秘宝

本山寺は、京極丸亀藩領の三野郡寺家村（三豊市豊中町）に位置し、七宝山持宝院と号する高野山真言宗寺院であり、四国八十八ヶ所の第七十番札所として信仰を集めている。本尊馬頭観音菩薩、脇侍阿弥陀如来・薬師如来は秘仏とされる。寺伝によれば大同二年（八〇七）弘法大師の開基と伝えられるが、国宝本堂の棟木銘に暦仁二年（一二三九）前本堂修理記録が見え、また仏像・仏画の伝世状況を鑑みると、少なくとも平安時代末期から鎌倉時代初期にはその存在が推定できる古刹である。昔時は長福寺と号し、多数の塔頭と寺領二千石を有したという。永禄期三好義賢、天正期長宗我部元親の讃岐侵攻による兵火にあったとも伝えられ、嘉永七年（一八五四）の火災では方丈・庫裏《くり》が全焼したが、現存の堂宇・什物・聖教・文書はこれらの難を免れたものである。

本山寺の十王堂修復並びに護摩堂新築事業が完了し、平成八年一一月一〇日に落慶法要が執り行われた。これを記念して、翌一一・一二日には本尊馬頭観音前立仏ほかの開帳がなされ、国宝本堂内陣拝観に多くの参詣者を集めた。本山寺文書によれば同寺の開帳は、頼富実毅《よりとみじっき》住職代の明治三九年（一九〇六）以来、実に九〇年ぶりのことであった。

寺社の開帳は、文字通り秘仏・秘宝の帳《とばり》を開き、特別に公開して、本来衆生に結縁の機会を与える宗教行事であり、鎌倉時代にはその記録が見られる。江戸時代になると娯楽的な色彩が強まり、全国的に隆盛したという。本山寺に伝わる「本尊開帳諸記録」によって、約二百余年前、文化二年（一八〇五）の開帳空間を復元し、その秘宝と本山寺をとりまく地域社会について紹介してみたい。

前年一〇月には、建札が披露され、翌年三月三日から四月四日の開帳が告知された。建てられた領内七か所は、城下町隣村と伊予街道・遍路道などの沿村という交通の要所であり、この他に金毘羅口にも建てられている。開帳直前の二月には、軽業興行を願い出ている。準備にあたっては、庄屋や村内外の檀家総代と打ち合わせが繰り返され、年四回の本山市のうち、初午市が開かれていた二月四日には上高瀬組内一五か村の庄屋が集められた。同一五日は檀家総代と再び庄屋が集まっており、庄屋中へは村々からの寄付が要請された。

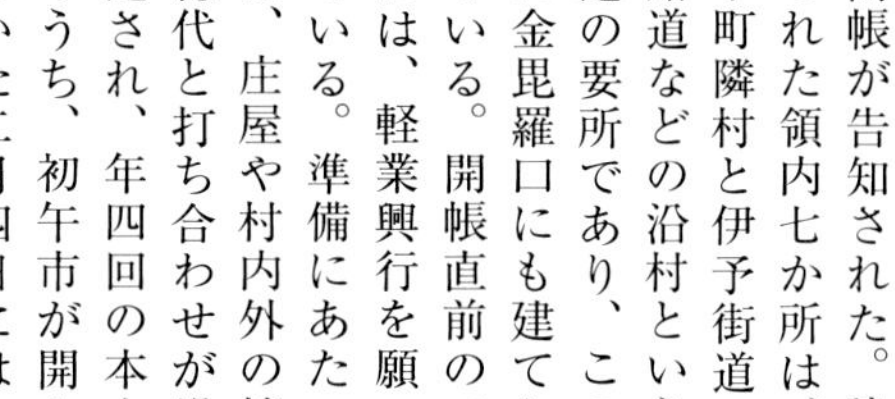

国宝 本山寺本堂
（三豊市豊中町／写真提供・香川県立ミュージアム）

二月一七日に高野山から住職が帰国し、同二五日には延命院から幡《ばん》が、勝造寺から両界曼荼羅《まんだら》など仏画や仏具が借り出され、同二七日には新調された仏具が観音寺湊に到着したほか、三月朔日には竹田村の辻武治から客殿の幕が寄進された。仏画類は二月二六日に客殿に掛けられ、二九日までにはほぼ開帳の準備が整っている。

三月三日から四月三日までの開帳期間中は、毎日誦経がなされたほか、開帳日・中日・閉帳日には別に法楽・供養が行われ、閉帳後の四月四～六日には開帳した本尊への供養がとり行われた。これらの行事へは本山寺僧に加えて、延命院など近隣の真言宗寺院からの衆僧も参集した。開帳期間中の諸堂の番、賽銭などの管理は檀家によって行われ、予め各村に人数が割り当てられ、適任者が選出されている。また諸堂には解説札（会解《えげ》）が作られ、開帳の諸仏に解説が付されたうえ、解説員も配置され、博物館的空間が創出された。

　正安二年（一三〇〇）建立の本堂内陣奥にある厨子《ずし》の扉は開かれ、本尊馬頭観音像、脇侍阿弥陀如来・薬師如来像が開帳された。この須弥壇上の左右には多聞天・持国天像が安置され、内陣中央部には前立馬頭観音像や四面器・三具足《みつぐそく》が置かれている。内陣最前列には愛染明王坐像と三面大黒天像が配置され、人々の信仰の一端がうかがえる。参詣者は莚が敷かれた外陣を右から左へと進んだ。

　本堂を出ると竹垣に沿って、すぐ左側の大日堂に導かれる。ここでは、ぬれ縁から堂内中央の大日如来坐像と、経文板木を拝観する。その後、南側の十王堂と大師堂へ進む。十王堂では、閻魔王をはじめとする十王像・地蔵菩薩像・三十三観音像が、後者では弘法大師坐像・十大弟子画像が公開されていた。

　最後に本堂裏へ回り、持仏堂・客殿に入る。釈迦如来像を中心に、弘法大師御衣・地蔵菩薩像を配置し、その背面には弘法大師像・両界曼荼羅・阿弥陀如来像など多数の仏画が掛けられ、出口には東山・桑原流生花が色を添えていた。

県指定有形文化財 愛染明王坐像
（本山寺蔵／写真提供・香川県立ミュージアム）

　この開帳を支えたのは、檀家を中心とする地域の人々であった。本山寺の場合、江戸時代以前からの結合が想定される、藩・郡・組の枠を越えた財田川流域の地縁・血縁集団と、藩の支配原理からなる組が重層する地域がその支援団体として抽出できた。この地域では、檀家を中核としつつも、檀家以外の人々も村を媒介として支援集団に組み込まれていた。また、若者組や講など自発的な団体からは信仰の広がりも確認できる。開帳の準備・運営だけでなく、必要経費もこれらの地域の寄進によって賄われたため、不特定多数の参詣者から寄せられた散銭は、寺内整備に用いることができ、開帳効果は大きかったと思われる。

　開帳にあたっては、娯楽の場を求め、領内外から多数の人々が参集したほか、寺院を支える人々も藩領や檀家組織を越えた広範な地域から結集している。このように、近世寺院の有した特色の一面として、宗派に関わらず檀家以外にも多数の人々を集める、存在感ある寺院像をうかがうことができるのである。

（胡　光）

県指定有形文化財 経文板木
（本山寺蔵／写真提供・香川県立ミュージアム）

# 景勝を創る
## —金刀比羅宮と象頭山十二景—

「こんぴらさん」の名で親しまれる金刀比羅宮は、江戸時代においても人々でにぎわう讃岐の代表的な名所であった。神仏習合の神「金毘羅大権現」への信仰は、讃岐の領主たちの庇護《ひご》によって発展し、江戸時代の中期以降には全国へと広がった。それに伴って社殿のある象頭山は参詣者が集まる聖地となり、同時に旅人の目を楽しませる景勝の地としても知られるようになった。確かに、山を彩る四季折々の自然は今も変わらず美しい。しかし、これも優れた景色として誰かが名付け、詩歌や絵画に表すことがなければ、名所として人々に認識されることはなかったかもしれない。金刀比羅宮においては、江戸時代前期に成立した象頭山十二景が、その景勝地としての価値付けに重要な役割を果たしたと考えられる。

金刀比羅宮には、象頭山やその周辺に広がる一二の景勝を主題とする詩画が複数伝えられている。作者によって内容は異なるものの、題となる四季折々の景は等しく次のようなものである。

左右桜陣　後前竹囲　前池躍魚　裏谷遊鹿　群嶺松雪　幽軒梅月
雲林洪鐘　石淵新浴　箸洗清漣　橋廊複道　五百長市　萬農曲水

このうち、十二景の成立状況を伝える作品として注目されるのが、全一二幅からなる「象頭山十二景図」である。

幕府の奥絵師であった狩野安信（一六一三～八五）と息子の時信（一六四二～七八）が象頭山の十二景を六幅ずつ描き、幕府の儒官であった林鵞峰《がほう》と息子の鳳岡《ほうこう》が六景ずつ詠んだ詩が各図に記されている。江戸で評判の学者と絵師が、訪れた象頭山の美しさに心打たれて筆をとった合作のように思えるが、事実は異なる。

享保三年（一七一八）に高松藩儒の菊池武雅が記した「象頭山金毘羅神祠記《しんしき》」によれば、この図は延宝年間（一六七三～八一）に金光院の別当（住職）であった宥榮《ゆうえい》が、象頭山の「十二勝区」（十二景）を選んで鵞峰と鳳岡に詩作を依頼し、それとは別に安信と時信に図を描かせた後、金毘羅の楽人で書に優れた上左兵衛《うえのさへえ》に命じて各図に林父子の詩を書き写させたものという。

鵞峰らが詠んだ詩の原本は、「讃州象頭山十二境」と題する寛文一一年（一六七一）作の詩巻として別に伝来している。各六詩を自筆したもので、「想像彼境、倣着題体」という奥書から、二人は象頭山を訪れることなく、題に応じて想像しながら詩作したことがわかる。

一方、やはり金刀比羅宮に伝わる「象頭山十二境図巻」は、高松藩初代お抱え絵師の狩野常眞が描いたもので、安信と時信が描いた十二景とほぼ同じ図が二巻の画巻に収められている。常眞は安信の門人で、安信と金光院の間の取り次ぎもしていたとみられることから、この画巻は安信らが江戸にいながら象頭山の景観を描けるよう、参考として常眞が描いたものと考えてよいだろう。

二作品の存在は、先述した「神祠記」の記述を裏付けるものである。それにしてもなぜ、宥榮はこのような手間をかけてまで象頭山十二景をひとつの作品に仕上げようとしたのだろうか。

慶安元年（一六四八）に幕府朱印地となった金毘羅は、初代高松藩主松平頼重の寄進などを受けて、万治二年（一六五九）の本社造営をはじめ、諸堂の移転や改築などを相次いで行い、江戸時代前期に境内の景観を大きく変えた。「象頭山十二景図」が描かれたのは、こうした主要な建物の造営・改築をひととおり終えた時期であった。

そう考えて図を見ると、十二幅中の「雲林洪鐘図《うんりんこうしょうず》」には本社や鐘楼、二天門のほか、延宝元年（一六七三）に建てられた頼重寄進の多宝塔が早くも描かれているのに気付く。見方を変えれば、この図

象頭山十二景図
12幅のうち左から雲林洪鐘図・前池躍魚図・左右桜陣図
（金刀比羅宮蔵）

は完成間もない建物を意識的にとりあげながら描くことで、新たに整えられた境内の姿を、詩歌に詠まれる地という伝統的な景勝イメージの中に位置付ける役割も果たしているのである。

金光院の別当宥槃は、境内が整ったこの時期に自ら景勝を選びだし、象頭山の十二景を創りあげた。それを「象頭山十二景図」として完成させた背景には、幕府儒官と奥絵師という当代随一の学者と画家に合作させることで作品の評価を高め、変化を遂げたこの地の素晴らしさを権威付けようとするねらいがあったとみてよいだろう。

似たような試みは各地で行われたとみえ、全国に無数の八景や十景、十二景が存在するほか、それらを題材に江戸・京都他で活躍する学者や画家たちが制作した詩書画も数多くのこされている。

象頭山十二景は、その後も折々に京都五山の学僧や文人たちによって詩画に表され、金毘羅に新たな価値を与え続けた。

明治維新を迎えて象頭山が琴平山に改名されると、ほどなく琴平十二景が創られ、神仏分離令により神社となった金刀比羅宮は、再び大きく変化させた境内の姿を新たな題によって詠み描かせている。

時代の変化にあわせて景勝を創出することで、金刀比羅宮は自らの姿を表現し、そのイメージを作り上げてきた。伝来する多くの詩巻や景勝図は、その歩みを物語る史料でもある。

（松岡　明子）

## 長町竹石と讃岐の文人たち

嘉永六年（一八五三）に刊行された『古今南画要覧』には、故人を含む四〇〇人を超える画家・書家の名が番付形式で掲載されている。その最上段に、池大雅や与謝蕪村といった江戸時代を代表する画家と並んで、讃岐の文人画家長町竹石《ちくせき》の名がある。

長町竹石は、宝暦七年（一七五七）、高松城下南新町の薬種商の家に生まれた。江戸時代後期の画人伝『画乗要略』によると、竹石ははじめ中国清代の画家で長崎に滞在した沈南蘋《しんなんぴん》の画派の画法を学び、後に作風を転じたという。また、池大雅を私淑していたとも伝えられている。竹石に先行する讃岐の文人画家としては、大雅に学んだという田中松峯《しょうほう》が、名のみ伝わっている。

確認されている竹石の最も初期の作品は、安永五年（一七七六）、二〇歳の時のもので、以後、没年の文化三年（一八〇六）まで、数多くの作品が伝わっている。享和三年（一八〇三）には、藩主松平頼儀《よりのり》の知遇を得て、ともに江戸へ赴いている。竹石の知名度について、高松藩家老の木村黙老《もくろう》は著書『聞くまゝの記』の中で「其筆蹟人争て買ゆへ贋跡も亦多し」と記している。

小蓑瀑布真景図（個人蔵／写真提供・高松市歴史資料館）

竹石は山水画を最も得意としており、讃岐の名勝地を描いた作品も多く伝わっている。現在の木田郡三木町にある小蓑《こみの》の滝を題材にした「小蓑瀑布《ばくふ》真景《しんけい》図」もそのひとつである。

文人画において山水画は、部分的には現実の風景であっても、それを自身のイメージに合わせてつなぎ合わせた心象風景であることが多い。一方、想像やイメージだけに頼った描写ではなく、現実の風景に自身の心を重ね合わせた真景図は、写生ともまた異なる、文人画独特の山水表現のひとつである。

画面中央にそそり立つ懸崖から真っ直ぐに流れ落ちるのが小蓑の雄滝、さらに下流で岩に裂かれて急流をなしているのが雌滝で、滝の傍には岩に腰掛け滝見をする二人の人物が見える。高い懸崖の向こう側にはさらに高い峰が突き出し、山深くの荘厳な雰囲気が漂っている。小蓑の滝という、実在する風景を題材としながら、写生にとどまらない隅々まで計算された構図と自然描写は真景図と呼ぶにふさわしい作品である。

　讃岐の文人芸術を牽引する竹石の周辺には、多くの文人たちが集い、詩書画の制作を通じて交流を深めた。寛政一一年（一七九九）に制作された「讃岐諸大家書画合作」はその様子を伝える作品で、画面最上段「湘林鳴雨」の題のある墨竹図を竹石が、山水図を山田呆斎《ほうさい》が、墨蘭図を梶原藍渠《らんきょ》が、菊石図を亀井東渓が描き、後藤漆谷《しっこく》と山田鹿庭《かてい》が詩を寄せている。漆谷・藍渠・東渓は竹石と同じ城下の町人、呆斎は藩侍医《じい》、鹿庭は藩儒であった。

　江戸で活躍した讃岐出身の儒学者菊池五山の著書『五山堂詩話』には、「狭貫《さぬき》の人物は、藤漆谷荀簡、張竹石徽を以て最と為す。二人は種種相反して、交道は殊に厚し。藤の性は温藉《おんしゃ》、張の性は磊落《らいらく》。藤は書を以て勝り、張は画を以て勝る。藤は茶癖あり、張は酒癖あり。詩に至つては則ち藤は張の上に出づ」と評されている。竹石と漆谷は讃岐の文人界の双璧であった。

　また『画乗要略』には竹石について、「社友と倶《とも》に謀りて、広く古書画を購ひ求む。当時古書画を好むこと、未だ甚しからず。而して独り竹石の徒《ともがら》、競ひて購ひ求む。故に今に至りて、古書画の多きは讃を以て最と為す。」とあり、熱心な古書画収集家であったことが知られる。寛政五年には、高松の暢春楼において中国書画の展覧会が行われた。当時、文人画の本場中国の書画を実見する機会は大変貴重なものであった。もちろんこの展覧会に竹石は漆谷・藍渠らと深く関わっている。

　『古今南画要覧』には、竹石以外に讃岐の人物として、二〇人の画家・書家の名が掲載されており、これは大坂・京・江戸以外の地方都市の中で最も多い。その中には竹石の門人や、次世代の画家も含まれており、讃岐の文人画壇のレベルと知名度の高さを物語っている。

（堀　純子）

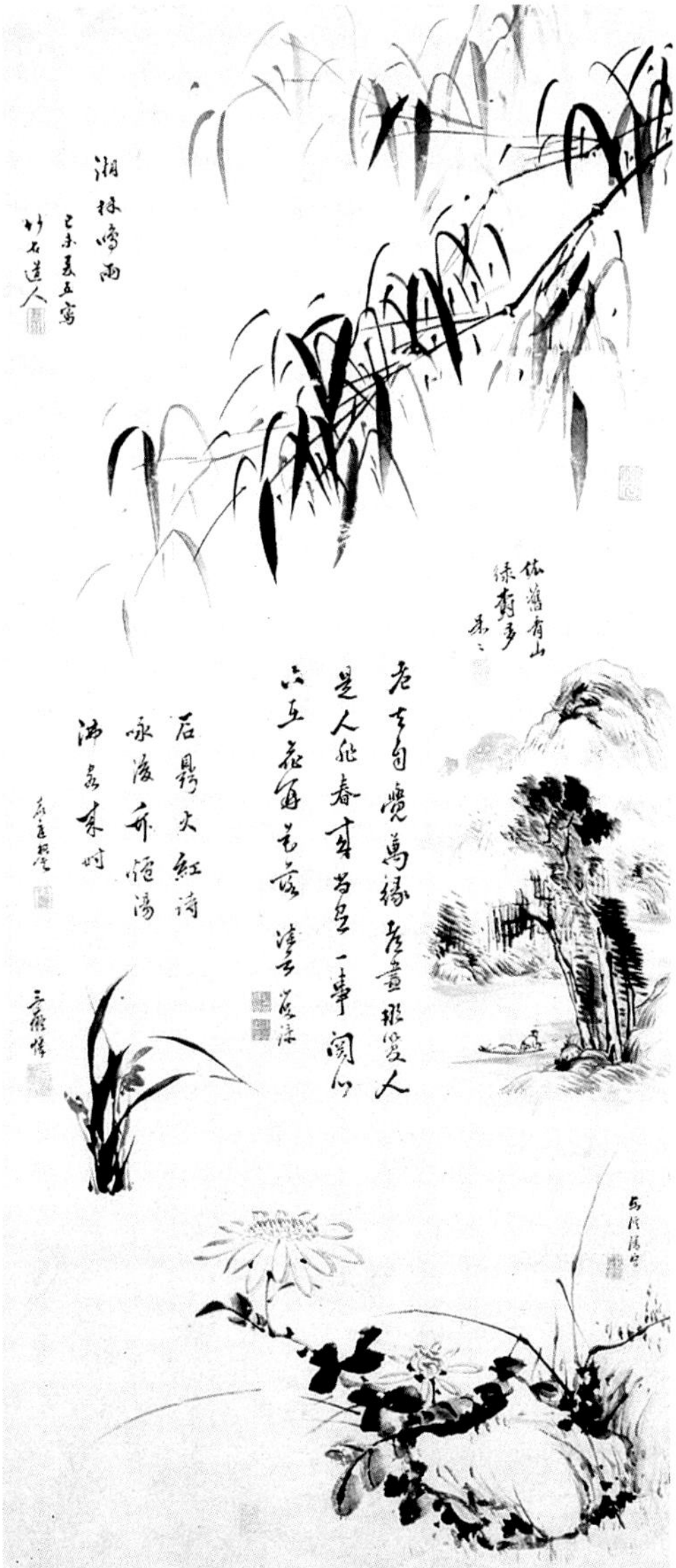

讃岐諸大家書画合作
（高松市歴史資料館蔵）

## 讃岐の刀鍛冶・真部盈永と「盈永文書」

讃岐の刀鍛冶に真部盈永《みつなが》という人物がいる。彼は寛政八年（一七九六）年に高松藩第八代藩主松平頼儀《よりのり》の求めにより、高松城西之丸で鍛刀《たんとう》をした。藩主見学の下に鍛刀をするということ自体が非常に稀なケースだと思われるが、そのことを詳しく記した「盈永文書」は、鍛刀依頼が来てからその刀を献上するまでが記録されており、全国的にみても珍しい古文書であるといえる。

　盈永および「盈永文書」については、すでに公益財団法人日本美術刀剣保存協会香川県支部の発行した『郷土刀の研究』、『讃州鍛冶』に紹介されている。『郷土刀の研究』には、盈永文書の原文が載せられ、『讃州鍛冶』には『郷土刀の研究』以降の新しい情報や、現在存在する刀鍛冶についてもまとめられている。

　そこで、『讃州鍛冶』を元に盈永について少し記してみたい。盈永はもと真部久左衛門といい、生年は不明であるが、文政八年（一八二五）年に没している。高松藩松平家菩提寺・法然寺の門前に生まれた。『全讃史』によると、現在の高松市香南町の吉光というところに、嘉太郎という刀鍛冶がおり、盈永は最初そこに弟子入りしたとあるが定かでない。この嘉太郎は吉光と名乗り鍛刀したとあるが、現存する刀が見つかっておらず、まだその存在は証明されたとは言い切れない。現在では盈永の最初の弟子入りは、仏生山で鉄砲鍛冶を営んでいた國友萬作盈将《みつまさ》という人物の下であったとされている。そこで「盈」の一文字をもらって「盈永」に名を改めたというのだ。その後、盈永は大坂に出て尾崎源五右衛門助隆という刀鍛冶に入門して鍛刀技術を磨く。そのため盈永の刀文は大坂新刀の流れをくみ、焼き出しが長く濤瀾乱《とうらんみだれ》刃《ば》（大波が打ち寄せるさまを表現した刃文のこと）を焼いている。

「盈永文書」は、盈永が大坂から戻り仏生山で鍛刀をしていた時に記された。以下、日を追いながら全体の流れを辿ってみたい。

　「寛政八丙辰年七月十八日夜五ツ時香川御役所」より翌一九日に来るようにという呼び出しがあることからこの文書は始まる。御役所から御用所に赴くと、吟味の中村助四郎から藩主頼儀が鍛刀を見学するため、細工場を高松城西之丸に作ることが告げられる。

　二一日には、作事奉行の中村浅治郎と吟味の脇太郎左衛門が盈永を伴って西之丸の現場で細工場や住まいなどの建物の配置を細かく打ち合わせた。細工場が完成すると、吉日を選んで鍛刀を始めるようにとの連絡があり、二九日には盈永所持の道具を馬・人足により仏生山から運んでいる。

　八月三日には鍛刀を始め頼儀の見学が始まった。見学は一日につきおよそ二時間。一〇日までほぼ毎日行われたようである。年末にも二日ほど見学があったようだがその時間は記されていない。

　また、鍛刀を始めた日には、頼儀よりお祝いが下賜されている。この時「私、弟一人、弟子〆六人」がお祝いを受け取ったとあり、盈永には弟がいたことがわかる。この弟はいうまでもなく鍛刀に加わっており、この弟が盈永の後継者の盈照《みつてる》である可能性がある。盈照については、現在弟と息子の両方の説があるが、どちらの説が正しいか解明する手掛かりとなるかもしれない。

　八月一一日と一二日には雨が降り、鍛刀を休んだとある。現代でも雨が降ると火の温度が上がりにくくなり、炭の量も増えるので鍛刀は休むという。今も昔も自然と共に鍛錬する刀匠の姿が垣間見られるようで実に面白い。

　八月二〇日には寸法が指定された。刀の長さは二尺三寸五分・幅一寸、脇差は一尺八寸六分・幅九分と細かく指示されている。

九月初旬から一二月の間は記述がない。おそらく鍛刀自体が行われていなかったことを示しているのだろうが、このころ藩主夫人が出産・死亡していることが関係しているようだ。

　年末の二七日には、鍛刀に掛った経費を計上するようにと中村助四郎から言われ、地鉄《じがね》代・炭代・旅宿費などを書付にして提出している。二九日には、早速支払いが行われている。

　年始の記述はみられず、再び鍛刀を始めたのは二月二一日のことである。

　三月三一日には焼刃《やきば》（刃となる部分に土をのせ、刃を仕上げること。この土の置き方で様々な刃文が生み出される。地域によって刃文が違うのはこのためである）が始められた。この焼刃の儀は「秘事」であり、他の刀鍛冶もそうであるように門外不出である。

　この時も頼儀のほかは堀多中・赤木佐助・平山杢右門・吉川太作しか見学することはできなかった。

　一一日までに出来上がり茎《なかご》（手に持つ部分）に入れる銘が指示される。表には「讃州住盈永」裏には、「寛政九丁巳二月日於高松城西之丸鍛之」と銘を入れ献上している。『讃州鍛冶』には、この時に鍛刀された刀の茎の押形《おしがた》（茎部分は拓本）がある。

　この時の鍛刀技術が認められ、四月一四日には、刀と脇差二組と十文字槍の鍛刀が再び命じられているところで、「盈永文書」は終わる。

　その後、盈永が鍛刀した刀には、「讃州臣盈永」という銘が見られるようになる。「臣」の文字がその銘に刻まれるようになったのは、この年からである。写真はこの年に作られた「臣」の銘が見られる最も古いものである。

　このように、「盈永文書」は実に生き生きと鍛刀の様子や藩主と藩士の様子などをうかがうことができる文書である。これからも研究を進めていくことで、色々なことを改めて確認したり、新しい事実がわかってくることであろう。

（大西　由子）

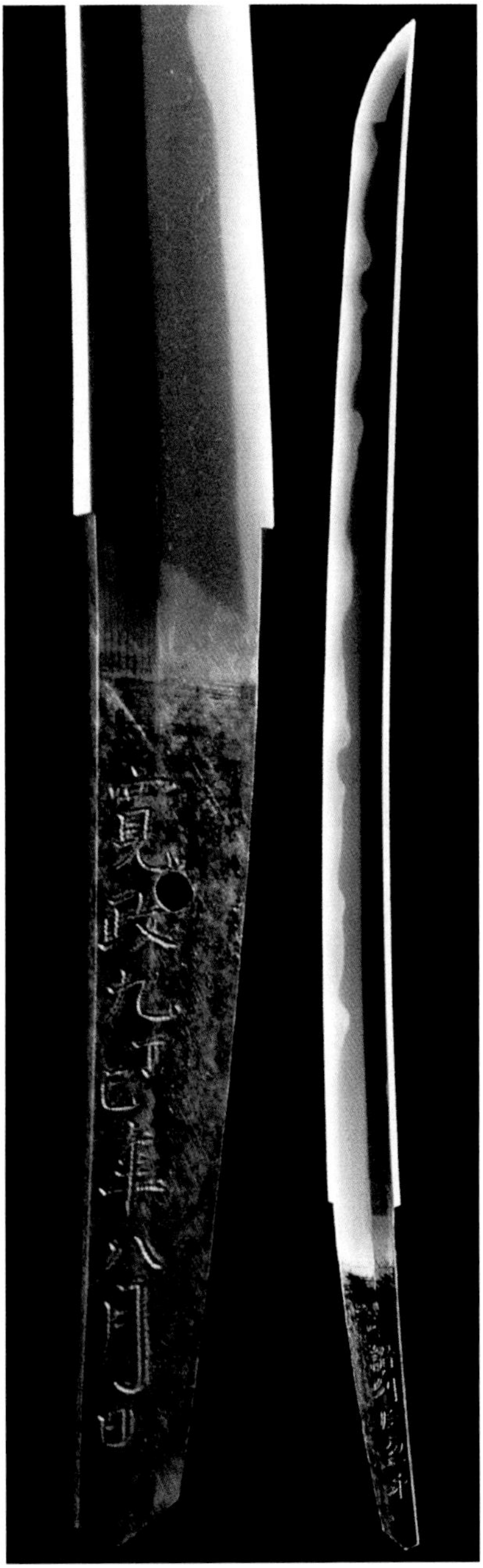

「讃州臣盈永」の銘の入った盈永の刀
（個人蔵／写真提供・日本美術刀剣保存協会）

# 栗林公園の北庭芝生広場と松平頼壽伯銅像

紫雲山の雄大な借景と複数の池泉を廻遊する変化に富んだ景観で知られる栗林公園は、高松藩主松平家ゆかりの大名庭園としての歴史を有するが、現在、北門を入った一帯には日本式庭園のイメージと異なる西洋風の芝生地が広がっている。この芝生広場の一角に、松平家の一二代当主であった伯爵松平頼壽《よりなが》の胸像がある。しかし、かつては同じ場所、同じ台座に三メートル近くある巨大な頼壽の銅像が聳え立っていた。戦争の激化によって銅像は完成からわずか九年ほどで供出されてしまうが、この像の建設をめぐる動きは、設置場所である広場の成立に大きな影響を与えた。栗林公園の北庭になぜ芝生敷の大空間が生まれたのか、銅像建設との関わりから考えてみたい。

栗林公園は、江戸時代には「栗林荘」、「御林」などと呼ばれ、幕末まで藩主の庭として使われていたが、廃藩置県の後、明治八年（一八七五）に県立の「栗林公園」として一般に公開された。公開に先立って荒廃していた園内の整備が行われたものの、北庭の周辺は開園後も長らく雑木林のままであった。その後、国定教科書に紹介されるなど栗林公園の評価が高まるなか、明治四四年に宮内省内苑寮の技師・市川之雄の設計監督でようやく北庭の改修が始められた。この改修によって、北門は古に従って正門に改められ、雑木林は公園に必要と考えられた運動場に姿を変えて、大正二年（一九一三）に竣工を迎える。こうして北庭の整備を終えた栗林公園は、同一一年、史蹟名勝天然紀念物保存法に基づいて名勝に指定され、国の文化財として管理されることとなった。

それから三年後の大正一四年、高松において松平頼壽の銅像を建設する趣意書が発表された。貴族院議員であった頼壽は、香川県教育会会長も務め、県内諸団体の援助を行うなど香川の経済・教育・文化を支える存在であった。その寿像を建てる計画は、松平伯銅像建設会を中心に、県内外に広がる大事業としてスタートした。

当時は銅像の作者も建設地も決まっていなかったが、昭和六年（一九三一）、まず作者として藤川勇造が正式に任命される。藤川は、高松の漆工の家に生まれ、東京美術学校を卒業してフランスに渡り、巨匠オーギュスト・ロダンの工房で働いた彫刻家である。帰国後は二科会に所属して作品を発表する傍ら、銅像制作にも実績があった。銅像について、藤川はモデルの個性まで表現する芸術性を求めるとともに、像だけでなく、目的や歴史性に合う設置場所を調える必要性を強く説いた。

頼壽像制作の依頼を受けた藤川は、早速その建設地探しに着手する。昭和六年に銅像建設会から香川県知事宛てに提出された建設願の添付書類には、松平家ゆかりの地として視察した高松城内、桜の馬場、屋島神社は、適当な背景や風致がないといった理由から不適と判断したことが記されている。一方、栗林公園については「旧庭園ト銅像ハ不調和ナレドモ運動場ナレバ差支ナキノミナラズ銅像建設地トシテ最モ適当ナリト認メ田村博士ニ於テモ全然同意ヲ表サレタリ」と記され、日本式庭園の姿を見せる旧庭園（南庭）ではなく、北庭にあった運動場を適地として選んだことがわかる。

藤川の案に同意した「田村博士」は、林学博士の田村剛である。田村は倉敷に生まれ、東京帝国大学を卒業後、内務省衛生局の嘱託となって各地の公園調査などを担当。その活動は公園の名勝指定などに影響を与え、後には瀬戸内海の国立公園指定にも関わっている。建設願に添えられた説明書には、田村と藤川が研究のうえで名園の風致に調和させるべく立案したと注記されていることから、田村が公園の専門家としての立場から銅像の建設計画に協力していたことがうかがえる。

先の書類は次のように続く。「同運動場ハ名園ノ玄関口ニ当リ頗ル殺風景ナルノミナラズ狭隘ニシテ運動場トシテノ価値乏シキヲ以テ大芝生地トナスベシトハ田村博士多年ノ宿論ニシテ此際県事業トシテ之ヲ実現センコトヲ熱望セラル」。銅像と場の調和を重んじた藤川は、栗林公園を建設地に選び、北庭の運動場を適地とした。田村はそれに同意したうえで、さらに自説によって運動場を芝生地にするよう提案しており、「多年ノ宿論」、「熱望」などの語は、この件について田村に並々なら思いがあったことを想像させる。書類提出の翌年、銅像建設のため運動場東側小丘の土地の借用が許可される。その二年後には、県公園課によって運動場一帯の模様替え工事が行われ、ここに運動場の芝生化が実現するのである。

昭和九年一二月一五日、松平頼寿伯の銅像は、頼寿夫妻や藤川をはじめ多くの県民が見守る中で盛大な除幕式を迎えた。青々とした芝生の庭と空高く聳えるブロンズ像。それは、栗林公園に新しい景観が生まれた瞬間でもあった。藤川が郷里への特別な思いを込めて完成させた銅像は、半年後に急死する彼の晩年の代表作となる。

しかし、戦争が激しさを増した昭和一八年、頼寿伯銅像は台座を残して供出され、人々の前から永遠にその姿を消す。終戦後、銅像建設会のメンバーは彫刻家の小倉右一郎に依頼して旧台座上に頼寿胸像の再建を果たすが、広大な庭園の一景観をなしていた往時の大像の姿をそこに見ることはできない。

除幕式当日の松平夫妻一行と松平頼壽伯銅像
（香川県立ミュージアム蔵）

大名庭園としてのイメージを定着させてきた栗林公園において、西洋風の芝生広場はともすれば見過ごされがちである。しかし、この空間が生まれた背景に、全県的な展開を見せた旧大名家当主の銅像建設運動と、日本近代彫刻の草創期を支えた作家の芸術観、そして公園という場に対する近代的な視点が絡み合って存在していることは注目されてよいだろう。

（松岡　明子）

## 編集後記

一九五三年七月に産声をあげた香川歴史学会は、今年で六〇周年を迎えることとなった。人間で言えば還暦である。昔は「人間五〇年」と言われた時代もあった。今は、日本人の平均寿命が延び、多くの人が還暦を迎えることが当たり前になっている。だが、歴史に携わる者として、還暦を迎えることがいかにすごいことであるかを歴史が証明していることを知っている。そのような歳月を経ながら、地域の歴史研究を発展させてきた本会の果たした役割は大きいといえよう。

二〇一二年五月の理事会で、六〇周年を記念して記念誌を発刊すべきとの提言がなされた。その趣旨は、『香川県史』が刊行されて二〇数年の歳月が流れ、香川の歴史研究も大きく進展し、県史で語ることが出来なかった新しい事実が多々現れてきており、県民にその成果を還元することが、地域に根ざして活動してきた本会の責務ではないか、との声があがってきたからである。七月の総会で了承され、編集委員会が組織された。編集委員会では、ただ羅列された香川の歴史書ではなく、香川県の特色を示すものにしたいとの意見で一致した。

二〇一〇年に開催された瀬戸内国際芸術祭は、予想以上の盛り上がりを見せたが、これは瀬戸内海を舞台にしたことが成功の大きな要因であろう。香川県の歴史的特色を語る場合、瀬戸内海を無視することはできない。原始古代の時代から海の時代と呼ばれた中世、全国に名を知らしめた近世の廻船など、全て瀬戸内海との関わりの中から生み出されたものである。そこで本書は「瀬戸内の船と海」に主眼を置き、各時代をコラム的に記述して、香川の歴史を追求しようとした。全会員に記念誌への投稿を呼びかけ、寄せられたものをもとに編集委員会で検討した。

編集委員会は六回にわたって開かれたが、本業を持つ中での編集作業は遅々として進まない時もあった。必ずしも十分とは言えない冊子になっているかもしれないが、その熱意をくみ取って欲しい。

二〇〇七年に高松市で開催された地方史研究協議会大会で、「地域からの発信」が、歴史研究の上で最も重要であることが確認された。今、香川から、四国から、全国へ向けた地域史研究が発信されつつある。本書のタイトルを「香川歴史紀行―古《いにしえ》から未来へ架ける橋―」としたのは、新たな香川の歴史を創造する原点をここから求めようとしたからである。本書には、今までに知られることがなかった地域の様相や、新しい成果を存分に取り入れることができた、と自負している。歴史は、常に流れを持つが、その流れは永遠に続けていかなければならない。そのような思いをもって編集した。本書がその一助となれば幸いである。未来へどのような架け橋が造られるであろうか、と期待をもちつつ……。

最後に本書の編集にあたり多くの方々にお世話になった。ご協力くださった関係者各位、原稿をお寄せ下さった会員諸氏、および出版をお引き受け下さった美巧社の方々に感謝の念をささげる。

『香川歴史学会60周年記念誌』編集委員会

| | | | |
|---|---|---|---|
| 編集委員長 | 橋詰　茂 | 「近世」 | 仁木智恵 |
| 「讃岐の船と海」 | 唐木裕志 | 「近現代」 | 宮田克成 |
| 「考古」 | 渡邉　誠 | 「民俗」 | 田井静明 |
| 「古代」 | 渋谷啓一 | 「宗教」 | 萩野憲司 |
| 「中世」 | 芳地智子 | 「美術工芸」 | 松岡明子 |

# 協力者一覧

香川県立ミュージアム
香川県立文書館
香川県埋蔵文化財センター
瀬戸内海歴史民俗資料館
高松市教育委員会
高松市歴史資料館
高松市讃岐国分寺跡資料館
丸亀市
丸亀市立資料館
坂出市史編さん所
善通寺市教育委員会
三豊市教育委員会
三豊市文書館
東かがわ市歴史民俗資料館
多度津町立資料館
宗吉かわらの里展示館
塩飽勤番所
公益財団法人 松平公益会
公益財団法人 日本美術刀剣保存協会香川県支部
香川県海外開拓者殉難之碑奉賛会
高知県立図書館
公益財団法人 土佐山内家宝物資料館

鳴門市ドイツ館
大阪市立中央卸売市場本場市場協議会資料室
公益財団法人 北村文華財団北村美術館
浄土宗南海教区教務所
恵比寿神社
蛭子神社
賀茂神社
金刀比羅宮
水主神社
志度寺
白峯寺
若王寺
法然寺
本山寺

東　英雄
小山栄一郎
勝木　茂美
兼元　邦夫
鎌田　良博
木村　崇也
忽那　定範
小松　勝記
篠原　希一
関　弘
田井　清
白米　満陽
原田　英祐
宮本　義行
矢野　政人
横井　昭

（敬称略順不同）

# 香川歴史紀行　―古から未来へ架ける橋―

発　行　日　2013年10月10日　初版
2023年10月23日　再版

編　　　集　『香川歴史学会60周年記念誌』編集委員会

発　行　所　株式会社　美 巧 社
〒760-0063　香川県高松市多賀町1-8-10
TEL（087）833－5811　FAX（087）835－7570

印刷・製本　株式会社　美 巧 社